数字赋能乡村振兴丛书

推进数字乡村信息基础设施建设

邹凯　毛太田◎著

湘潭大学出版社
XIANGTAN UNIVERSITY PRESS

总　序

纵观世界文明史，人类先后经历了农业革命、工业革命、信息革命。每一次产业技术革命，都给人类生产和生活带来了巨大而深刻的影响。习近平总书记向 2021 年世界互联网大会乌镇峰会致贺信指出，“数字技术正以新理念、新业态、新模式全面融入人类经济、政治、文化、社会、生态文明建设各领域和全过程，给人类生产生活带来广泛而深刻的影响”。数字时代，以 5G、人工智能、大数据、云计算等为代表的新一代数字技术日新月异，创造人类生活新空间，引领社会生产新变革，催生公众消费新业态，拓展国家治理新领域，极大提升了人类认识世界、改造世界的能力，正创造一个万物互联、万物上云、万物兼数的数字世界。为此，数字政府、数字城市、数字乡村建设成为各个国家推进的战略高点，正不断推进，整个社会加速数字化转型。在此背景下，科学回答好数字革命的“时代之问”、数字经济的“发展之问”、数字治理的“变革之问”，是依托数字推动国家经济社会高质量发展的基础和前提。因此，数字乡村既是乡村振兴的发展方向，也是建设网络强国、数字中国、智慧社会的重要内容。

党的十八大以来，以习近平同志为核心的党中央高度重视信息化工作，将网络强国、数字中国、智慧社会建设上升为国家战略，推动互联网、大数据、人工智能和实体经济深度融合，加快推动农业数字化、网络化、智能化。着眼于乡村振兴战略有序推进，国家出台了一系列政策文件，不断完善数字乡村建设政策支持体系。2018 年，中央一号文件《中共中央、国务院关于实施乡村振兴战略的意见》明确提出“实施数字乡村战略”。《乡村振兴战略规划（2018—2022 年）》提出，要夯实数字乡村信息化基础，加快物联网、地理信息、智能设备等现代信息技术与农村生产生活的全面深度融合。2019 年，《数字乡村发展战略纲要》进一步强调现代数字技术在乡村振兴中的拓展应用，明确分四个阶段实施数字乡村战略。2020 年，《数字农业农村发展规划（2019—2025 年）》提出新时期推进数字农业农村建设的总体思路、发展目标和重点任务。2022 年，中央网信办等十部门印发《数字乡村发展行动计划（2022—2025 年）》，为“十四五”时期的数字乡村建设做出了总体规划。

乡村振兴为新时代乡村建设擘画了美好蓝图，数字技术的快速发展则为乡村振兴提供了全新模式和发展机遇，数字赋能开启了乡村繁荣发展的新篇章。各地各部门积极贯彻党中央、国务院关于乡村数字化建设与发展的决策部署，抢抓农村农业数字化转型机遇，积极发挥数字赋能乡村经济发展、社会治理、民生服务、文化传承等方面的重要作用，促进农业产业链全面升级、农村社会全面进步和农民素质全面发展。数字乡村建设提速助力乡村振兴发展的不断深化，乡村数字基础设施建设全面强化，数字乡村建设的信息“大动脉”初步建成，农业农村大数据成为现代农业发展和乡村振兴的重要资源要素。信息技术在农业生产领域广泛应用，有力地助推农业转型升级。农村电子商务和新型农业的发展，催生了大批乡村新业态。在构建现代乡村治理体系过程中，数字技术发挥着重要作用，信息服务正全面渗透到乡村居民生活的各个方面。

当前，乡村振兴战略正深入推进，数字乡村建设也在如火如荼地全面布局。在乡村生产生活生态日益数字化的背景下，数字赋能乡村振兴秉承何种现实逻辑？具体表现为哪些业态与模式？未来应如何重点推进？这些问题都是摆在理论研究者面前的重要工作，不仅关涉到数字乡村建设系列规划能否切实落地，而且将会影响到乡村振兴战略实施的整体成效。有鉴于此，湘潭大学专门组织编写了“数字赋能乡村振兴丛书”，以国家政策规划为遵循，系统性地揭示数字驱动乡村振兴的内在逻辑，全方位地呈现数字赋能乡村振兴的整体图景，深层次地阐发数字乡村建设的破局关键，多视维地探索新时代乡村繁荣发展的数字进路。从而，希冀为各级乡村管理干部提供一套政策研读、模式借鉴、方法学习和路径创新的参考素材，使之能够以更加饱满的工作热情、更显前瞻的政策视野、更为充实的知识储备和更富成效的方案举措，积极投身数字乡村建设主战场，将数字乡村作为实现乡村振兴的重要抓手，着力提升乡村数字化、网络化、智能化水平，持续促进农业农村现代化转型。

从书立足新时代国家乡村建设发展新的历史方位，坚持中国特色社会主义乡村振兴道路，面向数字引领乡村高质量发展这一重大需求，紧紧围绕推进数字技术与农业农村深度融合展开谋篇布局。丛书按照构建乡村数字治理新体系、数字赋能乡村产业振兴和智慧农业发展、数字驱动乡村公共服务效能提升、数字赋能乡村文化繁荣发展、数字支撑法治乡村建设、数字重塑乡村社会关系和结构、推进数字乡村信息基础设施建设等主题进行编排，不仅涵盖了乡村振兴目标体系中产业振兴、人才振兴、文化振兴、生态振兴和组织振兴五个方面，同时勾勒出数字时代全面推进乡村振兴的现实指向，整体上顺应“产业兴旺、生态宜居、乡村文明、治理有效、生活富裕”的乡村振兴总要求。

丛书依托湘潭大学习近平新时代中国特色社会主义思想研究中心、湘潭大学乡村振兴与共同富裕研究中心进行策划、组织和编写，汇聚了湘潭大学管理学、经济学、法学和社会学等多学科领域的专家学者，是瞄准重大需求、紧盯学术前沿的一大标志性成果，是推进有组织科研的积极尝试。丛书历时半年完成初稿，期间多次召集团队成员围绕主题、框架、内容、体例、风格等展开研讨和磋商，并经编委会反复论证、修改和完善，最后由湘潭大学出版社审定出版。丛书编写始终坚持政治性与学理性相统一、理论性与现实性兼备、思想性与可读性兼顾，既提供全面系统的规划梳理和深入浅出的政策解读，又以透彻细致的学理分析诠释观点、提炼要旨和反思症结，并且注重语言上的亲和力和思想上的启发性，力求观点权威准确、内容通俗易懂、文风清新简洁。同时，本丛书援引数字乡村建设过程中的先进做法，介绍数字赋能乡村振兴的典型模式，结合场景实例说明农村农业数字化转型的趋势、特点和条件，旨在通过鲜活的现实案例为读者提供更具针对性的指导。在书稿体例上，每本书的文字叙述中都穿插了大量的案例配图，章节结构中设置了知识链接、典型案例和延伸阅读等内容板块，使整套丛书的行文形式更加丰富多样和活泼有趣。应该说，本丛书对于广大干部群众全面地了解农村农业数字化转型的政策形势，系统地学习数字时代乡村振兴的理论知识和实践经验，深刻地把握新一轮科技革命下乡村治理变革的发展方向等，都具有较好的参考价值。

在丛书付梓之际，党的二十大即将隆重召开，这是党和国家政治生活中的一件大事。我们党从成立之日起就把农民生活疾苦放在心上，始终高度重视“三农”问题，历代中央领导集体都对解决“三农”问题进行了不懈探索，形成了既一脉相承又与时俱进、既符合中国国情又体现农业农村发展规律的“三农”战略体系。党的十八大以来，习近平总书记对“三农”工作发表了一系列重要讲话，就数字乡村建设提出了一系列富有创见的新思想、新观点和新要求，为中国特色社会主义乡村振兴道路指明了前进方向。作为理论研究和高等教育工作者，我深深地为党团结带领亿万人民群众打赢人类历史上规模最大、力度最强、惠及人口最多的脱贫攻坚战，书写消除绝对贫困艰巨任务的伟大奇迹，创造减贫治理的中国样本，而感到无比振奋和自豪。我期待，丛书的出版能够为数字时代乡村振兴的理论研究和现实进路添砖加瓦，同时吸引更多的同仁投身这项事业，为开创数字乡村建设新局面，建设农业强、农村美、农民富的美丽数字乡村，最终实现全体人民共同富裕和中华民族伟大复兴的宏伟目标而积极求索。同时，由于时间仓促，关于数字赋能乡村振兴的政策解读和理论阐释仍有待深化，相关经验总结和模式提炼还有待进一步完善。希望湘潭大学继续聚焦深耕，力争推出更多更富现实指导意义的精品成果，为实现乡村振兴这一伟大使命提供理论助力。

《求是》杂志社原社长　李　捷
中国史学会会长

2022年9月

前　言

信息基础设施是实施数字乡村发展战略的重要前提，也是国家现代化建设的核心任务。随着网络化、信息化和数字化在农业农村经济社会发展中的应用，农业农村现代化发展和转型进入新时期，同时对信息基础设施建设提出了新的更高要求。以网络基础设施、信息服务基础设施和传统基础设施数字化升级为主要内容的信息基础设施正在数字乡村建设中发挥着越来越不可或缺的作用。如何系统全面地推进数字乡村信息基础设施建设、协同高效地整合数字乡村信息基础设施建设资源、规范完备地保障数字乡村信息基础设施安全、科学有效地开展数字乡村信息基础设施建设效果评价已经成为重要的时代课题。

当前，新一代信息技术创新空前活跃，不断催生新技术、新产品、新模式，推动全球经济格局和产业形态深度变革。党的十八大以来，习近平总书记高度重视网络安全和信息化工作，做出了一系列战略决策，统筹推进网信事业快速发展。农村信息基础设施加快建设，线上线下融合的现代农业加快推进，农村信息服务体系加快完善，同时也存在顶层设计缺失、资源统筹不足、基础设施薄弱、区域差异明显等问题，亟须进一步发掘信息化在乡村振兴中的巨大潜力，促进农业全面升级、农村全面进步、农民全面发展。中共中央办公厅、国务院办公厅在 2019 年 5 月印发《数字乡村发展战略纲要》，这个文件明确提出“加快乡村信息基础设施建设”，要求“大幅提升乡村网络设施水平”“完善信息终端和服务供给”“加快乡村基础设施数字化转型”。

本书聚焦于如何推进数字乡村信息基础设施建设这一关键问题，分别从数字乡村信息基础设施建设的顶层设计、资源整合、安全标准、实践探索和效果评价等方面，寻求问题解决和优化的方法与途径。一方面力图在现状分析与政策解读的基础上，系统阐释信息基础设施建设对数字乡村的重要支撑作用，提出推进数字乡村信息基础设施建设的宏观思路，为读者更直观地了解数字乡村信息基础设施建设提供理论主线和整体框架；另一方面从实践的角度介绍国内进行数字乡村信息基础设施建设的典型案例，解读推进数字乡村信息基础设施建设的实践方案和评价流程，帮助读者深入理解数字乡村信息基础设施建设的实践样态，以期为提升数字乡村信息基础设施建设水平、助力乡村振兴提供理论启示和实践指导。

加强信息基础设施建设是实现数字赋能乡村振兴的基本前提。数字技术在经济社会各领域广泛应用，不断催生出新产品、新模式、新业态，成为推进现代化建设的强大动力。伴随着新一代数字技术在我国农业农村经济社会发展中的深度应用以及农民现代信息技能的提高，数字乡村建设为乡村振兴和农业农村现代化发展注入全新动能。而基础设施是经济社会发展的中流砥柱， 坚持统筹发展和安全，优化基础设施的布局、结构、功能和发展模式，构建现代化基础设施体系，为建设社会主义现代化数字乡村打下坚实基础。

加强数字乡村信息基础设施建设顶层设计。数字乡村信息基础设施建设工作是一项系统工程，涉及信息基础设施建设资源、信息基础设施建设安全标准、信息基础设施建设实践活动及信息基础设施建设效果评价等多方面内容，为确保数字乡村信息基础设施建设顺利推进并实现预期目标，从总体规划、关键任务、实现路径三个方面制定数字乡村信息基础设施建设的顶层设计。

整合数字乡村信息基础设施建设资源。推动数字乡村信息基础设施建设资源整合是缩小城乡差距，实现城乡一体统筹、和谐发展的重要环节，通过系统梳理数字乡村信息基础设施建设资源整合的实现路径，分析当前数字乡村信息基础设施建设资源的来源、资源整合的主体以及资源整合的手段，并对数字乡村信息基础设施建设资源整合成果显著的乡村进行案例分析，为数字乡村信息基础设施建设资源整合提供借鉴。

健全数字乡村信息基础设施建设安全标准。面对日渐显露的数字乡村信息基础设施的安全问题，迫切需要在原有安全标准的基础上，健全和完善数字乡村信息基础设施建设的安全标准。在掌握当前数字乡村信息基础设施建设安全标准的前提下，总结实施过程中的关键要点并从网络基础设施安全标准、智慧基础设施安全标准和信息服务基础设施安全标准三个方面分析健全数字乡村信息基础设施建设安全标准对乡村振兴的助力作用。

支持数字乡村信息基础设施建设实践探索。从信息网络、信息技术及信息管理平台等方面入手，阐述信息基础设施建设的内在要求，并列举四川省兴文县、安徽省长丰县等信息基础设施建设的典型案例，介绍基础设施共建共享打造智慧化应用场景、信息技术融合传统基础设施的实践应用，为数字乡村的建设提供有力的实践探索。

开展数字乡村信息基础设施建设效果评价。目前，我国乡村信息基础设施建设尚处于不断探索实践的过程中，亟须构建一套指向明确、科学合理的数字乡村信息基础设施建设效果评价指标体系，以准确衡量数字乡村信息基础设施建设的主要进展和发展水平。在阐释数字乡村信息基础设施建设效果评价的目标、原则与意义的基础上，从网络设施水平、信息服务设施水平、基础设施数字化转型和关键信息基础设施安全保障四个维度构建起数字乡村信息基础设施建设效果评价指标体系，并从全局视角出发，结合实际需要研究制定具有指导价值和可行性的评价方案。

目 录

第一章
加强信息基础设施建设是实现数字赋能乡村振兴的基本前提

数字乡村是城乡融合和现代化建设进程中的产物，也是乡村振兴高质量发展的必然选择。现代化离不开农业农村现代化，要把巩固脱贫攻坚成果和乡村振兴衔接好，使农村生活奔向现代化，越走越有奔头[①]。随着数字信息基础设施不断完善，数字乡村建设促进基础设施布局、结构、功能和发展模式的转变，让农民生活更便捷、更美好。本章从数字乡村信息基础设施建设的时代背景入手，梳理数字乡村信息基础设施建设的基本概念，分析数字乡村信息基础设施建设的发展现状，总结信息基础设施建设对数字乡村的指导作用，为促进农业全面升级、农村全面进步、农民全面发展的智慧乡村奠定基础。

第一节　数字乡村信息基础设施建设的时代背景

数字乡村是指农村发展的数字化，它是将现代信息化技术与大数据、互联网、智能化、区块链等技术相结合，实现农村经济和社会的

[①]《习近平谈治国理政》第四卷第 67 页，外文出版社 2022 年版。

运作与重构。在乡村振兴战略中，提出要根据农村的特点，从总体规划出发，发展各项信息化服务，以数字乡村为推动力，促进农村农业的全面发展。新型基础设施建设（新基建）的提出为数字乡村信息基础设施的建设筑牢了根基，而智能应用则推动了乡村信息化建设，弥补了乡村数字化不足，为实现乡村现代化、智能化提供了帮助。

一、数字技术开启乡村振兴新动能

随着新一代信息技术的广泛应用，如大数据、人工智能、云计算、物联网等在各个行业蓬勃发展，世界已经正式进入了数字时代。在这种大环境下，互联网产业迅速发展，全球互联网使用者的规模不断扩大。据互联网世界统计（Internet World Stats，IWS）的数据显示：截止到2021年12月31日，全球网民人数已达48亿，2022年将达52亿，网络渗透率将达66.2%。目前，数字经济的发展趋势日益突出，数字经济的覆盖面不断扩大。中国信息和通讯研究院（以下简称信通院）于2021年8月2日发布《全球数字经济白皮书——疫情冲击下的复苏新曙光》，报告称："世界数字经济正在向全面、智能化、绿色发展的方向迈进，2020年，数字经济总额已达32.6万亿美元，同比名义增长3.0%，占GDP比重为43.7%。中国拥有5.4万亿美元的数字经济，在全球排名第二；比去年同期高出9.6%，成为全球最大的市场。"数字技术正在推动各个领域的创新发展，也在深刻地影响着人们的生产和生活。

数字时代的到来，为乡村发展带来了新机会，乡村的生产、生态、生活体验都发生了巨大的变化。数字时代不仅助力农业全面升级、农村全面进步、农民全面发展，也为乡村振兴战略的实施注入了新动能。国家对数字乡村的发展给予了高度的重视，从2018年中央一号文件第一次提出实施"数字乡村"战略以来，连续四年中央一号文件都对建设数字乡村提出了明确指示和部署。从实际情况看，“三农”领域正在掀起一股新的数字化浪潮：“宽带中国”“普遍服务”等信息化建设计划的实施，使农村信息化建设和信息服务得到了极大的提高；在农产品检测、人员安排、动植物疫病远程防范、农机精准作业、无人机飞防精准投喂等方面取得了很大成效；在农业流通领域，手机互联网的应用迅速，农产品的销售也得到了极大的提升；电商平台、直播带货等网络营销模式，顺应了全国的产业扶贫政策，拓宽了销售渠道，提高了农民的收入，推动了乡村电商产业的快速发展；在乡村基础设施建设的过程中，网络的应用领域正在扩展，农村居民的生活变得更方便、更有效。数字技术在乡村治理、政务服务、医疗养老、基础教育、生态保护等领域不断深入，智慧生活必然会成为乡村未来发展趋势。

二、新基建加持数字乡村建设速度

数字技术在赋能乡村发展的同时，以新一代信息基础设施为首的新基建对数字技术的应用提供了坚实基础，进一步加快了数字乡村的建设速度。尽管乡村发展仍然存在着一些薄弱环节，面临着较多严峻的问题，但随着新基建概念及建设思路的提出，我国的数字乡村建设正逐步取得比较显著的成绩，城乡间数字鸿沟有所缩小，乡村数字经济发展的速度有所加快，主要体现在以下几个方面：

（一）乡村数字化基础设施日趋完善

城镇地区实现全覆盖，一些边远地区的网络普及率正在逐步提高，县、乡一级的数据中心正在规划建设中，绝大多数地区已经建成了光纤网络，网络信号差、通讯质量差、网络连接波动、网络速度较慢等问题正在逐步改善，信息基础设施建设效果持续优化，建设范围即将实现全覆盖，不断满足新一代信息技术对网络环境的基本需求。农村地区的物联网进入快速发展阶段，产品和装备已进入大规模生产行列，大部分农村地区物联网的基础设施已在建设规划中，相应的物联网体系也正在逐步完善。

（二）乡村产业数字化发展进程加快

信息技术为农村传统工业的数字化转型提供了新的发展机会，农村信息技术日趋发达、信息获取和利用程度逐渐提高，互联网和物联网技术正逐步与产业融合起来，农业生产生活的数字化建设受到极大改善，与非农产业之间的发展距离正在逐步缩小。此外，随着乡村信息化水平的提高，大部分农村地区的工业融合水平持续提高，各行业之间的联系逐渐紧密，已经由过去传统的封闭式经营模式向互惠互利、相互交融的开放式经营模式转化。

（三）乡村数字化治理模式逐渐高效

相比于过去，农村劳动力市场逐渐趋于稳定，“新农人”中有技术、有管理、有视野、有创新意识的群体人数正在增加，各地农村的人才引进政策积极推动，有效抑制了城镇化浪潮带来的大批农村中青年劳动力向外流动，避免“乡村病”问题的加剧。同时，民众与政府之间的信息沟通渠道日趋畅通，村民的情绪能够较好地向上级反映，政府发布的农业政策也能够较好的被村民所理解接受。农村的数字化管理工作日趋高效和科学，有利于应对农业数字化管理中诸多相互交织、错综复杂的问题。

（四）乡村数字化公共服务水平提升

近几年，随着“最多跑一次”“掌上办”等改革举措的不断深入，群众办事效率得到了一定程度的提升，一事跑十几次、一次打印十几份文件的情况也在逐步得到好转，实现“数据跑路”。农村和城市发展的差距正在逐步缩小，数字化公共服务逐步深入到基层，保障基层群众拥有便捷的服务渠道，即将打通农村基层群众的“最后一公里”。

三、智能应用助力乡村发展新变革

在国家政策红利的支持下，智能应用持续助力我国乡村数字化发展，在以下几个方面成果显著：

（一）乡村网络通信设施日益完善

在乡村数据的采集和信息监控上，我国的水平已站在了世界前列，2018 年，随着中国第一颗高精度农业卫星的成功发射，我国拥有了自己的“中国天眼”，突破了长期以来依靠外国卫星获取高分辨率资料的限制，实现了我国自主对陆地农业的监控。在地面上，物联网传感器已形成一批成本低、实用性强的农业传感器，其类别涵盖土壤、气象、作物生命、水体、动物行为等，对农业信息的监控与采集具有重要意义。全国农业农村数据的采集系统充分利用了物联网、大数据、移动互联网等技术收集乡村公共服务信息数据，提高了数据的采集质量和效率，农业数据的储存容量在不断扩大，数据的开放与共享也在逐步加深。以农业农村部、省、区、市牵头，各相关部门共同建立、储备了一批从中央到地方的涉农数据资源。农业农村部编制了 21 个统计报告系统，涵盖农业、畜牧业、渔业、农村经营管理、农产品价格等，构建了农业宏观经济、主要农产品产量、价格、进出口、成本收益等 18 个数据市场。全国 21 个省市开展了 8 项重大农产品大数据试验，为农业信息化建设提供了坚实的数据支持，陆续建立的“国家农业数据中心”，“大数据”已成为我国农业信息化建设的新型引擎。随着农村网络的不断完善，城乡之间的差距也得到了明显的改善。中国的农村网络建设逐步深入，互联网普及程度不断提高，城乡“同网同速”的新时期即将来临。到 2020 年末，中国农村地区的网络普及率比 2015 年末提高 24.3%，城乡之间的差距从 10 年前的 33.9 个百分点降至 23.9 个百分点。在我国，行政村通光纤和 4G 比例都在 98% 以上，农村地区的覆盖率是世界第一。“村村通”和“电信普遍服务试点”项目深入推进，农村电信业的供应质量不断提高，农村地区的电信网已实现了全面覆盖，全国有线网融合、5G 融合发展的进程正在加快。

（二）乡村融合基础设施建设加快

水利、网络、通信等基础设施建设能力持续提升，促进了信息技术和水利业务的深度融合。全省各级水利部门共有 43.57 万个在使用的各类信息采集站，13.5 万个视频监控站点，32 个省级水利部门，1.5 万个乡镇接入了视频会议。目前，我国已完成了农村道路的数字化改造，到 2020 年末，已建成 420 万千米的农村道路，并在有条件的乡镇、建制村基本通硬化路。加快农村智能物流建设，农村末端服务网络建设取得了显著成效。2020 年，全国乡镇快递网点覆盖率超过 97%，实现快递服务进村，农村电商带动群众增收致富效果明显。农业机械设备的数字化进程正在加速，北斗终端已由拖拉机、联合收割机、植保无人机发展到插秧机、自走式植保机、秸秆收割机等。随着农村电网、智慧水利、农村物流、农机装备的数字化改造，新的农业基础设施将给农业带来无限的可能性。

（三）乡村信息应用终端逐渐丰富

农业信息应用终端是指在农业领域中，用于接收信息的通信装置，包括移动电话、电视、台式机、笔记本电脑、平板电脑以及各种智能终端。随着大数据、物联网等应用的不断深入，农业物联网等信息技术的应用比重不断提高，互联互通设备的种类越来越多，应用终端设备的数量也在不断增加，农业生产的智能化程度得到了极大的提高。农情设备、地理信息系统（GIS）、北斗卫星导航系统（BDS）、智能手机、机器视觉摄像头等方面都在逐步深入。在农村生活服务终端，智能手机、平板电脑、互联网生活缴费、在线教育、在线医疗等都逐步得到普及。农机化、农事、政务等应用软件也陆续在农户的消费终端上推广，最终普惠广大农户。

（四）5G 农业应用逐步普及

农业、农村大数据中心等新型基础设施的建设，促使农业新技术、新产品、新模式层出不穷。BDS、第 5 代移动通信（5G）、物联网、农业专用传感器、智能装备等加速在农村布局，推动智慧农业加速发展。5G 应用不断地拓展与深入，到 2020 年末，我国 5G 基站总数已突破 70 万个，实现了城市室外连续覆盖、县城和乡镇重点覆盖、重点场景室内覆盖。在国家加速实施新基础设施的同时，全国各地都开始关注 5G 技术在农业中的应用和融合，并在此基础上不断涌现出以 5G 为基础的智慧农业示范园区建设和运行方式的创新。杨凌县积极推进杨凌农业示范园区的信息化建设，在全国率先建成 11 个 5G 基站，大力推进 5G 信息化应用。5G+ 智慧农业、5G+ 益农云电商直播、5G+ 远程培训、5G+ 智慧养殖、5G+ 智慧种植、5G 无人机、5G 智慧农机等亮点频现，助力智慧乡村建设。

第二节　数字乡村信息基础设施建设的基本阐释

数字中国的全面实施，标志着我们在新的历史时期，在新的征程中，向第二个百年奋斗目标进军。数字技术为中国的持续创新提供了强大的动力，而不断加强信息基础设施建设是数字中国建设迈出的坚实步伐。数字乡村建设的重点在于强化乡村信息化，推动农村传统基础设施和现代数字技术的结合，加速农村工业数字化转型，为农村现代化发展提供新的支撑。通过对数字乡村和信息基础设施建设的概念解释，阐述两者之间的关系，为建设数字乡村、推动乡村振兴奠定了坚实的理论基础。

一、深刻理解数字乡村的重大意义

（一）概念阐述

数字乡村是一个新的概念，需要结合数字中国和乡村振兴战略的概念来加以阐释。

1. 数字中国

数字中国是我国新时期提出的新战略，乡村信息化建设是我国信息化建设的新阶段，是我国人民群众对美好生活的新向往，是推动我国经济蓬勃发展新动力，是我国推进各领域、各行业信息化建设的新征程。数字经济发展速度之快、辐射范围之广、影响程度之深前所未有，正在成为重组全球要素资源、重塑全球经济结构、改变全球竞争格局的关键力量[①]。

21 世纪初，在福建工作的习近平同志提出了“数字福建”这一概念，在“数字中国”的进程上做出了初步探索。2015 年 12 月 16 日，习近平总书记首次提出“推动数字中国的建设、共享经济的发展、依托网络的各种创新、促进企业的创业、提升发展的质量和效益。”2017 年 10 月 18 日，十九大报告进一步阐明“数字中国”和“创新型国家”的发展目标。2017 年 12 月 3 日，习近平总书记在第四届世界互联网大

[①]《习近平谈治国理政》第四卷第 204 页，外文出版社 2022 年版。

会上致辞："建设网络强国，数字中国，智慧社会，推动互联网、大数据、人工智能与实体经济的深度融合，发展数字经济和共享经济，培育新的增长点，形成新的动能"。2017 年 12 月 8 日，习近平总书记主持中央政治局第二次集体学习时再次强调，要"加快数字中国的建设，更好地为国家的经济、社会和民生提供更好的服务。"这标志着"数字中国"正式进入全面高速发展阶段。2020 年 10 月 29 日，《中共中央关于制定国民经济和社会发展第十四个五年规划和 2035 年远景目标的建议》在十九届五中全会上正式通过，并提出要"加速数字化发展"。2021 年 3 月 5 日，全国两会发布的《中华人民共和国国民经济和社会发展第十四个五年规划和 2035 年远景目标纲要（草案）》指出："面向数字时代，激发数据要素的潜力，推动数字经济、数字社会和政府建设，推动数字经济、数字社会和政府，以数字化转型为动力，推动数字中国建设全面提速。"

2. 乡村振兴战略

习近平总书记于 2017 年 10 月 18 日在十九大报告中提出"乡村振兴战略"。十九大报告指出：农业、农村、农民问题是关系到国家和人民生活的根本问题，要把"三农"问题摆在我们党的头等大事上。把解决好"三农"问题作为全党工作重中之重，举全党全社会之力推动乡村振兴，促进农业高质高效、乡村宜居宜业、农民富裕富足[①]。简而言之，乡村振兴是指乡村的兴起和繁荣。准确地说，乡村振兴，是指使一些特殊的分区单元，如小村庄、小市镇兴旺起来。乡村振兴战略的提出，是为了激活农村发展动力、增强农村吸引力、建立新时期农村可持续发展体制，是新时期农村发展的新动力，是实现现代化的必然要求。

自从国家实施乡村振兴战略以来，党中央、国务院发布一号文件，

[①]《习近平谈治国理政》第四卷第 195 页，外文出版社 2022 年版。

明确指出了新发展阶段农业农村、全面推进乡村振兴的总体部署，为“三农”工作提供了指导。2018 年 3 月 5 日，李克强总理在《政府工作报告》中提出：要大力推进农村的发展。2018 年 5 月 31 日，中共中央政治局会议对《国家乡村振兴战略规划（2018—2022 年）》进行了讨论。2018 年 9 月，中共中央、国务院印发了《乡村振兴战略规划（2018—2022 年）》。2021 年 2 月 21 日，中共中央、国务院正式印发《中共中央 国务院关于全面推进乡村振兴加快农业农村现代化的意见》，这是 21 世纪以来“三农”问题的第 18 份中央一号文件；同年 2 月 25 日，国家农村发展委员会成立，隶属于国务院。2021 年 3 月，中共中央、国务院印发了《关于实现巩固拓展脱贫攻坚成果同乡村振兴有效衔接的意见》，明确了要把乡村振兴作为一项重要工作。

可以发现，“数字乡村”是中国新时期农村信息化的一个重要方面，也是“数字中国”战略的一项重要内容。2019 年 5 月，中共中央办公厅、国务院办公厅印发的《数字乡村发展战略纲要》中，对数字乡村进行了精辟的阐述：“数字乡村是伴随着网络化、信息化、数字化、农民现代信息技能的提高而内生的农业农村现代化发展和转型进程，既是乡村振兴的战略方向，也是建设数字中国的重要组成部分。”数字乡村是指在农村推广各种数字化、信息化的发展方式。数字乡村也可以说是一个信息化的平台，它是以“三农直通车”为基础的三农信息库，将乡村基础设施、农村经济、特色产业、基层组织等多种信息资源整合起来，形成覆盖全省，连接省、市、县、乡、村的数字信息化平台。

（二）发展历程

我国数字乡村发展总体呈现纵向演进趋势，具体可以分为探索萌芽期、概念明确期、工作衔接期和融合深化期四个阶段。

第一，探索萌芽期（2018 年 1 月之前）。“三农”工作受到了国家的高度重视，在农业、农村经济、社会发展过程中，网络化、信息化、数字化等方面的应用越来越广泛，直至 2017 年末，“数字乡村”的概念还没有在政策上被提出来。在这一阶段，一些地方已经开始对农村信息化建设进行初步探索，其中包括农村互联网接入、生产信息化等。而一些农村则是通过网络等数字渠道获取发展的红利。从整体上讲，数码技术表现为点状化的运用，未能系统地、全面地融入农村的生产和生活。

第二，概念明确期（2018 年 1 月—2019 年 5 月）。2018 年，中央一号文件首次将“数字乡村”作为国家政策层面的重要内容，标志着我国农村数字化进程的加快。该阶段的主要工作包括：大力推进农村基础设施建设、巩固农村信息化基础、深化信息化服务职能、同步进行规划、建设及网络安全实施工作，全面深化数字技术与网络安全实施工作，全面深化数字技术与农业农村经济融合，利用数字技术聚合社会力量参与到脱贫攻坚工作之中。

第三，工作衔接期（2019 年 5 月—2020 年 11 月）。2019 年 5 月，中共中央办公厅、国务院办公厅印发的《数字乡村发展战略纲要》对数字乡村的各项内容进行了系统阐述，使得数字乡村在数字中国、脱贫攻坚、乡村振兴等国家战略中发挥了重要作用。2020 年，全面完成脱贫任务，实现乡村振兴与脱贫攻坚的有机衔接，数字乡村将全面衔接乡村高质量发展，数字化创新驱动乡村全面振兴的先导作用初步显现。

第四，融合深化期（2020 年 11 月至今）。2020 年 11 月份，全国 832 个贫困县实现了脱贫摘帽，实现了新时代的目标任务，进入到巩固拓展脱贫攻坚成果同乡村振兴有效衔接新阶段，数字乡村建设工作进一步深化，其内涵与外延不断明确。随着“三农”信息化的普及，农村数字化的智能化建设也在逐步深化，已经在京东科技等高科技企业的落地实践中得到了广泛的应用。

（三）主要特点

第一，乡村网络高速全面。农村网络的发展是数字乡村的根本，必须要有足够的网络覆盖，而高速的网络设施，是数字乡村建设的基础。农村的道路变得更宽阔，网络也变得更加稳定、更加完善，只有这样，农村的数字化才能真正地普及。

第二，数字经济的发展。数字技术渗透到了整个农业产业，而农业产业的目的就是经济的发展。数字经济的发展，也是农村迈向数字化的一大特征，数字技术可以提升农产品的品质和销售，从而促进农村的经济发展。

第三，数字生态的进步。农村生态环境保护是一项长期的重大工程，传统的生态保护不但没有成效，而且效果也不明显，利用数字化技术使农村的生态环境变得更加美好，整个村庄的面貌也发生了翻天覆地的变化。

第四，数字文化的发展。很多传统文化都随着时间的流逝而逐渐消失，而现在，随着数字技术的发展，人们可以通过网络将这些传统的文化实现数字化并且留存下来，让乡村文化弘扬光大。

第五，数字化的治理。“治”是每一个村庄都必须面对的问题，而在数字化农村中，利用数字化的平台，将数据转化为管理者与村民的沟通桥梁，让所有人都可以快速地进行信息传递，从而确保了治理的效率，同时也确保了治理的效果。

二、探析信息基础设施的丰富内涵

（一）概念阐述

信息基础设施是指涉及国家生存、为社会公众生产和生活提供公共服务的网络工程设施或虚拟资产，是保障国家或区域社会经济活动的一种公共信息服务体系。如果这些资源状况的功能丧失或受到破坏，将对国家安全、社会稳定和公共健康造成严重的负面影响。信息基础设施是国民经济发展的重要基础，信息基础设施的建设和发展程度对一个国家的可持续发展起着举足轻重的作用。因此，从国家角度来看，应该突出信息基础设施的战略性和普惠性。此外，从经济学角度看，信息基础设施具有基础设施和准公共物品的特性。信息基础设施为人类的生存和发展创造了基本的物质条件，其所提供的公共信息服务是所有的商品与服务的生产所必不可少的，没有了这些服务，其他的产品和服务（主要是指直接的生产和经营）就很难生产和供应。因此信息基础设施具有基础设施所具备的基础性特征。此外，信息基础设施类似于公共物品，绝大多数信息基础设施所提供的服务具有相对的非竞争性和非排他性，因而一般是“准公共物品”。这两点突出了信息基础设施的基础性和普惠性。

当前较典型的信息技术有三个：传感技术、通信技术和计算机技术。信息基础设施就是一系列实现这些技术的设备与装置。具体而言，信息基础设施不仅包括传递、存储、处理、显示声音、数据、图像的各种物理设施，而且包括各种先进设备，如微波网络、卫星、光纤等，以及把它们联系成一个整体时的各种要素，如代码、标准、应用软件等，从而形成完整的通信、计算机、数据库和用户电子设备网络。因此，从广义上来讲，信息基础设施可以定义为：为社会运行、社会生产和居民生活提供公共信息服务的，能以交互方式传送语音、数据、文本、图像、视像和多媒体等信息及相关设施。它既是国家和军队信息化建设的基础支撑，也是保证社会生产和人民生活基本设施的重要组成部分。

在 2018 年 12 月的中央经济工作会议上首次提出了新基建的概念，明确提出要加快 5G 网络商用步伐，加强人工智能、工业互联网、物联网等新基础设施建设。自 2020 年以来，国家已就建设新基建问题召开了多次重要会议，以应对外部冲击对经济的持续压力，如新冠肺炎疫情以及中美贸易冲突等。从最初的 5G 网络、人工智能、工业互联网和物联网到数据中心、充电站和开关设备，新基建的概念越来越丰富和完善。此外，新基建也引起了社会各界的广泛关注，学者们对新基建进行了多元化的解读和热烈讨论，出现了“七大领域说”“三个方面说”“新技术驱动说”“新要素说”等话题[①]。

2020 年 4 月，国家发展改革委就新基建给出了权威解释：新基建是以新发展理念为引领，以技术创新为驱动，以信息网络为基础，面向高质量发展需要，提供数字转型、智能升级、融合创新等服务的基础设施体系。该体系主要包括三个方面：信息基础设施、融合基础设施和创新基础设施。信息基础设施主要指的是立足于新一代信息技术形成的基础设施，如以 5G 网络、物联网、工业互联网、卫星互联网等为代表的通信网络基础设施，以人工智能、云计算、区块链等为代表的新技术基础设施，以数据中心、智能计算中心等为代表的算力基础设施；融合基础设施主要是指通过对互联网、大数据、人工智能等技术的深度应用，推动传统基础设施的转型升级形成的融合基础设施，如智慧能源基础设施、智能交通基础设施等；创新基础设施主要是指支撑科学研究、技术开发、产品研制的具有公益属性的基础设施，如科教基础设施、重大科技基础设施、产业技术创新基础设施等。

① 刘艳红、黄雪涛、石博涵:《中国“新基建”：概念、现状与问题》，载《北京工业大学学报（社会科学版）》，2020 年第 6 期。

（二）发展历程

信息基础设施的重要意义，主要体现为“国家基础设施”。1992年，美国前参议员、前副总统阿尔·戈尔提议了美国信息高速公路法案。美国联邦政府于1993年9月公布了《国家信息基础设施行动计划》（The National Information Infrastructure: Agenda for Action），它从五个方面说明了政府在建立和发展国家信息基础设施中的首要责任和打算采取的措施，并希望通过推进全球信息基础设施（Global Information Infrastructure，GII）来促进全球信息通讯市场的公开和公正的竞争[①]。美国的这一行动方案很快就得到了中国和其他一些国家的响应。各地区的主要国家都在短期内拟定了各自的行动计划。

中国在1993年开始了信息化建设。这一年，中国举行了“全国经济信息化联合会议”，正式启动了“金桥”（全国公共经济信息通信网）、“金卡”（全国电子货币工程）、“金关”（国家外经贸信息网）三个国家级信息化示范项目。此后数年，中国在《国家信息化“九五”规划和2020年远景目标（纲要）》的指导下，率先实现了我国信息化建设与发展的第一个顶层设计。“统筹规划，国家主导，统一标准，联合建设”是国家信息化建设的基本原则。在“互联互通，资源共享”的指导下，我国已步入快速发展的轨道。从技术进步促进基础设施不断更新的视角来看，中国的信息化建设与发展大致可分为三个阶段：

第一，通信基础网络建设时期（20世纪90年代）。20世纪90年代，我国的电子、通信、广电三大行业发展迅猛，但是我国信息基础建设的整体水平仍处于较低水平。到1995年，我国的手机总数达到5400万台，而手机的使用率只有4.7%；全国仅有350万手机用户和5000万有线电视用户[②]。中国于1994年第一次进入国际因特网。1995年，

---

① Kalil Thomas:《Public Policy and the National Information Infrastructure》,载《Business Economics》,1995年第4期。

② 邓寿鹏:《中国信息化基础结构的创新与政府管理》，载《管理世界》，19996年第6期。

邮政总局正式向社会开放上网；到了年末，它只提供了4000个客户[①]。面对这种落后的局面，我国“九五”时期的信息化建设工作重点是把“七五”“八五”时期已经建成的零散光纤网络进行扩展和连接，形成一张纵横交错、经纬交织的网络，为实现电话、广电、互联网等通信业务的普及和发展打下坚实的基础。按照这个部署，兰西拉（兰州—西宁—拉萨）工程在1998年建成，是中国通信建设历史上最困难的一次；广昆成（广州—昆明—成都）铁路于2000年建成通车。至此，我国“八纵八横”光纤通信骨干网络建设已历时数年,耗资170亿元。“八纵八横”光缆主干网是中国电信史上的一项重大工程，它不但使中国的电信网实现了全国各大城市的全部覆盖，同时也在技术和规模上达到或超过一些发达国家，为我国今后的信息化建设打下了坚实的网络基础[②]。

第二，21世纪头十年的互联网和移动通信快速发展时期。进入21世纪，中国通信网络建设规模不断扩大，通信质量不断提高。2002年，中国宽带技术逐渐成熟，宽带技术正式投入使用，使网络的普及率大幅提升，同时也使数据通信进入了宽频时代。此外，随着手机技术的更新换代，中国的电信产业将会以移动通信为主导，很多技术难题和发展都是围绕着它展开的。2009年，工信部正式颁发3G牌照给中国移动企业，使中国第一次获得了具有自主知识产权的3G技术标准，并使其商业化，从而使中国在这一领域取得了重大突破，打破了中国在该领域的长期落后局面，为未来十年的发展奠定了坚实的基础。

第三，2010年以来新一代信息基础设施建设时期。21世纪的第二个十年里,新一代信息技术以物联网等为代表,突破了传统技术的限制,在全球范围内形成了一种新的、万物互联的产业生态。世界各国都在

---

① 方兴东、陈帅:《中国互联网25年》，载《现代传播（中国传媒大学学报）》，2019年第4期。
② 汤博阳:《“八纵八横”干线网筑起中国通信业的脊梁》，载《数字通信世界》，2018年第12期。

制订新的战略计划，以期在新一轮的技术与工业竞争中占据上风。随着信息技术的普及，快速、安全、可靠的网络基础结构的传播越来越重要。2010 年，国务院发布了《关于加快培育和发展战略性新兴产业的决定》。在这一背景下，我国《通信业“十二五”发展规划》《“十二五”国家战略性新兴产业发展规划》等规划文件相继提出了建设下一代通信基础设施的发展目标。2013 年 8 月，国务院发布《“宽带中国”战略及实施方案》，首次将宽带作为国家战略公共基础设施，从接入速率、用户普及率、行业支持等几个方面，确立了中国宽带网络服务质量、应用水平和宽带工业支持水平的逐步实现。

（三）主要特点

从信息基础设施的基本概念和发展历史来看，信息基础设施的主要特征有：

第一，以战略为指导。信息基础设施是战略性的国家基础设施，因而具有战略意义。

第二，以改革为动力。资讯基建的重心由投资转向以创新为主导、以数字技术为核心的新一代资讯基建，成为资讯科技发展的首要任务。

第三，平台的作用。借助“数字平台”这一新型的组织结构，发挥数字经济的高效、绿色和可持续发展，发挥网络、平台和赋能效应，促进传统产业的数字化升级，形成新的产业体系和生态，这是信息基础设施能够赋能经济高质量发展的基础所在[①]。

第四，普惠。普惠是我国基础设施建设的根本要求，也就是要为广大人民群众提供公平、公正的信息服务，防止数字鸿沟的产生。

---

① 郭朝先、王嘉琪、刘浩荣：《“新基建”赋能中国经济高质量发展的路径研究》，载《北京工业大学学报（社会科学版）》，2020 年第 6 期。

三、数字乡村与信息基础设施建设的关系

信息基础设施是数字乡村的“数字底座”，数字乡村的高质量发展离不开对信息基础设施的建设。信息基础设施的使用和信息的扩展都会影响到人们获取数字信息的能力，但农村地区与城市之间存在着明显的差异。而加快信息化建设，极大地缩短了城乡发展的“差速”，具体表现为：

（一）有利于推动乡村网络覆盖

由于农村的山地环境比较复杂，信息系统的密度小、配置低，很多地方的信息传输速度和质量都与城市有很大的差距，这主要体现在移动电话和广播电视的信息质量方面。加快农村信息化建设，实现对农村用户的互联网接入，为农村智慧化的应用奠定基础。

（二）有利于促进农村经济发展

虽然现代资讯科技与数码经济的飞速发展，使人人都能联网，但乡村不仅在人人联网上落后于城市，而且在线上与线下的连通性上也有很大差距。由于农村资源丰富，人口众多，相对分散，网络技术应用基础薄弱，人才匮乏，物流落后，支付困难，农村经济发展缓慢。就拿网上购物来说，农村需求少、交通运输成本高、快递业向乡村扩展滞后等，使得城市物品在网络中流通到偏远农村仍然存在着很大障碍，农村居民即便接入互联网并且具有使用能力，也难以享有城镇居民那样的便利。加快农村信息化建设，可以极大地支持农村经济互动，拓展农村经济运行方式，防止信息不畅导致农村资源的浪费。

（三）有利于提升数字治理效率

目前，数字乡村治理还处于信息披露、信息传递等最基本的层面，治理能力不足、治理制度缺失、民众参与率低等问题依然十分突出。就拿民众参与来说，目前各个平台的更新和维护都处于初期，大量的用户反映更新和维护不够及时，无法及时地提供服务，这就让人们失去了耐心，出现了有了平台却没有了用户。加快农村信息化进程，可以促进农村数字化管理，使农村居民能够及时地获得信息，并积极地参与到数字乡村的管理中来，从而提高农村的管理效能。

第三节 数字乡村信息基础设施建设的发展现状

乡村振兴战略作为新时代“三农”工作的总抓手，是建设社会主义现代化国家全局性、历史性的关键。数字乡村建设既是乡村振兴的战略方向，也是建设数字中国的重要内容，带动了乡村的现代化发展，为乡村经济提供了强大的动力。从数字乡村基础设施建设的相关政策入手，探讨智慧农业创新、公共服务效能、网络帮扶拓展三个乡村基础设施建设的重点任务，提出数字乡村与信息基础设施建设发展过程中面临的多重困境，为助推数字技术与农业农村经济融合发展指明了方向。

一、数字乡村信息基础设施建设的相关政策

（一）数字乡村的相关政策

2018 年《中共中央 国务院关于实施乡村振兴战略的意见》和《乡村振兴战略规划（2018—2022 年）》提出要实施数字乡村战略，大力发展数字农业。

2019 年 1 月，中央一号文件《中共中央 国务院关于坚持农业农村优先发展做好“三农”工作的若干意见》提出要实施数字乡村战略。

2019 年 5 月，中共中央办公厅、国务院办公厅印发《数字乡村发展战略纲要》，明确将数字乡村作为乡村振兴的战略方向，加快信息化发展，整体带动和提升农业农村现代化发展。

2019 年 12 月，由中央网信办信息化发展局、农业农村部市场与信息化司指导，农业农村信息化专家咨询委员会编制的《中国数字乡村发展报告（2019）》在 2019 年数字农业农村发展论坛上发布，报告对当前数字乡村的发展情况进行了全面总结，包括我国数字乡村建设的阶段性进展和经验探索、当前面临的形势，以及未来发展前景。

2020 年 1 月，中央一号文件《中共中央 国务院关于抓好“三农”领域重点工作确保如期实现全面小康的意见》提出开展国家数字乡村试点。

2020 年 1 月，农业农村部、中央网络安全和信息化委员会办公室印发《数字农业农村发展规划（2019—2025 年）》，对新时期推进数字农业农村建设的总体思路、发展目标、重点任务作出明确部署。

2020 年 5 月，中央网信办、农业农村部、国家发展改革委、工业和信息化部联合印发《关于印发〈2020 年数字乡村发展工作要点〉的通知》，明确了 2020 年数字乡村发展工作目标，部署了 8 个方面共 22 项重点任务。

2020 年 7 月，中央网信办、农业农村部、国家发展改革委、工业和信息化部、科技部、市场监管总局、国务院扶贫办印发《关于开展国家数字乡村试点工作的通知》，部署开展国家数字乡村试点工作。

2021 年中央一号文件提出，实施数字乡村建设发展工程。推动农村千兆光网、5G、移动物联网与城市同步规划建设。乡村以及边远地区信息基础设施建设离不开电信网络的基础架构，数字乡村的发展使智慧农业走进人们的视野，智慧农业的提出推动了信息技术与农业产业的深度融合，而气象监测网络设备的铺设，提高了乡村气象灾害防范能力。

2022 年中央一号文件，即《中共中央 国务院关于做好 2022 年全面推进乡村振兴重点工作的意见》发布。这是 21 世纪以来第 19 个指导“三农”工作的中央一号文件。信息基础设施建设推进乡村振兴的新发展，以数字技术赋能乡村公共服务，推动乡村智慧化、智能化发展，解决现代化乡村实际问题，拓展乡村各大数据应用场景，为数字乡村标准化建设打好基础。

2022 年 1 月，中央网信办、农业农村部、国家发展改革委、工业和信息化部、科技部、住房和城乡建设部、商务部、国家市场监管总局、国家广电总局、国家乡村振兴局印发《数字乡村发展行动计划（2022—2025 年）》（以下简称《行动计划》）。《行动计划》立足我国“三农”工作重心历史性转向全面推进乡村振兴的发展形势，落实《数字乡村发展战略纲要》《“十四五”国家信息化规划》有关要求，对“十四五”时期数字乡村发展作出部署安排，是各地区、各部门推进数字乡村工作的重要指引。实施数字乡村战略，主要分 4 个阶段：到 2023 年，数字乡村建设取得初步进展；到 2025 年，数字乡村建设取得重要进展，城乡数字鸿沟明显缩小；到 2035 年，数字乡村建设取得长足进展；到 21 世纪中叶，全面建成数字乡村，助力乡村全面振兴，全面实现农业强、农村美、农民富。

（二）信息基础设施建设的相关政策

2016 年 12 月，国家发展改革委办公厅发布《关于组织实施 2017 年新一代信息基础设施建设工程和“互联网 +”重大工程的通知》，主要内容包括“百兆乡村”示范工程、农村宽带覆盖新技术应用示范工程、“宽带乡村”配套支撑工程、“互联网 +”协同制造云服务支撑平台、工业机器人智能系统、物联网广域通信网络系统等。

2017 年 1 月，国家发展改革委、工信部印发《信息基础设施重大工程建设三年行动方案》，紧紧围绕完善新一代高速光纤网络、加快建设先进移动宽带网、积极构建全球化网络设施、强化应用支撑能力建设 4 项重点任务，加快我国信息基础设施优化升级，到 2018 年基本建成覆盖城乡、服务便捷、高速畅通、技术先进、安全可控的宽带网络基础设施。

2018 年 9 月，中共中央、国务院印发《乡村振兴战略规划（2018—2022 年）》，确定了未来时期中国农业基础设施发展的重点任务和提档升级的努力目标。当前，落实农村振兴政策，必须弥补农业基础设施发展的缺口，促进城乡基础设施互联互通，努力处理好农业基础设施发展不均衡不完善的问题。

2020 年 11 月，国家网信办指出要推动数字乡村建设、进一步完善农村信息基础设施。我国网络扶贫工作成效显著，贫困地区网络覆盖目标提前超额完成，贫困村通光纤比例由之前的不到 70% 提高到 98%。电子商务进农村实现对 832 个贫困县全覆盖，全国农村网络零售额由 2014 年的 1800 亿元增长到 2019 年的 1.7 万亿元，规模扩大了 8.4 倍。与此同时，国家网络扶智工程效果进一步显现，我国农村中小学校（含教学点）的网络接入比从 2016 年底的 79.2% 上升到 2020 年 8 月的 98.7%。

2021 年 3 月，在《中华人民共和国国民经济和社会发展第十四个五年规划和 2035 年远景目标纲要》（以下简称《十四五规划纲要》）中，明确将新型基础设施作为我国现代化基础设施体系的重要组成部分，要统筹推进传统基础设施和新型基础设施建设，打造系统完备、高效实用、智能绿色、安全可靠的现代化基础设施体系。

2021 年 11 月，工业和信息化部印发《“十四五”信息通信行业发展规划》，阐明了当前我国信息通信行业的发展环境和发展重点及保障措施等内容。其中，发展重点主要包括建设新型数字基础设施、拓展数字化发展空间、构建新型行业管理体系、全面加强网络和数据安全保障体系和能力建设、加强跨地域行业统筹协调 5 个部分。

2021 年 12 月，中央网络安全和信息化委员会印发《“十四五”国家信息化规划》，提出了 10 大重大任务和重点工程，以适应我国社会主要矛盾变化，加快数字化发展、建设数字中国。

（三）新型基础设施建设的相关政策

新基建是我国构建以国内大循环为主体、国内国际双循环相互促进的新发展格局的重要手段，将在推动产业转型升级、构建现代化产业体系、助力经济高质量发展发挥重要作用。自 2020 年以来，我国各省、直辖市、自治区陆续推出推动新型基础设施建设相关政策，包括深圳市、福州市等经济较为发达的地级市等。表 1-1 为近年来各省市自治区和部分地级市已颁布出台的新基建相关政策。

形式上，目前在中国大陆 31 个省、直辖市、自治区中，已有 18 个省、直辖市、自治区发布了新型基础设施建设的推动政策，其中大部分省份以“三年行动计划”为主要推动政策，山东省则以“指导意见”为主要形式；山西省将新基建上升到五年规划的高度来重视，发布了首个“十四五”新基建规划——《山西省“十四五”新基建规划》；《贵州省“十四五”新型基础设施建设规划》已发布，是第二个以规划形式推动新型基础设施建设的省份。

表 1-1　部分地区新基建相关政策整理

时间	政策文件	政策要点
2020.03	《山东省人民政府办公厅关于山东省数字基础设施建设的指导意见》	前瞻布局以5G、人工智能、工业互联网、物联网等为代表的新型基础设施，持续推动交通、能源、水利、市政等传统基础设施数字化升级，构建“泛在连接、高效协同、全域感知、智能融合、安全可信”的数字基础设施体系。
2020.04	《吉林省新基建“761”工程实施方案》	新基建“761”工程主要内容：加快推进5G基础设施、特高压、城际高速铁路和城际轨道交通、新能源汽车充电桩、大数据中心、人工智能和工业互联网“七大新型基础设施”建设；全面提升智能信息网、路网、水网、电网、油气网、市政基础设施网“六网”；着力补强社会事业“1短板”。
2020.04	江苏省《加快新型基础设施建设扩大信息消费的若干政策措施》	加快新型信息基础设施建设、释放信息消费增长潜能、推动产业数字化转型。
2020.04	《上海市推进新型基础设施建设行动方案（2020-2022年）》	主要任务集中在“新网络”“新设施”“新平台”“新终端”。
2020.06	《北京市加快新型基础设施建设行动方案（2020-2022年）》	聚焦“新网络、新要素、新生态、新平台、新应用、新安全”六大方向。
2020.06	《湖北省新型基础设施建设三年行动方案（2020-2022年）》	建设高速智能的信息基础设施；建设便捷智慧的融合基础设施；建设高端前瞻的创新基础设施。
2020.06	《重庆市新型基础设施重大项目建设行动方案（2020-2022年）》	围绕信息基础设施、融合基础设施、创新基础设施3个方面，突出新型网络、智能计算、信息安全、转型促进、融合应用、基础科研、产业创新七大板块重点,强化重大项目的牵引与带动作用,积极布局5G、数据中心、人工智能、物联网、工业互联网等新型基础设施建设,有序推进数字设施化、设施数字化进程,为全市经济社会高质量发展注入新动能。
2020.07	《深圳市人民政府关于加快推进新型基础设施建设的实施意见（2020-2025年）》	超前部署信息基础设施、全面升级融合基础设施、统筹布局创新基础设施、高效配置关键要素资源、构筑数字经济生态体系。
2020.07	《浙江省新型基础设施建设三年行动方案（2020-2022年）》	主要任务实施数字基础设施建设行动、整体智治设施建设行动、生态环境设施智能化建设行动、交通物流设施智能化建设行动、清洁能源设施智能化建设行动、幸福民生设施智能化建设行动、重大科研设施建设行动、产业创新平台建设行动、产业融合发展行动、应用场景创新行动等十大行动。
2020.08	《云南省推进新型基础设施建设实施方案（2020-2022年）》	重点任务包括:构建高速泛在优质新网络、打造数字创新应用新平台、铸造传统基建升级新引擎、建设行业融合赋能新载体。
2020.08	《福建省人民政府办公厅关于印发福建省新型基础设施建设三年行动计划（2020-2022年）的通知》	大力实施新网络、新技术、新算力、新安全、新融合、新平台等新型基础设施建设工程，促进数字产业化、产业数字化、数字化治理和数据价值化，为全方位推动高质量发展超越提供强大基础支撑。
2020.09	《四川省加快推进新型基础设施建设行动方案（2020-2022年）》	加快建设无线泛在的信息基础设施;全面发展数智赋能的融合基础设施；布局完善前瞻引领的创新基础设施。
2020.11	《广东省推进新型基础设施建设三年实施方案（2020-2022年）》	构建泛在互联一体化网络，推进信息基础设施建设；打造四大创新能力支撑集群，推进创新基础设施建设；推进十大智慧工程，推进融合基础设施建设。
2021.03	《天津市新型基础设施建设三年行动方案（2020-2022年）》	加快建设信息基础设施,推进信息网络演进升级、全面发展融合基础设施,构建多元智能应用生态、前瞻布局创新基础设施,夯实智能经济发展基础。
2021.04	《佛山市推进新型基础设施建设三年行动方案（2021-2023年）》	建设泛在互联、高效可靠的新一代信息网络体系；打造高水平创新基础设施;构建全国领先的工业互联网和物联网体系；构筑支撑城市治理智慧化的公共数字基底；培育新型基础设施配套产业集群。
2021.04	《河南省推进新型基础设施建设行动计划（2021-2023年）》	加快建设信息基础设施、提升发展融合基础设施、前瞻布局创新基础设施。
2021.05	《山西省“十四五”新基建规划》	加速建设信息基础设施，稳步发展融合基础设施，超前部署创新基础设施，推动关键要素创新，促进均衡协调发展，维护国家安全战略，构建高层次高水平的新型基础设施体系。

内容上，自从国家发展改革委针对新型基础设施作了较为详细的定义后，各省、直辖市、自治区针对新基建也以此为核心内容进行了行动部署。各类政策均针对信息基础设施、融合基础设施、创新基础设施等进行了具体的政策要求。山西省在《山西省“十四五”新基建规划》中，还增加了“推动关键要素创新，促进均衡协调发展，维护国家安全战略”等相关内容，覆盖更加全面。新基建政策也注重发挥重大项目的牵引和带动效应，广东省、重庆市、湖南省、山西省等地先后出台了新基建项目名单，为入选项目提供更多支持。

近几年，政府部门愈来愈重视乡村数字基础设施的建设，以逐步建成数字乡村建设的信息“主干线”为目标，多方面、全方位开展工作。2020 年底的数据显示，农村广播节目综合人口覆盖率达 99.17%，电视节目综合人口覆盖率达 99.45%；农村电网改造升级工程覆盖了 2389 个县市，惠及农村居民达 1.6 亿人；2021 年，通过在乡镇推行电信普遍服务使得所有行政村都接入了宽带，将通光纤的比率从不到 70% 的水平提升到实现 100% 全覆盖，平均下载速率可以超过 100Mb/s，几乎达到了和城市同网同速的水平。

随着硬件设施的不断完善，农业农村大数据已经成为农业现代化和乡村振兴不可或缺的资源要素。2021 年 11 月，农业农村部成立了农业农村部大数据发展中心，主要职责是开展数字农业农村发展战略和政策研究，承担农业农村数据汇集管理、综合分析和整合应用等工作，自此，农业农村大数据体系建设从顶层设计阶段迈入了实施阶段。相继制定了种业、土地、林业和草原、农田等领域的一批采集、传输、储存、共享、安全等标准；完成了猪肉、棉花、大豆、油籽、糖料等一批重要农产品全产业链大数据平台建设；推出标准农田、农药兽药等一批大型养殖场经营制度和新型经营主体；BDS 和高分辨率对地观测系统在农业生产中的应用更加普及，完成了全国渔船位置动态信息“一张图”

的建成，数字农业基础进一步得到夯实。

二、数字乡村信息基础设施建设的重点任务

（一）开展智慧农业创新发展行动

1. 加快推进农业农村大数据建设应用

农业产业正在全面开启大数据时代，两者相互融合。在农村养殖业和种植业推广大数据管理工具，包括通过利用物联网、传感器、互联网等技术采集、处理和分析生产数据，对产品进行追踪溯源等，并使其形成广泛应用，推动智慧农业的发展。类似重庆荣昌一样，建立一个资源高度整合的国家级生猪大数据中心，形成以生猪大数据为关键要素的农牧数字经济，全国 200 个农贸市场、600 多个种猪场和全国进出口贸易相关数据都能够接入其中，数据覆盖全国各区域、产业全链条，打造生猪管理、养殖、购买、销售等环节的创新大数据平台，能够进行多维度采集，实现生猪养殖、贩运、屠宰的全链条实时监测，也使产品能有效地追踪溯源，有效缩短交易链条、保障交易公平、降低生产和销售成本等。尤其，在非洲猪瘟和新冠肺炎疫情的影响下，能够帮助国家发展改革委引导调节生猪市场运行，维持生猪市场产供销平衡，助推生猪产业数字化发展。

2. 加快农业生产数字化改造

农业生产数字化主要应用和体现在农业生产的产前、产中及产后环节，如下图所示。比如，推动农业生产智能化，对耕地、草原、林地等农业资源环境进行精准监测，开启干旱、台风、洪涝等农业自然灾害预测预报，强化非洲猪瘟、口蹄疫等动物疫病和坏死、腐烂等植物病虫害监测预警等。运用地面观测、传感技术、农业遥感和 GIS、BDS 等地理信息技术，分析农产品的生长状况和病虫害防治等，加强

农业生产环境、生产设施和动植物本体感知数据的采集、汇聚和关联分析，完善农业生产进度智能监测体系，加强农情、植保、耕肥、农药、饲料、疫苗、农机作业等相关数据实时监测与分析，提高农业生产管理、指挥调度等数据支撑能力。推进物联网技术在种植、畜牧和渔业生产中的应用，形成农业物联网大数据。发展农机应用大数据，加强农机配置优化、工况检测、作业计量等数据获取，提高农机作业质量的远程监控能力，提高对作物种植面积、生产进度、农产品产量的关联监测能力。

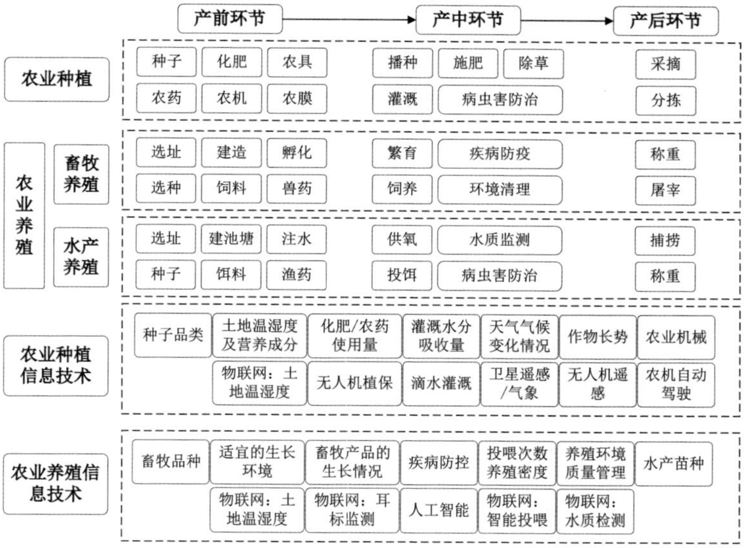

（2021年10月18日，亿欧智库发布《2021中国农业生产数字化研究报告》。图为“生产数字化：农业科技主要应用于农业生产的产中、产前、产后环节”的详细路径。）

3. 加快智慧农业技术创新

当前我国自主研发的农业传感器数量不到世界的10%，且稳定性差，灵敏度不高。我国“新基建”为人工智能、5G、大数据等新一代互联网技术创新应用提供了设备基础，结合物联网、AI的高精尖技术，包括智能机器人、温度和湿度传感器、航拍和BDS技术等，能大幅度提升农场的运营效率，推动农业精细化和规模化发展。如把地理信息系统、全球定位系统、遥感技术等应用到大型农业机械上，在计算机系统的控制下，实施耕地、播种、施肥、打农药等田间作业；在饲养的牲畜身上安装电子识别牌，通过电子识别牌获得动物饮食状况、产奶量等信息，从而有针对性地进行改良和改进。因此，应当加强科技研发投入，加快自主研发的步伐，开发一批智能化技术装备，提高农业数据采集与应用整合程度。

4. 加强农业科技信息服务

把农村信息通信基础设施作为工作重点，凝聚多方力量推动数字化乡村建设。实际上，数字乡村建设是我国迈向网络强国的关键一环。由农村和农民的“信息贫困”造成的城乡数字鸿沟，成为继城乡差别、工农差别、身心差别之后的“第四大差别”。建立完善农业科技信息服务体系，运用大数据提升农业综合信息服务能力，考虑到农民的受教育程度，信息内容一般以直接、简洁、明了的方式直观呈现，内容主要涉及农业信息、便民信息、物流信息等，具体包括种植技术、养殖技术、病虫害防治技术、专家讲座、农产品交易信息等。使农民能够共享农业信息化的成果，通过了解信息平台上发布的农产品需求和价格等相关信息，能够进行科学养殖或种植，把握市场行情，引导其生产经营决策，避免信息鸿沟带来的不必要的损失。

（二）开展公共服务效能提升行动

1. 深化乡村“互联网 + 教育”

“互联网 + 教育”能够缓解当前城市与农村教育发展不平衡的问题，同时也能够促进我国教育现代化。我国农村教育信息化主要面临资金不足、师资匮乏、教育观念和方式落后、人才培养模式错位等问题[①]。在农村加强教育信息化建设，运用信息技术，注重提升当地农民的数字素养和技能，推动农村社会治理的智慧化，加强“互联网 + 教育”，让城市的教育资源向农村倾斜，城市与农村建设好远程互动教学系统，让异地的学校一同共享多套教育教学资源，能够较好地缩小教育差距、促进教育公平、推动乡村振兴。此外，需要充分的社会力量和资源，尽可能地形成良好的校企合作模式，探索实践教育创新形式，鼓励其为乡村“互联网 + 教育”给予资金或硬件设施等其他方面的支持，在此基础之上，努力实现跨区域、多层次、多元化的精准帮扶。

2. 推进“互联网 + 医疗健康”

在构建健康中国的行动中，建设和保障好基层医疗健康服务是基础工作也是重点任务。在基层医疗方面，应急响应能力不足、医疗物资欠缺、医疗人才短缺等问题尤其突出。“互联网 + 医疗健康”和“互联网 + 养老”等基础民生建设显得格外重要。可以将基层医疗机构统一接入一体化的信息系统，村上的卫生室就能使用手机扫码，预约服务。重点开展远程会诊平台项目，实现乡镇医院与省内大医院联体的远程会诊、医学培训、病例数据分析。运用互联网、大数据、人工智能、云计算等信息技术，构建智慧化的管理系统，用数字赋能基层医疗，提高基层健康管理水平和药品供应链效率。另外，电信企业应对乡镇卫生院做好网络支撑服务，让偏远地区的百姓享受到“互联网 + 健康医疗”服务，让乡村居民体验到高效、简洁的就诊模式，提升其幸福感。

3. 深化农村的普惠金融服务

农村传统的金融服务不能满足其产业的顺利发展，在数字技术和

[①] 王志军、余新宇、齐梦梦:《“互联网 +”背景下我国农村教育信息化发展着力点分析》，载《中国电化教育》，2021 年第 10 期。

数字经济背景下，数字惠普金融能够更好地为“三农”问题提供服务，弥补金融服务空间受限、资金使用效率不高、产业发展缓慢等问题。在农业供给侧改革的背景下，数字惠普金融的应用，能够打破农产品产销的限制，推动产业数字化升级，创新“三农”金融服务模式。不仅能够促进农业产业的生产管理水平提升，还可以推动农业的转型升级。可以通过结合各部委属及各省（区、市）属高校或者研究院正确规划乡村产业发展并以此出台乡村各产业扶持政策，对政策规划的顶层设计进行合理有效的评估监管，以保证政策能够落到实处，对乡村特色产业园区的建设或者小微企业予以资金扶持。强化规划引导，采取以奖代补、先建后补、财政贴息、设立产业投资基金等方式扶持休闲农业与乡村旅游业发展。

（三）开展网络帮扶拓展深化行动

1. 做好网络帮扶与数字乡村建设有效衔接

通过农村信息化建设服务全国乡镇生活，全面解决乡镇信息闭塞问题，缩小城乡数字鸿沟，不断加强农村社会发展，激活农村经济活力。开展“信息扶贫”，并打造良好的扶贫工作体系，集中资源，发挥优势，激活乡村经济新活力，助力乡村振兴。在贫困县成立信息扶贫服务中心，搭建为百姓服务的线下载体，着力解决农产品销售、求职等问题。推动线上信息网络与线下服务网点的有机结合，为贫困群众提供更全面、便捷、高效的本地信息服务。此外，培养一批“信息扶贫带头人”，积极开展农民手机应用、农村电商技能培训，提供“免费、本地、高效、便捷”的信息服务。传授网络安全、农村电商、乡村网红等知识技能，培训农民使用智能手机、发布求助信息、将手机应用于生产生活及防范网络诈骗，并指导其通过信息平台创收脱贫致富。开展农产品产销信息对接、在线招聘等活动，为扶贫属性的农产品销售提供信息发布渠道，促进买卖双方有效对接。

2. 深化农产品电商发展

电信普遍服务是实施“互联网+”和农村电商脱贫攻坚、推动农村经济发展的内生动力。信息通信网络极大地支撑了农村电子商务，培育了农村信息消费新动能。如今，大部分村委会都设立了电子商务专栏，搭建了扶贫点信息化平台和渠道，为地方特色产业发展提供了网络和电商平台支持，为贫困户提供了脱贫增收渠道。部分乡村深处大山之中，当地盛产的辣椒、玉米、蜂蜜、茶叶等绿色农产品受多重因素影响没有办法销售出去，导致农民的收入受到限制，经济发展较为缓慢。政府应当鼓励和支持在农村电商领域进行大力开拓和深耕，建立现代化物流园区，形成现代物流、批发贸易、农村电商等多产业融合发展的新业态。电商销售与物流园区相互配合，电商主要是将当地的农产品种植规模化，形成成片的种植或养殖基地，而物流园则依靠通过电商平台和直播方式销售特色农产品，从生产端到销售端形成一条完整的具有当地特色的农村电商产业链。在此模式的蓬勃发展下，大山中的农产品终于可以批量走出大山，为农民带来更多增收。

3. 加快培育农村新业态

加强业态融合，丰富农村产品体系，推动乡村旅游智慧化发展。重点发展红色体验、研学教育、主题游乐、康养度假、文化创意五大特色产业。设计以“文化+体育+旅游+研学”为特色，集知识科普、运动体验为一体的旅游线路。首先是“文化+旅游”，开展古城旧居、革命遗址修复，发挥历史文化效应，深挖古镇、古村文旅资源潜力，做好乡村旅游项目。其次是“农业+旅游”，建设水果采摘基地、农业科技教育基地、花卉种植基地等，满足游客体验农业、回归自然的心理需求。最后是“体育+旅游”，有规划地打造具备体育休闲娱乐功能、体育赛事功能和传统体育文化表演功能的旅游小镇，积极开发户外体育旅游、民俗体育旅游、体育康养旅游等，建立以体育旅游为特色，深度体验传统非遗体育文化的特色小镇。应用抖音、微信短视频等新媒体平台做好相关宣传，通过直播销售特色农产品，充分利用乡村资源，让新业态带动乡村经济发展，让广大农民享受到数字经济带来的红利。

三、数字乡村信息基础设施建设的发展困境

（一）城乡之间数字鸿沟的存在

城乡发展差距较大，以城带乡挑战极大。城乡数字鸿沟的存在，主要是指城乡人民在拥有和使用信息技术方面的差距。虽然近年来农村地区网民数量有所增加，农村地区人们使用信息技术的场景和方式也在增加，但与城市人口相比，数字鸿沟仍然存在。首先，数字化已经基本应用到城市居民生活的各个方面，旅游、购物、医疗、就业、学习等都与数字技术和数字服务密不可分。然而，在农村地区，数字资源和服务的供应量要低得多。除了在生活领域，最突出的应用是在生产领域。在城市，工厂和公司的数字化办公已经成为常态，但让农业生产得以实现的数字技术的应用和场景还相对较少。其次，在数字城乡基础设施方面，城乡差距仍然较大，人均基础设施有待提升。特别是随着 5G 时代的来临，农村的新基础设施布局在一定程度上落后于城市。与智慧城市发展相比，数字乡村发展相对缓慢，城乡数字鸿沟难以在短时间内有效解决。此外，数字乡村建设本身基础薄弱，缺乏大量专业人才和资金支持，导致智慧城市和数字乡村建设协调发展面临诸多挑战。

（二）乡村数字化治理理念落后

乡村数字化治理理念落后主要可以总结为以下两点。第一，基础

管理者对数字治理的理解有待提高。数字治理的推进主要是自上而下的。农民受教育程度低，信息能力差，需要当地管理人员的帮助和培训。然而，一些地区当地工作人员的数字知识不足，在商业运营中运用数字技术的能力有待提高，缺乏学习和学习的动力，对数字技术的了解还处于电子商务等肤浅的层面。没有监测数字技术的最新发展，缺乏对数字治理的战略理解。第二，村民对数字行政的意识还不够。大多数农村青年和中年人在城市工作，虽然了解获取和使用数字技术的技能，但因为缺乏对网络信息的辨别能力以及对信息技术的应用能力，他们往往不愿或不敢开创新的模式。而年长的人则认为，互联网和人工智能产品是年轻人的生意，与他们无关，甚至有一些落后的观念。他们认为，互联网本质上是娱乐，反对年轻人开展数字服务。

（三）乡村数字化治理人才不足

推进农村数字治理，需要专业化程度高、数字素质高的领军人才。从大公司的数字化转型过程来看，公司内部会有不同的分工和角色配置。在很多情况下，领军公司在实施转型的整体规划和实施计划中，都与 CEO、CMO 等几种最重要的管理职位有着千丝万缕的联系。因此，乡村数字治理也需要带头人的引领。例如，在产业减贫的过程中，懂得数字化运营的企业领袖更容易打开市场。然而，在实践中，如此优秀的人才很难长期留在农村，农村最大的问题就是人才流失严重。现实中，在我国大部分农村地区，农村青壮年进城务工，留在农村的大多数只是老年人和儿童。在此环境下，乡村数字治理人才短缺问题凸显。除了领军人才外，乡村数字治理所需的技术人员也短缺。

（四）乡村数字化治理环境受限

从地理位置上看，我国一些村庄地处偏远，交通工具不便利，通信畅通成本过高，所以现在谈论数字治理还为时过早。同时，我国部分农村地区人口分布地区较多，但又不集中，所以不利于形成规模效应，数字化成本过高。从人文环境看，一些地方人口相对集中、易于管理，但农民在消费、生产等领域数字化程度较低，尚未形成规模，人口收入水平无法支撑高水平的数字治理模式。

此外，中青年和农业劳动者都在工作，落后的种植人员主要是中老年人，他们接受其他领域新信息和数字技术的能力有限。与此同时，我国农村数字治理水平亟待提升。农村地区的数字治理受到支配性管理组织的限制，上级不同部门的档案孤岛问题，导致农村数字化管理过程中数据重复采集、流于形式，它在应对这一问题上遇到了困难，因此，农业生产量不足，数字化生产需求低。

（五）投入不足与资源浪费并存

投入不足主要体现在资金、技术、数据、人才等要素投入不足。农村新型基础设施建设滞后，农村居民互联网使用率不够高，整体数字素养不高；农业数字技术支撑不足，缺乏高性价比、实用的农业生产智能设施和技术；有效农业数据资源不足，数据资源分散不准确，难以利用数据进行趋势分析。农村数字复合型人才匮乏，主要农业经营主体大多文化程度低，数字技术应用难度大。资源浪费主要体现在某些领域存在重复建设数字平台、软件和设备的现象，以及对数字化项目建设的盲目模仿。

（六）多元主体协同机制不够完善

当前，农村数字工程建设仍然过于依赖政府投入，特别是在资金投入方面，社会资本的吸引力和撬动力不足，参与、合作开发的多元化机制没有得到有效普及，参与数字乡村共建的力量不够强大。同时，还缺乏提供数字服务的公司和强大的人才，核心部门的数字专业知识不足，需要建立和整顿不同部门的协调机制。具有良好经济效益和社会效益的新型企业需要继续开创，数字新村模式也仍需深入探索。农民的参与度和获取感有待进一步提高。

（七）数字乡村发展缺乏整体规划

乡村振兴战略中已经提出"实施数字乡村战略,做好整体规划设计"的要求。目前，虽然农业农村信息化有总体规划，但数字乡村建设还处于自下而上的各地自主探索阶段，如上面提及的各地数字乡村建设的探索、各地各类智慧功能在乡村的应用探索等。而"全国农业农村信息化示范基地"以地方政府、企事业单位为主体，并不是以某地乡村为主体。同时，各类智慧应用功能还处于各自分别应用状态，还有待进行系统性统筹。可见，推进数字乡村建设，亟待形成整体的、统一的、具有分类指导作用的数字乡村规划设计。

（八）农业产业科技创新供给不足

目前，从事涉农信息服务和信息产品开发的企业较少，产学研结合模式难以落地，适应三农特点的信息服务体系不完善。缺乏农业专用传感器，动植物模型和智能决策精度低，农业机器人和智能农机装备适应性差。与城市等地区相比，数字化研究在农业农村的应用明显滞后。

总的来说，数字乡村建设要始终坚持高水平设计与地方创新相结合的方法论，用正确的思路指导实践，避免工作中的歪风邪气和误区，根据实际变化不断优化政策。

第四节　信息基础设施建设对数字乡村的支撑作用

数字乡村的建设已经展现出广阔的前景，信息基础设施的建设使山村连通了城市，网络触角的延伸，跨越了崎岖山路，穿过了深山沟壑。乡村信息基础设施建设是美丽乡村享受互联网红利的基石，依托网络开展的乡村创新产业蓬勃发展，带领乡村经济迅速增长，同时，信息基础设施的完善也让乡村治理有“智”更有“质”。紧握数字化建设新机遇，加快信息化发展，让信息基础设施建设更好地服务乡村数字化转型。

一、信息基础设施引领数字乡村经济发展

（一）信息基础设施是数字乡村经济发展的物质基础

新的基础设施是提供数字转型、智能现代化、融合和创新等服务的基础设施。要加快新基础设施建设，并与乡村振兴战略有效对接，全面提高农村产业发展基础设施保障能力。应该看到，中国农村基础设施发展不平衡，特别是在农业信息技术和农产品流通领域。相关基础设施供给不足，成为制约农村数字经济发展的重要因素。在此背景下，一方面，人们需要建设物联网、人工智能、物联网等 5G 基础设施，加强其与农业产业的应用结合；另一方面，要加快推进供水、供电、灌溉保水、农村物流、农产品生产加工等传统基础设施数字化、智能化改造，提高农村基础设施水平，为数字经济融入农村产业长远发展提供物质基础。

（二）信息基础设施促进乡村产业融合发展

推动乡村产业振兴，要在优化第一产业的基础上大力发展二、三

产业，实现产业融合发展。在此背景下，要充分发挥数字经济的作用，通过自动化、数字化、精准化、智能化，推动新一代信息技术与农村产业深度融合，推动农业产业链延伸，实现农产品转型增值，构建现代农村产业体系。特别是要加快物联网、云计算、大数据、人工智能在农业生产经营管理中的运用，提高土地装备、农机作业和农机管理现代化水平，推进农牧业、水产业、农产品加工业等的数字化、智能化、绿色化转型和现代化，积极建设科技农业。要充分发挥数字经济在农产品流通中的重要作用，有效应对传统农产品运输环节多、损耗大、成本高等问题，运用新一代信息技术智慧物流，有效降低产品损耗，确保产品质量，发展农产品电子商务，切实提高农产品质量，促进农民增收。

（三）信息基础设施融入乡村产业的困难及解决措施

农村产业发展面临融资难、融资贵等一系列问题，提高农村金融服务对接能力，是实现乡村产业振兴的重要内容。有意见提出，在假定金融杠杆政策工具符合农村产业发展规律的前提下，通过数字化、智能化手段，让金融机构充分向农村产业链流动。要对微型企业、农户等不完全征信进行处理，充分运用大数据、云计算、区块链等信息技术，建立健全征信体系，更多立足农村行业特点营销金融产品，切实解决农村产业金融服务“最后一公里”问题。要进一步加大对农村产业发展重点领域和新型基础设施建设薄弱环节的支持力度，继续聚焦“强产业、补短板、打基础”，不断增加金融产品和服务模式。

新一代信息技术深度融入农村产业，需要专家团队的支持。当前，人才缺口大已成为乡村产业数字化、智能化转型升级的重要因素。要进一步加强农村数字人才队伍建设，提高农村人口数字智力。要更好地建设农村数字人才队伍，需要做好“培养”和“引进”两个方面的工作。

一方面，要依托高校、科研院所和平台公司开展数字经济人才下乡活动，充分发挥驻村工作队、大学生村官和科技调解员的作用，在当地干部和群众中普及数字经济知识。提高农村居民数字素养，提高村干部人员数字技术应用和管理水平。另一方面，要完善激励机制，加强对乡村人才的福利和服务力度，建立城乡人才双向流动的政策制度，动员更多数字经济人才投身国家，助力乡村产业振兴。

此外，重要的是要考虑到乡村数字经济的培育，因为这是一种新的商业模式。主要从四个方面展开：

第一，深化农产品电商发展。进一步支持农产品下乡进城的“互联网 +”工程。进一步深化公司兴农，培育和推广农产品网络品牌，开展特色农产品认证、融资和推广，以品牌带动特色产业发展。继续推进农村工作和具体产品城中村快递派送、现代农业示范工程培育、农村电商和快递协同发展示范区建设，促进交通运输和快递融合发展。实施电商农村青年培育工程，成立面向农民的“青耘中国”直播联盟，全面推行直播助力农民。继续发展“巾帼电商”，培育和扶持惠及有妇女特色和优势的产业。

第二，培育发展新型农村经营主体。加强乡村旅游重要乡镇品牌建设，强化乡村旅游品牌网络广告。完善乡村旅游监测体系。继续举办长三角乡村文化之旅创客大会，推动创业创新与乡村振兴有效结合。推动休闲农业、创意农业、领养农业等新型互联网企业发展。依托中国和亚太组织的国家潜在信息数据库，深化农村信息服务推广。

第三，加强农村数字金融服务。继续推进农村数字普惠金融发展，积极稳妥建设普惠金融改革试验区。加大金融科技在农村的应用推广力度，加快研发适应农民和新型农业主体需求的金融产品。进一步支持农村信用体系建设，不断提高信贷覆盖率。继续推进农村支付服务环境建设，推进农村金融机构中央银行账户网上结算和资金归集服务，推动减少移动便民服务。

第四，加强农村资源要素信息化管理。完善省、市、县联动的农村土地承包信息应用平台，持续维护农村土地承包合同网签。指导各直辖市完善农村承包经营权流转网络签约制度，不断提高农权流转标准化、信息化管理水平。鼓励各市建立农村土地经营权流转网络交易平台，规范制定农村土地承包经营权流转协商、信息公开、合同签订、交易核查等政策，加快建立农房数据库与管理信息系统建设。

[延伸阅读]

数字乡村建设助力乡村文化振兴（新论）

数字乡村是乡村振兴的战略方向，也是建设数字中国的重要内容。当前，数字乡村建设正在加速推进，不断促成乡村文化样态、文化场景、文化产业、文化主体等的深层次变革，将乡村文化振兴带入高质量发展新赛道。今年初出台的《中共中央 国务院关于做好2022年全面推进乡村振兴重点工作的意见》，就“大力推进数字乡村建设”作出专门部署。顺应数字互联发展趋势和文化消费升级趋势，进一步发挥“互联网+”作用，促进更多高品质、多样化的乡村文化产品上线上云，必将为乡村文化振兴注入持久动能。

从乡村民宿到旅游演艺，新技术应用带来了乡村文化旅游新体验。平原的田园景色、山区的自然风光、传统村落流传的故事传说、留下的建筑形态，通过数字技术还原，转化为群众喜闻乐见的文化旅游新场景。以沉浸式民宿体验、嵌入式旅游演艺为表现形态的乡村文化新样态，让乡村文化更加富有感染力和感召力。未来还需要继续推动以乡村数字化、网络化、智能化为特征的智慧旅游高质量发展，不断扩大新技术场景在乡村文化旅游中的应用，让传统乡村文化资源焕发勃勃生机。

从电子商务到直播带货，数字化平台打开了乡土文化产品新销路。随着农村信息基础设施的完善、智能移动终端的普及，乡村生产消费网络化、信息化和智能化程度不断提高。当相关企业和农民群众把农副产品销售阵地转移到网上、云端，城市消费者可以轻松在线上观看“云演播”，一睹乡村好物、下单乡村非遗产品。云端带货、网络直播迭代创新，不仅为“远在深山人未识”的优质农副产品和乡村文创作品找到了新销路，也搭建起了乡村就业新平台，进一步推动了乡村电子商务发展。下一步，还需要加快完善乡村数字文化和电子商务产业链，推动乡村文化产品生产、制作与互联网、物联网深度融合，让更多人从中受益。

从短视频火爆到乡村博主出圈，信息技术催生了乡村文化生产新方式。一些视频中的乡村，炊烟缭绕，自然唯美；有的博主镜头中的乡村，骏马奔腾，大气秀美；有的原汁原味地记录乡村美食风物的作品，惊艳无数观者；一些短视频接地气描摹乡村市井烟火，岁月静好抚慰人心……这些爆红全网的短视频，既有对乡村生活细节的挖掘展示，又有对乡风民俗风物的独特表达，用鲜活的视听语言描摹乡村人文风情，极大丰富了文化内容供给。这充分说明，坚持正确理性的价值观，牢牢把握信息技术发展趋势和文化创新要求，就能以高质量文化产品不断满足广大人民群众的文化新需求。

（资料来源：《中国传媒大学教授齐骥》，人民日报，2022-06-21。）

二、信息基础设施促进乡村治理的现代化

（一）推进农村党建和村务管理智慧化

优化升级全国党员干部现代远程培训系统，不断提高农村基层党建信息化、科学化水平。加快推进省、市、县、乡（市、街道）、村（市）五级网上政务服务全覆盖，加强市县政务服务平台建设，为农村居民提供精准精细化的政务服务。实施村级综合服务提升工程，提高村级综合服务信息化、智能化水平。加快农房综合信息管理平台建设，提高建设管理和农村居民点服务信息化水平。

（二）提升乡村社会治理数字化水平

探索推广数字乡村治理新模式，拓展乡村治理数字化应用场景。开展网格化服务管理标准化建设，深化智安小区、平安乡村建设。继续加强农村公共区域视频图像系统建设联网应用，积极推进视频图像资源在疫情防控、防灾减灾、应急管理等各行业各领域深度应用。继续开展“乡村振兴、法治同行”活动，深入推进公共法律服务平台建设，进一步加强移动智能调解系统的推广应用，加快构建覆盖城乡、便捷高效、均等普惠的现代公共法律服务体系。

（三）推进乡村应急管理智慧化发展

完善智能数字网络预报技术体系，推进降雨、局部地区突发性强对流预警信号精确到乡（镇、街道），构建极端天气监测预警服务体系。加强农村灾害多发地区灾害风险监测，建立空天地一体化的综合监测体系。实施自然灾害预警和监测计算机化、全国地震强度快速报告和快速预警、加强偏远农村和牧区预警信息服务等项目，继续推进农村防灾减灾科普教育。

（四）运用新技术助力农村疫情防控

加强农村疫情信息监测力度，实现大数据通信平台现代化，支持农村疫情常态化防控和局部突发事件应对，提高精准性和及时性。促进全国健康码互通互认，并推出一套准则。充分利用互联网、无线电应急终端等信息手段开展疫苗接种、疫情防控等指导方针和预防措施的知识传播。

（五）推动基础设施数字化改造升级

进一步完善农村公路数字化管理机制，加强基础数据统计和数据采集共享机制建设。大力推进智慧水利系统的建设，继续开展数字孪生流域、数字孪生水利工程试点。加快完善农村水利基础设施体系，推进水利基础设施智能化改造。继续实施农村网络现代化巩固工程，提高农村供电可靠性和保障能力。支持商贸配送、邮政、快递企业加强农产品产地冷链物流基础设施建设，积极推进冷链物流信息化。

[典型案例]

浙江：乡村治理装上“智慧大脑”

近年来，浙江省以数字化改革为抓手，对乡村治理体制机制进行系统性重塑，不断推进乡村治理体系和治理能力现代化，为高质量发展建设共同富裕示范区奠定坚实基础。

坚持系统思维，设计乡村治理智治架构。强化顶层设计。研究出台《浙江省数字乡村建设“十四五”规划》《“浙里乡村”跑道建设指南》等政策文件，形成乡村治理数字化建设总体框架。构建“乡村大脑”。以数字三农协同应用平台为基础，建设农业农村数据仓，绘制乡村重要资源全域地理信息图，设计开发浙农经管、浙农宅地、浙农田、浙农码等“浙农”系列场景应用，为乡村治理装上“智慧大脑”。加快全面贯通。聚焦县乡一体、平台融合、数据共享，推进省市县数字化建设工作体系与县以下全贯通，实现“基层治理四平台”所有乡镇（街道）全覆盖。

强化技术支撑，夯实乡村治理数据基础。规范采集数据。出台《三农基础数据采集规范》，省、市、县、乡、村五级执行统一技术标准，组织开展三农主体数据采集。实时监测数据。打通基层治理信息“孤岛”，实时动态更新数据，不断提升数据监测能力。如，德清县打造“数字乡村一张图”，形成覆盖全县 141 个村（社区）的物联感知网，全天候监测、多维度记录村情民生，村级应急效率提高 30%、垃圾分类精准率达 90%以上。精准分析数据。注重让数据“说话”，增强对乡村舆情、公共安全等状况的及时掌握和精准研判。

突出多跨协同，构建乡村治理场景应用。数字赋能提高乡村治理感知水平。按照统筹城乡、覆盖农村、全域联网的要求，全省农村共建成各类视频监控探头 252.9 万个，农村公共出入口视频监控联网率达到 100%。数字赋效增强乡村治理预警能力。坚持把农村集体“三资”作为乡村治理的重要领域，建设五级联网的农村集体“三资”管理服务系统，实现实时化监管、智能化预警。数字赋捷提升乡村公共服务效能。积极推进民生场景资源数字化和服务在线化，构建便捷的“一站式”线上公共服务体系。数字赋权激活乡村治理内生动力。坚持发扬“线上”民主，激发村民参与治理的积极性、主动性。数字赋廉监督村级组织公正履职。深入实施村级事务阳光工程，完善线上线下村级党务、村务、财务“三公开”制度。2020 年，全省网上网下公开乡村财务 17 万次、召开村民（代表）会议 15.3 万次。

（资料来源：《浙江：乡村治理装上“智慧大脑”》，潇湘晨报官方百家号，2021-11-18。）

三、信息基础设施推动乡村的数字化转型

（一）加强乡村信息基础设施建设力度

当前乡村数字化的重要困境和薄弱环节主要体现在信息基础设施较为薄弱。虽然我国目前的行政村已基本实现了宽带接入，但网络的覆盖范围、传输效率等相比于城镇还远远不够，因此加强乡村信息基础设施建设十分有必要。首先，要持续普及农村的网络电信服务，在优化 4G 和商用广播电视网络的基础上，有条件地加大对 5G 网络的普及，整合农村信息资源，建立农村信息共享服务站。持续开发和扩大信息终端、技术产品和移动网络应用软件的应用范围，为丰富农村信息服务奠定良好基础。其次，推进乡村传统的基础设施的改造升级，完善农村基本交通设施，加快能源网络、水利设施的数字化改造。

（二）提高农村产业的数字化发展水平

农业和农村产业数字化是指通过 5G、人工智能、物联网、电子商务等数字产业提高现代农业信息水平，它是数字经济与农业和农村工业生产能力的结合，这是促进农村地区数字化转型的一种新的商业模式。一是大数据场景在农业农村的应用需要延伸。要继续通过信息技术整合和共享农业农村数据资源，加强数据采集、传输、存储、共享等分析应用能力建设，建立农业农村大数据网络。逐步建立一批涵盖人类住区、重要农产品和水土流失动态的数字信息平台，提高农业和

农村数据处理效率。二是促进智慧农业发展和农村产业信息技术综合应用。通过智能农业，人们可以利用物联网技术在农业生产领域建立各种传感器节点，实现对农业生产环境的准确感知、控制和决策管理，为农业电子商务、食品追溯、乡村旅游、农业信息服务等提供数据支持。推进智慧农业，需要把不同类型的农业园区、基地融入物联网使用，完善农业农村云基础设施。数据收集是为了在无人居住的农场、数字养殖和农村地区提供智能控制和集成应用。三是推动农业和农村技术创新迈上新台阶。利用现有数字乡村研发项目，加快数字基准和关键技术的研发和应用，推动农业和农村建设与数字发展深度融合，提高农村农业科技创新能力。

（三）加强农民的数字素养与技能培训

受文化知识水平的限制，农民接受和应用农业新技术和成果的能力差别很大。当前，还存在一些农民不主动接受新技术的问题，导致农村科技实力薄弱，这在一定程度上阻碍了数字乡村的全面建设。在此基础上，首先，要构建现代农业信息服务体系，优化和完善农业平台，集聚和整合资源，加强教育和技能培训，提高农业推广服务人才的整体效益，提高农民的文化素养和信息技术水平。吸引、聚集、培养优秀的农业科技人才，充分利用其在网络信息技术方面的优势，为各级农业行政管理人员、专家、农业推广者搭建在线学习的桥梁，形成高效和便捷的互动，多样化的数字资源获取渠道有利于农民进行学习。其次，为适应农村数字化发展的需要，应加快农业科技人才培养，支持农业创新团队建设，支持农业产业和学科发展，鼓励和引导高校毕业生参与数字乡村建设。利用好驻村第一书记和工作队的知识储备，创造良好的创新生态，不断提高农民的技能和适应能力，整合数字乡村发展。

第二章
加强数字乡村信息基础设施建设顶层设计

信息基础设施是具有国家战略性、先导性、关键性的基础设施，也是国家基础设施的重要组成部分，还是新时期新型基础设施建设的核心内容[①]。其建设工作是一项系统工程，涉及信息基础设施建设资源、安全标准、实践活动及效果评价多方面内容，为确保数字乡村信息基础设施建设顺利推进并实现预期目标，需全面、科学地制定出数字乡村信息基础设施建设的顶层设计。本章在开展数字乡村信息基础设施建设顶层设计系统分析的基础上，了解顶层设计的具体需求，并基于相关政策背景、主要特征和基本原则等提出顶层设计的系统架构，助力数字乡村信息基础设施建设工作的落实。

第一节　数字乡村信息基础设施建设顶层设计的系统分析

作为推动数字乡村经济发展的重要物质基础，数字乡村信息基础

[①] 郭朝先、刘艳红:《中国信息基础设施建设：成就、差距与对策》，载《企业经济》，2020 年第 9 期。

设施是各级政府关注的重点，其建设的顶层设计直接关系着移动互联网和下一代互联网在乡村的落地情况。系统分析数字乡村信息基础设施建设顶层设计是加强顶层设计的前提，本节将从调研数据分析、可行性分析和需求分析三个方面展开。

一、顶层设计的调研数据分析

2018 年 12 月，在中央经济工作会议中首次提出新基建，将 5G 网络、物联网和大数据等纳入新基建这个范畴。新基建主要包括信息基础设施、融合基础设施和创新基础设施三个方面的内容。其中信息基础设施与时代发展相契合，蕴含了数字化特征，拥有广阔的发展空间。纵观全球，5G 等新一代信息化基础设施的建设与发展被许多国家列为战略部署的优先行动领域。与之类似，近年来中国多个省份相继发布投资计划，以支持 5G 网络、大数据和物联网等新基建发展，如广东省、福建省等地均印发新基建实施方案和行动计划。此外，一些部门也投入信息基础设施的建设中，如 2021 年 1 月工信部颁布的《工业互联网创新发展行动计划（2021—2023 年）》指出，新型基础设施将会进一步完善，也将初步建成覆盖各地区、各行业的工业互联网网络基础设施，基本建成国家工业互联网大数据中心体系；中国电子技术标准化研究院提出筹建“新型信息基础设施建设服务联盟”。新基建在各领域的应用与创新在政策部署和市场热捧的作用下得到快速发展。以大数据、移动互联网、物联网和人工智能等为代表的新一代信息技术正推动中国的信息化发展从“互联网 +”向“智能 +”转型升级。

但是，与医学、工业、交通等领域相比，信息技术在乡村领域的发展基础薄弱，乡村信息化水平仍待提高，其建设已成为大势所趋，众多地区开始探索数字乡村信息基础设施建设。为了统筹建设工作，有必要重视数字乡村信息基础设施建设的顶层设计，从全局的角度自上而下地规划各类资源要素，围绕建设目标，推进数字乡村信息基础设施建设实践。本小节重点对数字乡村信息基础设施建设顶层设计的调研结果进行数据分析，总结数字乡村信息基础设施建设的基本特征，为我国数字乡村进程中信息基础设施建设顶层设计提供实践指导。

（一）数字乡村信息化基础设施建设取得进展，数据获取能力和存储量提升

随着各级政府对数字乡村信息基础设施建设加大投入，农村的网络基础设施得到了逐步完善，进而提升了农业农村数据的获取能力。

农业农村部为提升农业数据的获取能力，与国防科工局、国家航天局等部门合作建立了一系列信息化基础设施。其中最具代表的是2018年发射的农业观测高分卫星，该卫星可以有效辨别出农作物类型，大大提升对农业监测的能力，使中国农业拥有专属的“天眼”，有利于推动农业“天网”工程的建设。除了在卫星遥感方面基础信息设施建设取得重大突破，地面物联网传感器也实现了升级，已在气象、土壤、水体、作物生命信息和动物行为等与农业生产相关的多维领域开发地面物联网传感器装置，提升了农业生产地面信息建设与数据获取能力[①]。

省、市、县（区）各级农业部门与农业农村部联合搭建了一系列涵盖中央到地方的农业数据资源库。各级部门利用智能设备与移动互联网技术形成了完备的农业农村大数据采集体系，提升了农业数据的采集效率与质量，有利于农业数据的开放与共享，奠定了农业数据资源库的建设基础。2016年9月原农业部新闻办公室发布的报告显示，我国农业系统已建立了强大的数据收集和共享平台，原农业部制定了

[①] 许世卫、李灯华、陈威:《“互联网+”现代农业进展与展望》，载《黑龙江农业科学》，2018年第6期。

与农业生产、农产品市场价格、农产品成本收益、农村经营管理、农垦、农产品加工、农村能源环境和农业资源等多方面相关的调查制度多达 20 余套、报表达 300 张、指标超 5 万个，积累了大量农业生产生活数据信息资源。在“金农”工程的作用下共计建成运行 36 个系统，系统的农业生产生活信息日均更新量达 30 多万条，拥有近 9 亿条的数据仓库存量。此外，农业农村部加快升级改造国家农业数据中心，建成了国家级的农业数据平台，涵盖粮食、油料、蔬菜、畜禽产品和水果等 8 大品类，使农业信息服务拥有坚实的数据基础。

此外，农业大数据作为数字乡村信息基础设施的重要组成部分，受到了全国各地省级相关部门的关注，现已建成多个省级农业农村大数据中心。其中，拥有大数据产业发展优势的贵州省抓住机遇，利用“云上贵州”信息基础设施，落实建设“贵州省农业云”的战略布局[①]。其他各省份也相继探索“农业云”平台，如福建省开展了福建“农业云 131”信息综合服务工程建设，广西壮族自治区为了推动农业产业链的智能化发展积极建设“广西农业云”，陕西省综合省、市、县三级力量建立了陕西省农业农村大数据中心[②]，现阶段海量数据处理能力的提升为数字乡村信息基础建设顶层设计提供了基础支撑。

（二）数字乡村融合基础设施发展迅速，5G 智慧农业应运而生

随着农业大数据、5G 等新型技术的快速发展，催生了一系列与智慧农业相关的产品、技术。截至 2021 年 8 月，全国已建成 103.7 万个 5G 基站，基站在县城城区和乡镇的范围覆盖分别达 95% 和 35%，为农村产业的升级发展奠定了物质基础。黑龙江省的七星农场走在 5G

① 许世卫、肖金科、段青玲、宋长青、王东杰:《对当前农业农村大数据发展的若干思考：基于山东、贵州调研情况》，载《农业展望》，2016 年第 5 期。

② 石永波:《陕西农业农村大数据中心建设初见成效将开放省级物联网平台接口》，载《农业工程技术》，2019 年第 12 期。

农业信息基础设施建设的前列，2019 年投入建设移动 5G 基站，并借此融合物联网终端设备，实现农作物生长环境、过程和农艺措施等信息的高效采集，有利于农业的标准化生产、信息化和智能化发展。基于 5G 的硬件基础提出农业生产智能化的设想，以利于建设“无人农场”。此后，陕西省杨凌县深入探索了基于 5G 的农业产业发展模式，在 2020 年建设了 11 处 5G 基站，形成了一批智慧农业示范园。其融合 NB-IoT/5G 移动互联网与物联网技术，可远程操控示范园，收集管理者所需的农业生产相关信息。作为国家级现代农业综合配套改革试验区，南京市积极打造科技强农示范市，不断推动信息技术和农业生产深度融合，提升智慧农业相关的信息基础设施建设水平。2019 年底以来，“农业 AI 大脑 + 智慧家庭”成为江苏省乃至全国的焦点话题。

除此之外，传统基础设施的信息化、数字化发展也是各级政府关注的重点。2019 年国家颁布水利政策，提出将互联网 +、大数据等新技术应用至水利建设领域，提升水利工程信息化水平。截至 2020 年底，农村公路的数字化改造升级也取得了突破进展，建成了全国范围的农村公路基础属性和电子地图数据库，拥有超 800G 的总数据量，达到了动态更新农村公路基础设施信息的目的。与农业生产紧密相关的农机装备也实现了数字化升级改造，随着物联网和人工智能技术不断发展成熟，北斗终端的服务范围也从收割机、植保无人飞机农机装备扩展到秸秆捡拾打捆机、插秧机和大型自走式植保机等装备，如下图所示。随着农村水利、农村交通和农机装备的数字化改造升级，农业农村传统基础设施与信息技术实现了深度融合。智慧农业的兴起和普及为数字乡村信息基础设施建设顶层设计提供需求背景，旨在形成一套系统的乡村新基建指导准则。

（2019 年崇明区结合农业生产实际，探索 5G 技术在农业领域中的应用，逐步推进农业机械化、智能化。图为 5G 无人收割机作业现场。）

（三）数字乡村信息应用终端逐渐丰富，智能化程度显著提升

乡村的网络通信作为数字乡村信息基础设施建设的重要指标，其通信情况得到了显著改善，网络覆盖率和普及率均稳步提升，与城市之间的差距正在逐步缩小，正在逐步实现城市与农村“同网同速”。据中国互联网络信息中心的统计报告，截至 2021 年 6 月，农村网民多达 2.97 亿，农村地区的互联网普及率为 59.2%，较 2020 年 12 月提升 3.3%。城乡地区互联网普及率差异也从 23.9% 缩小为 19.1%。

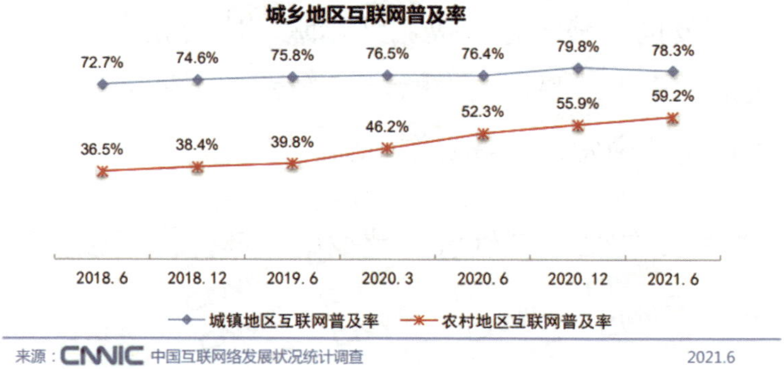

（据中国互联网信息统计中心统计，我国城乡互联网普及率正在逐步缩小。图为 2021 年我国城乡互联网普及率具体统计数据。）

在“十三五”建设期间，农村地区互联网基础设施得到进一步完善。已有 13 万个行政村通光纤，农村地区建成了 5 万个 4G 基站，整体建设比例超 99%。基于数字经济下沉市场的战略规划，农村电商基础设施受到更多关注，农村的冷链冷库和快递物流的覆盖率得到进一步提升。截至 2021 年 6 月，全国 98% 的乡镇覆盖了快递网点。

基础网络通信设备的普及为农业信息应用终端的发展提供了便利条件，是数字乡村信息基础设施建设顶层设计需要关注的重点，使数字乡村效用实现全范围覆盖。在国家政策支持下，近年来，全国各地陆续建成了一大批农业信息应用终端，其中典型的终端设备（如手机、平板电脑、笔记本电脑、智能电视等）成为农民获取农情信息、指导生产生活的主要渠道。从总体来看，农业信息应用终端的发展呈现以下特点，一是数量持续增加。截至目前，国内已有超过 500 万台农业信息应用终端投入使用，未来随着互联网与农业信息应用终端的融合发展，设备的使用量将会呈现爆发式增长。二是功能更加多样。以移动互联网、云计算为代表的新一代信息技术逐步渗透到农业各个领域。除了普通的农田作业，温室大棚监测、病虫害防控及农产品质量检测等方面也广泛应用了信息终端设备。三是使用更为广泛。当前，全国范围内各类农业信息终端普及率达到 90% 以上，并呈现出向规模化和精细化方向转变的趋势。这些应用终端除了应用在农业生产环节，还应用于农民的日常生活中，如在线教育、在线医疗和网上缴费等多方面，在农民的生产生活中发挥了重要作用。

（四）数字乡村信息基础设施建设的人才力量增强，信息服务人才队伍逐步完善

信息基础设施建设人才是推动数字乡村信息基础设施建设的核心力量，全国各地各级政府均出台政策鼓励农民学习信息技术知识，引

导农民参与数字乡村信息基础设施建设与应用。“信息技术乡村行”作为最典型的数字乡村信息基础设施人才建设活动，以流动式的培训方式，使乡村居民学习到专业化、标准化的农业信息技术知识。以北京为例，每年约有 3 万人次参加相关培训班，这说明我国农村居民已经认识到信息应用的重要性。除了各级政府宏观政策的激励，一些乡村地区信息主管部门也深入探索信息服务人才培养路径，并实施了一系列举措。如实施与信息服务人才培养相关的优惠政策，引进具有高专业水平的信息服务人才，并以继续培训的方式提升已入职的信息服务人才的专业水平。

总体而言，数字乡村信息基础设施建设的人才队伍水平不断提升，但也存在地区差异。具有丰富教育资源的发达农村地区，在数字乡村信息基础设施建设中具有优势，这些地区的科研人员、教师和学生等人才为建设活动提供了丰富的智力资源。如，陕西的杨凌县在西北农林科技大学等高校的支撑下,形成了独具特色的智慧农业示范园。因此，信息服务人才队伍的完善有助于建设和普及乡村信息基础设施，为推动乡村新基建智能化、信息化发展提供人力支撑，是顶层设计需要考虑的重点之一。

二、顶层设计的可行性分析

乡村振兴离不开信息化建设，而信息化建设离不开基础设施的完善。数字乡村信息基础设施建设是当前我国乡村信息化、数字化发展的必经之路，而数字乡村信息基础设施建设需要顶层设计统筹规划各资源要素。顶层设计的核心理念与目标需要考虑数字乡村信息基础设施建设相关方的整体关联性，强调政府、乡村居民、企业与事业单位之间的有机衔接。本小节以经济社会效益为核心，对数字乡村信息基础设施建设顶层设计的可行性进行分析，为评估顶层设计提供理论与现实依据。

（一）国家高度重视乡村信息化发展，形成乡村信息基础设施建设顶层设计的良好开端

乡村信息化建设与应用在广度和深度上有待拓展，基础设施建设的空间与潜力巨大。乡村信息基础设施建设是通信技术和计算机技术在农村生产、生活和社会管理中实现普遍应用和推广的基础，也是落实网络强国战略的具体体现。2019 年《数字乡村发展战略纲要》正式发布，明确数字乡村建设的重点任务以及战略目标，为数字乡村建设指明了方向。2020 年中央一号文件《关于抓好“三农”领域重点工作确保如期实现全面小康的意见》强调现代农业设施建设，要“依托现有资源建设农业农村大数据中心”，加快现代信息技术在农业领域的应用，并开展国家数字乡村试点。同年，农业农村部和中央网络安全和信息化委员会办公室发布《数字农业农村发展规划（2019—2025 年）》，要求大力推进数字技术在农业农村领域的应用。2021 年中央一号文件《关于全面推进乡村振兴加快农业农村现代化的意见》强调“实施数字乡村建设发展工程”，加强乡村公共服务、社会治理等数字化智能化建设。同年，《中华人民共和国国民经济和社会发展第十四个五年规划和 2035 年远景目标纲要》发布，强调要“加快推进数字乡村建设”。随后，《“十四五”国家信息化规划》发布，将数字乡村发展列为十大优先行动之一，明确数字乡村建设的优先地位。2022 年中央一号文件《关于做好 2022 年全面推进乡村振兴重点工作的意见》明确强调要“大力推进数字乡村建设”，加强农民数字素养与技能培训，并加快推动数字乡村标准化建设，研究制定发展评价指标体系，持续开展数字乡村试点。2022 年国家多部门联合印发《数字乡村发展行动计划（2022—2025

年）》，进一步明确“十四五”时期数字乡村发展目标、重点任务和保障措施，对数字乡村工作进行全面部署。李克强总理也在十三届全国人大五次会议上做《政府工作报告》时指出，要发展数字乡村，数字乡村建设进一步提速。

（二）乡村信息化建设蓬勃发展，为乡村信息基础设施建设顶层设计铺平了道路

在互联网、大数据、人工智能、物联网等现代信息技术快速应用的背景下，经济社会各个领域都发生了“数字蝶变”。随着数字技术在农业生产和经营管理领域的广泛运用，数字乡村成为我国农业现代化和全面乡村振兴的重要推手。一方面，发达地区保持乡村信息化建设快速发展趋势。例如，上海市乡村公共信息平台建设，提高了市场功能和农产品流通效率，初步形成了综合市场、特色市场、专业市场和便民市场相结合的商品交易市场网络。浙江省乡村信息化建设率先探索“一图全面感知”乡村数字化治理平台，实时向乡村居民展示“三资”管理动态，公开党务、村务、财务，促进全域监督全员监督提质增效。江苏省大力推进农村信息化，着力构建乡村数字经济新体系，在多个县市开展数字乡村试点，百兆光纤覆盖率达到100%，4G网络基本实现城乡的全覆盖，形成了一批农村电商的典型示范。另一方面，经济欠发达地区也在积极探索，寻求突破，加快乡村信息化建设步伐。陕西、山西等省在积极借鉴发达省市乡村信息化建设经验的基础上，结合本地实际，为解决自身乡村信息化建设的资金和技术困难问题，与广大乡村企业开展合作，拓展资金吸纳渠道，不断探索适合本地乡村信息化发展的新路子。

（三）乡村公共基础设施建设成果丰硕，为乡村信息基础设施建设顶层设计奠定了坚实的基础

当前，我国的数字乡村应用推广已见成效，各级政府围绕乡村加大投入，不断夯实农业生产基础，着力推进农村民生工程，全面改善农村生产生活条件，加快体制机制创新，促使全省农村面貌焕然一新，农村经济社会取得了长足发展。在乡村公共基础设施建设方面，在全国范围内创建了一批乡村建设示范县、示范乡镇、示范村。支持水电路气信等重点领域基础设施建设，推进“农村四好路”和乡村产业路、旅游路、资源路建设，强化通村公路与村内道路连接，完善农村交通运输体系，加快城乡冷链物流设施建设，支持农村信息基础设施建设。支持集中连片推进农村人居环境整治提升，建设农村污水和垃圾收集处理设施。支持乡村公共服务设施提升，加大农村教育、医疗、养老等民生设施建设。支持新型农业经营主体参与相关基础设施建设运营维护。

（四）乡村金融服务高质量发展，为乡村信息基础设施建设顶层设计提供了融资保障

2022 年 7 月，农业农村部、国家乡村振兴局、国家开发银行、中国农业发展银行联合下发《关于推进政策性开发性金融支持农业农村基础设施建设的通知》，支持运用政策性、开发性金融工具加大重大项目融资支持，配合人民银行建立金融支持重点基础设施项目对接机制，部署做好农业农村基础设施建设融资保障和金融服务。聚焦农业农村基础设施重点领域，强化区域资金、资产、资源全要素整合，强化地方政府部门、金融机构、实施企业多主体协同，引导政策性、开发性金融支持适度超前开展农业农村基础设施投资，撬动更多中长期信贷

资金高效率、低成本倾斜流入农业农村，助力乡村基础设施建设。

（五）科技创新引领乡村振兴，为乡村信息基础设施建设顶层设计树立了宏观战略目标

以科技创新推动乡村振兴，中国农业科研人员把矛头指向更多的科技壁垒和技术险关，凝聚合力，以一连串的科技突破为农业发展续动能。乡村科技创新已经初步形成了政府主导、企业和社会各界参与的市场化运作模型，实现了突出的经济、社会效益。通过实施种业振兴行动，建立健全农业种质资源保护体系，建设种质资源精准鉴定中心。建设了一批国家级和区域性种业创新基地，加快建设种业领域国家重大创新平台。各大科研院所与科技企业持续开展农业关键核心技术攻关，建设了一批农业科研试验基地、区域技术公共研发中心。农机装备研发应用逐渐落地，智慧农业得到了长足发展。为进一步推进乡村振兴，乡村信息基础设施建设顶层设计需要重点释放科技创新活力，在乡村产业融合发展、乡村智慧治理、乡村防灾减灾等方面为乡村振兴蓄势赋能。

总的来说，数字乡村信息基础设施建设顶层设计具有充分的可行性。在政府政策引导、社会发展趋势、基础设施现状、内外部金融环境、科技创新能力五方面具有积极的可行性与较低的风险性。有利于充分发挥顶层设计对乡村振兴的驱动作用，提升农业农村现代化水平。

三、顶层设计的需求分析

数字乡村的发展历程是网络化、信息化、数字化、智能化与农业农村经济社会逐渐深度融合的过程。2019 年 5 月，中共中央办公厅、国务院办公厅印发《数字乡村发展战略纲要》；2020 年 1 月，农业农村部、中央网络安全和信息化委员会办公室印发《数字农业农村发展规

划（2019—2025年）》。各项数字乡村建设的纲领性文件的发布，为我国数字乡村发展提供了顶层制度设计及政策框架。然而，在推进数字乡村信息基础设施建设政策方面，还没有出台相关系统性的发展规划，存在着统筹协调难度大、监管不足等一系列问题。

数字乡村信息基础设施的建设历程表明，数字乡村信息基础设施建设已不再受限于技术和工具层面的制约，数字乡村信息基础设施建设顶层设计应基于农业农村经济社会发展的需要和人民切身利益需求，推动农业农村高质量、均衡发展，成为引领乡村振兴的重要引擎。

（一）以技术为依托，完善信息基础设施建设

数字乡村信息基础设施建设既要强调信息技术设施普及，也要关注传统基础设施改造[①]。我国中西部地广人稀，乡村村域广，农村地区信息技术设施建设在广度、深度方面仍存在短板，5G网络普及相对滞后，互联网全覆盖难度较大，还无法满足数字乡村建设的现实需求，同时，传统信息基础设施改造也处在初级阶段。

政府作为公共产品和服务的供给主体，在进一步提高数字乡村信息基础设施建设财政投入的同时，也可以鼓励社会力量推动农业农村信息化建设，构建政府主导，多方参与的多元化数字乡村信息基础设施建设供给机制，减轻政府的资金压力。依托“宽带中国”战略，在实现互联网覆盖乡村的基础上，全面推进信息进村入户工程，进一步部署5G通信基站建设，让5G网络建设更快、更高效。加速区块链、物联网、人工智能、大数据等新一代信息技术在数字乡村多领域、多场景的应用，使数字乡村成为数字新基建的重要阵地。加速传统信息基础设施硬件的数字化改造升级，推动乡村智慧物流、智能电网、智

[①] 董志勇、李大铭、李成明：《数字乡村建设赋能乡村振兴：关键问题与优化路径》，载《行政管理改革》，2022年第6期。

慧水利、智慧农业等场景的数字化发展，补齐数字乡村现代化短板。

（二）加强乡村信息基础设施建设力度

当前乡村数字化的困境主要体现在信息基础设施较为薄弱。虽然我国目前的行政村已基本实现了宽带接入，但网络的覆盖范围、传输效率等相比于城镇还远远不够，因此加强乡村信息基础设施建设十分有必要。首先，要持续普及农村的网络电信服务，在优化 4G 和商用广播电视网络的基础上，有条件地加大 5G 网络的普及，整合农村信息资源，建立农村信息共享服务站。持续开发和扩大信息终端、技术产品和移动网络应用软件的应用范围，为丰富农村信息服务奠定良好基础。其次，推进乡村传统基础设施的改造升级，完善农村基本交通设施，加快能源网络、水利设施的数字化改造。

（三）统筹城乡发展，完善乡村公共信息服务

信息技术作为提高公共信息服务供给的“倍增器”，为解决乡村公共信息服务“最后一公里”问题提供了技术条件。公共信息服务有助于促进城乡之间、区域之间的整体联动，从而促进乡村基本公共信息服务可及性、均等化的实现。然而，乡村公共信息服务的硬件设施目前还不健全，乡村公共信息服务平台覆盖范围不广、服务项目总体偏少、城乡之间信息未实现全面贯通、各业务系统之间整合不够充分、工作人员专业化程度不高等问题①，严重制约了乡村公共信息服务的发展。

在数字乡村建设过程中，要推动“互联网 + 医疗”“互联网 + 教育”“互联网 + 农业”“互联网 + 政务”“互联网 + 扶贫”等体系建设，推动公共服务数字化建设。开发城乡一体化大数据平台，实现城乡信息互联

① 钟裕民、邵海亚：《农村公共服务信息化：现实困境与治理图景》，载《温州大学学报（社会科学版）》，2017 年第 5 期。

互通，促进城乡基本公共信息服务均等化。通过“互联网 + 医疗”，将优质医疗延伸至乡村；通过“互联网 + 教育”，使乡村地区学生也可以享受到优质教育资源。在保证相关公共信息服务供给与村民需求相契合的基础上，开发适应“三农”特点、符合数字乡村建设特色的公共信息服务终端，为丰富村民生产生活提供便利，完善乡村公共信息服务体系，为乡村振兴提供优质服务。同时，在这一过程中，要增强服务意识，注重各系统平台的运营和维护，避免出现“烂尾工程”，充分调动村民的积极性、主动性、创造性，培养具有数字化、高素质的新时代农民。

（四）促进农业生产数字化，实现农业产业智慧化

农业生产数字化是数字乡村建设内生动力的产业基础①。然而，我国高端和大型智能农业装备制造的核心部件长期从国外进口，农业装备智能化水平有待提高。在农业数据采集设备方面，我国独立研发的农业专用传感器灵敏度较低、稳定性较低，大部分核心元件依赖进口，难以满足农业数据采集的需求；在决策分析软件方面，照搬国外开发的软件和算法，存在难以兼容和适用的问题②。因此，亟须对智能农业装备制造、数据采集及软件分析等方面实行数字化改造。

政府要引导各类创新要素向涉农企业聚集，形成以企业为核心、产学研紧密结合的创新体系，引导高校、科研院所与涉农企业开展技术合作，破解农业“卡脖子”技术难题。在农机装备升级上，要促进物联网、大数据、移动互联网、智能控制、卫星定位等信息技术在农机装备和农机作业上的应用。在农机服务推广上，推进“互联网 + 农机作业”，加快推广应用农机作业监测、维修诊断、远程调度等信息化

① 董志勇、李大铭、李成明：《数字乡村建设赋能乡村振兴：关键问题与优化路径》，载《行政管理改革》，2022 年第 6 期。

② 崔宁波：《智慧农业赋能乡村振兴的意义、挑战与实现路径》，载《人民论坛》，2022 年第 5 期。

服务平台，实现数据信息互联共享，为数字农业提供精准的数据支撑，提高农机作业质量与效率[①]，实现精准灌溉、智能施肥等精细化作业。推动数字化技术对传统农业生产改造升级，进而实现农业产业智慧化。

第二节 数字乡村信息基础设施建设顶层设计的基础支撑

加强数字乡村信息基础设施建设的顶层设计，除了要系统分析数字乡村信息基础设施顶层设计的现状、可行性、需求，还需厘清顶层设计的基础支撑，进而助力顶层设计系统架构的制定。本节将从顶层设计的政策背景、主要特征和基本原则三个方面展开。

一、顶层设计的政策背景

毛泽东思想、邓小平理论、“三个代表”重要思想、科学发展观和习近平新时代中国特色社会主义思想在社会的长期发展实践中得到验证，其对社会的生产生活均具有重要的指导作用，因此这些思想也适用于指导数字乡村基础设施建设工作。“五位一体”总体布局和“四个全面”战略布局，指引着中国特色社会主义的发展方向，紧紧围绕着这个布局有利于深入开展数字乡村信息基础设施建设的顶层设计。同时，在建设过程中需牢固树立创新、协调、绿色、开放、共享的社会发展理念，贯彻以人民为中心的发展思想，使数字乡村信息基础设施建设的顶层设计最终为人民服务，坚持走中国特色信息化发展道路，结合乡村信息化建设的现状开展数字乡村信息基础设施建设的顶层设计工作。此外，数字乡村信息基础设施建设要牢牢把握信息化驱动现

① 李周、温铁军、魏后凯、杜志雄、李成贵、金文成：《加快推进农业农村现代化：“三农”专家深度解读中共中央一号文件精神》，载《中国农村经济》，2021 年第 4 期。

代化的建设主线，着力增强国家信息化发展能力，着力提高信息化应用水平，着力优化信息化发展环境，推进国家治理体系和治理能力现代化，努力在践行新发展理念上先行一步，让信息化造福农村、造福农民，为建设数字乡村奠定坚实基础。

在贯彻中央指导思想的基础上，坚持和加强党对“三农”工作的全面领导，立足数字乡村的新发展阶段、发展理念、发展格局，着力提升乡村的信息基础设施水平和农民数字素养与技能，为推动数字乡村建设取得新进展、农业农村现代化迈出新步伐、数字中国建设取得新成效提供有力支撑。具体而言，将以《中共中央、国务院关于实施乡村振兴战略的意见》为代表的顶层设计政策与《数字乡村发展战略纲要》等与数字乡村信息基础设施建设紧密相关的政策文件充分整合，进而推动数字乡村信息基础设施建设的顶层设计工作。

（一）相关战略方向的政策概况

作为新时代乡村振兴顶层设计的关键文件，《中共中央、国务院关于实施乡村振兴战略的意见》明确指出实施数字乡村战略需开展整体规划设计，政策需围绕农村文化、治理、民生、生态等多维度展开，期望整体提升乡村发展水平，实现乡村的全面振兴。该政策强化了乡村振兴的制度性供给，把握了“钱、地、人”等关键环节，从更加全面更加长远的角度实施乡村振兴战略。该政策不仅指明了数字乡村信息基础设施建设的重要性，更为系统、全面开展数字乡村信息基础设施建设的顶层设计提供了标准范式。

（二）相关深度融合的政策概况

中共中央办公厅、国务院办公厅对接乡村振兴战略需求，于 2019 年 6 月印发了《数字乡村发展战略纲要》，从战略高度对数字乡村进行了顶层设计和整体规划，指出发展的目标是到21世纪中叶全面建成数字乡村，并以此助力乡村全面振兴。其中具体提出广泛运用网络技术、物联网思维、3S技术（遥感、GPS、GIS）、虚拟现实技术加速数字乡村信息基础设施建设部署，到21世纪中叶，全面建设数字乡村，全面实现农业强、农村美、农村富。该政策指明了数字乡村信息基础设施顶层设计需深度融合的方向，融合先进数字技术提升数字乡村信息基础设施建设水平。

二、顶层设计的主要特征

数字乡村信息基础设施建设的顶层设计需从全局视角出发，综合运用系统论的方法，对数字乡村信息基础设施建设过程中的各方面、各层次、各要素统筹规划，进而整合数字乡村信息基础设施建设的有效资源，快速实现数字乡村信息基础设施的建设目标。为确保数字乡村信息基础设施建设顶层设计的科学性，整个设计应具备以下三个特征。

（一）顶层决定性

加强数字乡村信息基础设施建设的顶层设计最关键性的特性就是顶层决定性。顶层设计遵循自上而下的思路，先设计出数字乡村信息基础设施建设的宏伟蓝图，并基于蓝图细化各部分的具体要求，每一部分规划都为提升数字乡村信息基础设施建设水平服务，进而实现信息基础设施完善、乡村公共服务能力提升、信息技术惠及全民、乡村发展动力强化等目标。

（二）整体关联性

整体关联性是数字乡村信息基础设施建设顶层设计的重要特性之

一，它关系着顶层设计的效用。顶层设计是数字乡村信息基础设施建设的基础，它是开展具体实践的先行工作，顶层设计的科学性直接关系着后期具体数字乡村信息基础设施建设实践。只有数字乡村信息基础设施建设顶层设计对象内部要素之间与核心理念和顶层目标紧密关联、有机衔接，才能避免数字乡村信息基础设施建设出现“1+1+1<3”现象。

（三）实际可操作性

数字乡村信息基础设施建设顶层设计既要考虑顶层决定性、整体关联性，也要考虑实际可操作性这一重要特征。顶层设计的最终目标是提升数字乡村信息基础设施建设水平，使建设成果遍及农村、惠及农民、助力农业。因此，整个顶层设计应是可实施、可操作的。如，顶层设计的建设布局中包括的网络基础设施、信息服务基础设施、融合基础设施、新技术基础设施和算力基础设施等的建设可借助国内各行业领域中的先进技术、设施实现。

三、顶层设计的基本原则

为加强数字乡村信息基础设施建设的顶层设计，需要遵循以下四大基本原则。

（一）科学发展、分清主次

数字乡村信息基础设施建设的顶层设计应科学发展，抓住主要矛盾。在数字乡村信息基础设施建设中，包括硬件、软件、资源和人才等领域均存在各种各样的问题和矛盾。须从当前及今后一个时期影响数字乡村信息技术设施建设推进的重大问题出发，剖析问题背后的影响因素，不回避、敢碰硬、求突破，充分发挥出顶层设计的“顶层”

意义。有些问题存在于数字乡村信息基础设施建设的日常工作中，属于短期问题，不具有全局意义上的“关键性”，无须列入顶层设计的内容，顶层设计主要是抓牵一发而动全身的关键问题。例如，信息基础设施建设涉及的主体数量多，数字化建设中还牵涉技术标准、运行维护、资产归属和定价取费等一系列问题，短时间内无法全部解决，因此建设过程需要秉承科学发展、分清主次的原则。以新建信息基础设施为切入点，从杆路、基站、管道等易于集约化建设的信息基础设施入手，逐步积累经验、扩大集约化建设范围。唯有如此，才能纲举目张，加快推进数字乡村信息技术设施建设的进程。

（二）着眼大局、共建共享

数字乡村信息基础设施建设的顶层设计应有大局视野。数字乡村信息基础设施建设是全国范围内的战略任务，地方存在的建设问题也可能是全国性问题。数字乡村信息基础设施建设顶层设计中需要解决的问题，可能是具有国家意义的重大问题，亦可能是影响整个农业农村发展、数字乡村建设的问题。同样，解决这些问题的策略，也须考虑全国各地的情况进而实现共建共享。具体表现为：在顶层设计时关注农业各级部门、农业相关行业和企业的协调度，探索农村信息化基础设施、信息资源、服务体系共建共享、互联互通模式。同时，立足当前乡村基础设施建设的实际情况，把握硬件设施、人才队伍等关键问题，充分开发信息基础设施、公共信息服务体系的集约建设，促进资源间的整合与共享，避免出现重复建设、低水平开发、信息“孤岛”和资源浪费等现象。

（三）需求导向、深化应用

数字乡村信息基础设施建设的顶层设计应立足于解决实际问题。

其不是一般的理论讨论，而是要解决数字乡村信息采集体系不健全、融合基础设施建设薄弱、信息应用终端利用率低、信息服务人才队伍薄弱等实际问题。此外，顶层设计应将实际问题进行重要性排序，从重大问题切入，列出若干个关键问题，拿出对策和可操作的解决方案，按计划、分步骤地推进农村信息基础设施建设。提升数字乡村各经济领域的移动化、宽带化和智能化应用水平，将信息技术在乡村各领域的应用程度进一步深化，充分发挥信息技术作为经济增长的“倍增器”、发展方式的“转换器”、产业升级的“助推器”和经济效益的“放大器”的作用，促进信息化成为加快数字乡村产业结构调整、发展方式转变、消费模式融合的关键途径。

（四）正视问题、不设条框

数字乡村信息基础设施建设的顶层设计不应设思想框框。在多年乡村信息化建设基础上推进数字乡村信息基础设施建设，需要全面解决资源、体系、标准和人才多方面的问题，不能仅关注相关的硬件和软件。其顶层设计应从国家发展的顶层和最高利益出发，实事求是，不设思想框框，碰到什么问题就解决什么问题。先明确数字乡村信息基础设施建设顶层设计的概念，再制定顶层设计的应用，不应讳疾忌医，设立思想框框，使顶层设计流于形式，无果而终。如，在数字乡村信息基础设施建设推进中，人才队伍是较为薄弱的环节，人员多为农村常住人口，整体的文化程度偏低，知识更新速度慢，无法适应信息化时代发展需求，培训难度大。面对建设中存在的问题，应该正视现状，大胆尝试改进措施，多举措提升数字乡村信息基础设施建设人才队伍的信息素养。

第三节　数字乡村信息基础设施建设顶层设计的系统架构

为确保数字乡村信息基础设施建设的有效落实，建成“宜居宜业宜游宜养宜学”的数字乡村，需要针对性地设计合理的系统架构。系统架构最常用于软件开发，是指对系统的高层抽象，反映了系统的主要组成元素及其交互关系。数字乡村信息基础设施建设顶层设计的系统架构可以通俗地理解为：对已经明确的数字乡村信息基础设施建设需求进行规划，搭建建设框架，并通过落实一系列措施，运用相关工具，在制定好的步骤下完成建设任务。根据以上的表述，可以将数字乡村信息基础设施建设顶层设计的系统架构分解为总体规划、关键任务、实现路径三个方面。

一、顶层设计的总体规划

对于数字乡村信息基础设施建设顶层设计总体规划概念的界定，本书借鉴了相关文献对于城市总体规划的内涵界定，将数字乡村信息基础设施建设顶层设计的总体规划定义为：对一定时期内数字乡村信息基础设施建设的总体目标、建设布局以及数字乡村各领域建设发展的综合部署。从内容上来看，数字乡村信息基础设施建设顶层设计包括总体目标与建设布局两个方面。

（一）总体目标

总体目标确定发展方向，数字乡村信息基础设施建设的总体目标共分 3 步。首先，到 2023 年，数字乡村信息基础设施建设取得阶段性进展。农村互联网普及率和网络质量明显提高，农业生产信息化水平稳步提升，“互联网 + 政务服务”进一步向基层延伸。其次，到 2025 年，数字乡村基础设施发展取得重要进展。乡村 4G 深化普及、5G 创新应用，基站和杆路等信息基础设施已全面铺设，基本建成超高速、大容量、高智能的干线传输网络和下一代国家信息基础设施体系。最后，到 2030 年，实现乡村区域内 5G 网络、宽带网络（有线、无线）、广播电视网络和互联网全面连续覆盖，形成广度覆盖、高速互联、安全可靠和深度融合的信息基础设施体系，使信息基础设施在数字乡村建设中的支撑作用显著，夯实数字乡村发展根基。

（二）建设布局

建设布局所确定的是数字乡村各领域信息基础设施建设基本内容的总体情况，主要是厘清发展数字乡村要建设哪些新型的基础设施或改造升级哪些传统的基础设施。根据国家 2021 年 7 月发布的数字乡村建设指导文件《数字乡村建设指南 1.0》和 2022 年 1 月发布的《数字乡村发展行动计划（2022—2025 年）》等,结合数字乡村实际发展需求，可以确定数字乡村信息基础设施建设内容的总体情况，主要为网络基础设施、信息服务基础设施、融合基础设施、新技术基础设施和算力基础设施 5 大类，如图 2-1 所示。

1. 乡村网络基础设施主要包括电信网络和广播电视网等，数字乡村信息基础设施建设要对关键地区进行 4G 基站补盲建设、适时推进 5G 和千兆光纤等新一代移动互联网的建设、推动卫星互联网在广播电视网络的应用等。

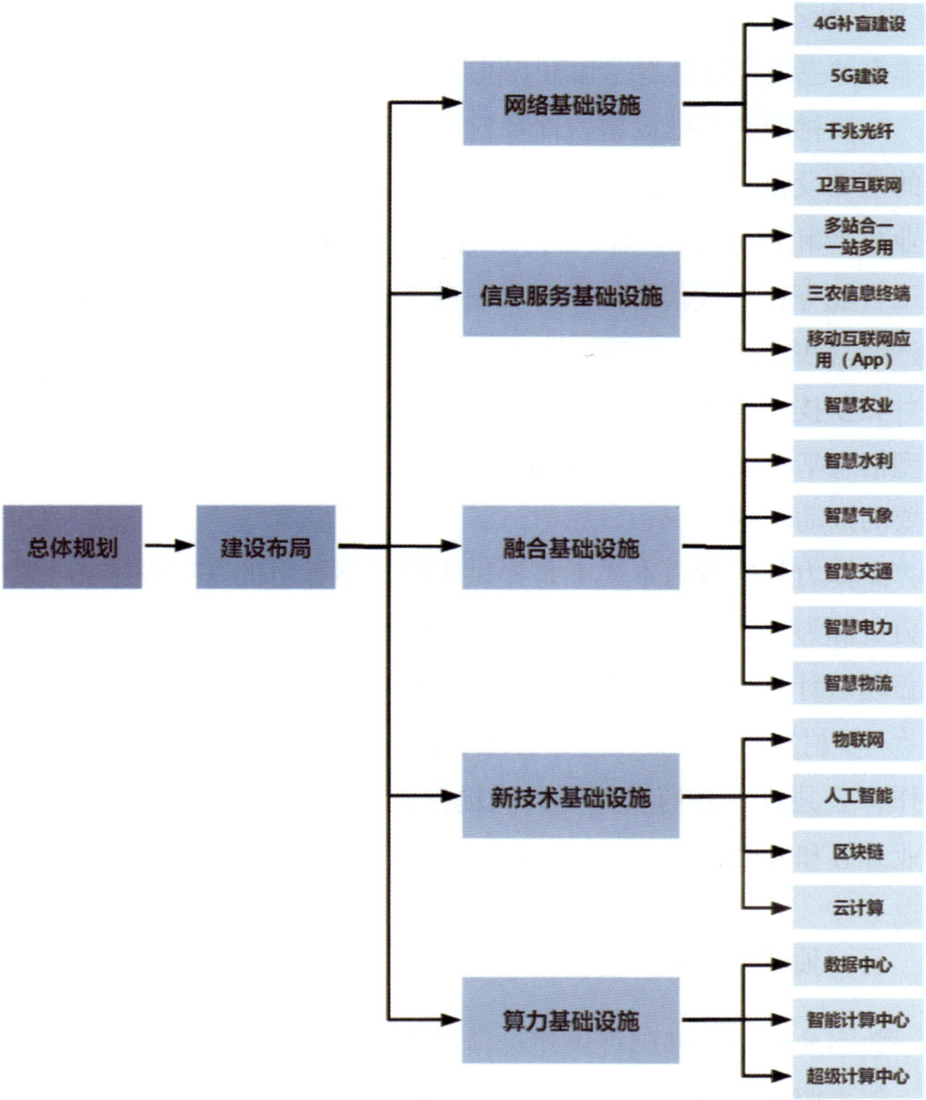

图 2-1　数字乡村信息基础设施建设顶层设计总体规划的建设布局

2. 乡村信息服务基础设施是指利用信息技术为农村居民提供政务、生产、生活等领域信息服务的站点和设施，包括村级政务服务代办站（点）、农村电商服务站、益农信息社、村级供销合作社等。数字乡村发展要有序推进农业农村、商务、民政、邮政、供销等部门农村信息服务站点的整合共享，推广“多站合一、一站多用”，并鼓励开发适应

“三农”特点的信息终端、技术产品、移动互联网应用软件（App），不断丰富“三农”信息终端和服务供给。

3. 乡村融合基础设施，即乡村传统基础设施经过数字化改造升级后的基础设施。乡村传统基础设施主要包括水利、气象、电力、交通、农业生产和物流等基础设施，改造升级是通过引入互联网、大数据、人工智能等新一代信息技术，实现数字化、智能化改造升级，为农业生产经营和农村居民生活提供更为便利的条件。

4. 新技术基础设施是指以物联网、人工智能、区块链等为代表的新型信息基础设施[①]，新技术基础设施对数字乡村各领域的发展起到了重要的推动作用。

5. 算力基础设施本质上是提供不同类型算力的基础设施，主要以算力资源为主体，包括底层设施、算力资源、管理平台和应用服务等，涵盖超级计算中心、数据中心和智能计算中心等提供的多样性算力体系[②]。乡村算力基础设施通过管理平台，实现跨区域、跨领域、跨部门协作，公共算力和商业算力共同提供服务，满足数字乡村科技创新、产业升级和人民日常生活的需求。

二、顶层设计的关键任务

数字乡村信息基础设施建设顶层设计的关键任务是对网络基础设施、信息服务基础设施、融合基础设施、新技术基础设施、算力基础设施展开论述。本部分内容将更加全面地解释5大新型基础设施建设的具体任务，以期更好地指导数字乡村信息基础设施的建设。

---

① 朱雷洲、黄亚平、陈涛、王智勇：《国土空间规划背景下新型基础设施规划思路探讨》，载《规划师》，2021年第1期。

② 李洁、王月：《算力基础设施的现状、趋势和对策建议》，载《信息通信技术与政策》，2022第3期。

（一）网络基础设施

网络基础设施是数字乡村各领域发展的基础支撑，完善的网络基础设施能够大大提高数字乡村的发展效益。比如，智慧农业、智慧旅游等领域日常的运作会产生大量的数据，数据的采集、传输对网络带宽的要求非常高，高带宽意味着数据的高速准确传输，相关项目的具体数据能够通过网络及时传送至终端进行分析，数据分析的结果是项目下一步决策的重要依据。因此，必须加快乡村网络基础设施的优化升级。通常而言，网络基础设施由硬件设施和软件设施组成，本书主要考虑硬件设施的建设，网络硬件基础设施由移动通信基站、无线室内分布系统、地下通信管道等设备所支撑。下表介绍部分乡村网络基础设施硬件设备。

表 2-1　部分乡村网络基础设施硬件设备

硬件设备名称	具体解释
移动通信基站	是指需要一定的无线电支持，通过信息交换中心与移动端进行信息传递的无线电收发电台
无线室内分布系统	为了提高室内无线信号的质量，将移动基站发出的信号充分分布在建筑各个区域的一种解决方案
基站机房	储存安装移动通信基站的信号发射接收器、信号传输装置、电源等设备的房间
室分通信间	安装无线室内分布系统配套的信号接收发射器、POI 装置、电源等设备的房间
设备间	能够引入线缆并安装配线设备等设施的房间
电信间	一种用于专门放置配线设备并交接的隔间
广电分前端机房	负责进行信息上传下达的，并与其他分前端互通信息的设施，一般是城市的有线电视网络
地下通信管道	铺设通信电缆的地下通道

续表

硬件设备名称	具体解释
配线区	因为建设的类别、使用群体的密度各有差异，分成了若干个不同的配线区域
配线管网	由竖井、管槽组成的网状系统
信息点	进行线缆终接的一种插座模块
用户单元	在一定范围内占有空间，并且使用业务会发生转变，需要与公共电信网联通的用户区域
桥架	托盘或者梯架的别称
馈线洞	机房墙面上用于各种线缆进出的孔洞
屋面	信息基础设施在建筑物外部或附属部分上安装通信设备的依附部分
抱杆	建筑物外部用于支撑和固定天线的物件
宏站	由无线电信号接收器、传输、电源、线缆等设备组成的一种通信基站
微站	相比宏站，是信号发射功率较低的一种通信基站
公共杆塔	红线内的各种杆塔，如灯杆、监控杆

按发展要求配置安装好网络硬件基础设施仅仅是推动乡村网络基础设施优化升级的第一步，关键则是要在实际服务中为农村居民提供高效的网络接入，提供更高质量的广播电视服务，为数字乡村各领域的高效发展提供网络连接基础。要达到目标所要求的高度，乡村网络基础设施建设还需要完成以下 3 大关键任务。

1. 持续实施电信普遍服务，开展农村地区 4G 基站补盲建设，逐步推动 5G 和千兆光纤网络向有条件、有需求的乡村延伸。在“十三五”规划初期，我国仍然有约 5 万个行政村未接通宽带，其中包含了大量的建档立卡贫困村，还有约 15 万个行政村宽带接入能力不足 0.5

Mbps，电信服务存在明显不足。在党中央的坚强领导和各方多年的共同努力下，到 2021 年 11 月底，我国现有行政村已实现 100% 宽带接通，广大农村有了步入数字乡村“大道”、接入数字经济时代信息“大动脉”的基础，全面推进乡村振兴、加快农业农村现代化有了坚实的网络支撑。但要满足处于不断发展之中的农村居民生活、工作以及智慧乡村各领域对通信网络稳定性、安全性等的高要求，仍要作出许多努力。首先，要持续开展 4G 基站补盲建设，部分乡村与偏远地区的居民时常反映网络信号差，主要原因可能是基站数量过少或者基站发送的信号被障碍物阻挡（信号穿透性不强），解决这部分居民的困难，要继续增加 4G 基站的数量，补全信号盲点，实现 4G 信号全覆盖。其次，对于一些有条件、有需求的乡村要适时推动 5G 与千兆光纤网络的建设，以确保智慧农业、智慧旅游、智慧水利等数字化业务有序展开。相关部门要统筹规划，基础电信运营商、铁塔公司等应积极配合推动管道、杆路、机房、通信设备等设施的共建共享。如下图所示，电信部门积极推动十八洞村的 5G 电信基站建设。

（中国电信湖南公司组织湘西分公司制定光网宽带建设方案，抽调精干力量开展建设攻坚，为十八洞村筑起了一条条看不见的“云端信息路”。图为十八洞村 5G 电信基站安装现场。）

2. 持续推进城市农村“同网同速”，优化提升农村宽带网络质量，积极探索运用卫星等多种手段，提升农村及偏远地区学校、医院网络接入水平和质量。城乡发展差距过大一直是我国区域经济发展不平衡所面临的重要问题[①]，但这也意味着城市所拥有的丰厚技术资源可以帮助推动乡村各个领域的发展。比如，在教育领域，城市高等学校、中小学里的名师通过远程教育系统指导农村学子，让农村学子享受到更优质的教育资源；在医疗领域，乡镇卫生院借助互联网、人工智能等信息技术与县市级三级医院上下贯通、信息互通共享，实现远程会诊、远程影像诊断等服务，进一步提升公共服务医疗资源的公平性和可及性[②]。在电子商务领域，通过直播带货、线上销售等模式助力农产品高质量销售。这些服务的实现离不开乡村高质量网络的支持，因此要着力完善网络基础设施的建设，优化乡村网络质量和接入水平，持续推进城乡“同网同速”。同时，乡村网络基础设施不能只建设而忽略利用，当前城市面向乡村的远程教育、远程医疗、电子商务等资源帮扶还处于起步阶段，要进一步做好增效提质工作。一方面，要加大对乡村网络基础设施建设的资金支持，并协同做好网络基础设施的全生命周期管理工作，确保建设完毕的网络基础设施能够被利用好、保护好；另一方面，比城乡“同网同速”更重要的是“同心”，要建立健全合作帮扶机制，打造城乡利益共同体，提升网络基础设施的利用效率。

---

① 米嘉伟、屈小娥：《数字经济发展如何影响城乡收入差距》，载《现代经济探讨》，2022 第 6 期。

② 郭美荣、李瑾、马晨：《数字乡村背景下农村基本公共服务发展现状与提升策略》，载《中国软科学》，2021 年第 7 期。

（陕西师范大学教育实验经济研究所史耀疆教授团队联合清华大学、复旦大学、部分知名教育公益组织、省市教育部门，于2019年12月开展大型合作研究项目“信息技术与双师远程教育项目”。图为项目组利用远程教育系统给学生上课的现场。）

3. 深入实施智慧广电建设工程，依托有线电视网络承载智慧乡村服务，优化广播电视业务网络，推动广播电视服务走向“终端通”“人人通”。智慧广电是开阔农村居民视野、丰富大众日常生活的重要项目，优秀的影视作品传达着正确的价值观和理念，对社会文明的塑造起着重要的作用。对于数字乡村智慧广电的建设，国家广电总局2022年1月6日印发《关于推进智慧广电乡村工程建设的指导意见》（以下简称《意见》），提出要大力实施智慧广电乡村工程，全面提升乡村广播电视数字化、网络化、智能化水平，巩固和加强乡村宣传舆论主阵地建设，推进智慧广电融入乡村振兴战略，更好服务文化强国、数字中国和网络强国建设，如下图所示。对标《意见》所提出的“到2025年，智慧广电乡村服务能力大幅提升，成为推进乡村振兴的重要力量”的发展目标，还有一些关键任务需要落实。一是要深度结合新一代5G网络、卫星互联网直播等技术，安装布局好各类与之相关的网络基础设施，不断提高广播电视在乡村的覆盖率，实现无线电视的高质量全覆盖；二是要重视优质影视作品的开发和正确价值观的传递，积极主动吸引农村居民自觉收听和观看广播电视，建设好乡村宣传舆论主阵地。

（江苏有线铜山分公司积极推进“一镇一屏”智慧广电达标乡镇项目，成功与柳新镇、大彭镇达成合作。图为张贴在镇上的智慧广电项目的宣传海报。）

（二）信息服务基础设施

农村居民日常所需的信息主要是政务信息、生产信息、生活信息等。其中，政务信息服务主要包括：①涉农政策宣传、推送、查询等政策信息服务；②村级党务信息采集、维护等党建信息服务；③政策补贴查询和领取、政务服务事项互联网代办等其他政务信息服务。生产信息服务主要包括：①农情咨询、农具及农资网上采购、农机作业服务网上预约等农业生产经营信息服务；②农业生产技术培训、信息技术使用技能培训、农业科技信息推送等科技知识获取服务；③农产品及特色资源网络营销推广、网店开办辅导等销售流通信息服务。生活信息服务主要包括：①各类通知发布推送、乡村居民线上交流平台维护等社区交流信息服务；②生活费用代收代缴、商业服务及中介服务代办、公益服务等便民类信息服务；③就业信息获取和发布、就业技能培训、农村创新创业经验交流等就业信息服务。

乡村信息服务体系是农村居民有效获取与使用信息服务的桥梁和纽带[①]，信息服务基础设施发挥着关键支撑作用。信息服务基础设施是指利用信息技术为农村居民提供政务、生产、生活等领域信息服务的站点和设施，包括村级政务服务代办站（点）、农村电商服务站、益农信息社、村级供销合作社等。信息服务基础设施是否建设完善，关系到农业新业态新模式能否深入发展，关系到各类公共服务能否顺利有效进行，与农村居民的切身利益息息相关。

（山西五寨县积极推进电子商务进农村综合示范县项目实施，通过升级改造现有服务站点，建设乡村电子商务服务站点，进一步加强电商综合便民服务。图为五寨县羊坊村电商便民服务点。）

提高乡村信息服务能力，满足数字乡村发展需求，必须推动信息服务基础设施持续优化升级。

1. 要以“为农村居民提供更便捷的信息服务”为出发点，以“多站合一、一站多用”为原则，整合电商、供销、邮政、政务服务、民政等农村信息服务站，让农村居民“只进一扇门”，就能“办成所有

① 员立亭、杨黎、负剑虹：《乡村振兴背景下新型职业农民农业信息服务使用意愿实证研究》，载《图书馆工作与研究》，2021 第 12 期。

事”，如上图所示。具体来讲，在整合信息服务站点时，要全面了解每一个行政村各类信息服务站点资源的地址、人员、系统、功能等的现状，详细分析每一个信息服务站点资源的使用情况，再做出详细计划并统筹整合。选择一个覆盖范围最广、服务能力最强的信息服务站点作为中心站点，将长期闲置的信息服务站点并入中心站点，实现最终整合。对于已经分散建设好且效益不错的信息服务站，要打通多方之间的涉农信息系统和服务平台，让涉农数据能够统一归集、全面整合、相互印证、深度应用，推动数据资源共享开放，充分释放数据红利。但需要注意的是，不同地区的现实条件和需求不同，不能“一刀切”，要根据实际情况做出相应调整。

2. 要鼓励开发适应“三农”特点的信息终端、技术产品、移动互联网应用软件（App），不断丰富“三农”信息终端和服务供给。以信息技术提升惠民便民服务水平，加快现代信息技术与农村生产生活的全面深度融合，丰富乡村的数字化生活。例如，在智慧农业方面，可以开发农业科技信息 App，专门为农村居民提供各类农业科技信息服务，通过 App 搭建与农业领域专家、高校之间的线上桥梁，帮助农村居民获取有益的农业科技信息，还可以建立农业知识库和大数据云课堂，实现知识订阅、在线交流等功能，面向农业生产经营主题开展科技信息服务等。在智慧医疗方面，开发农村移动医疗 App，帮助农村居民查看地区医院和药房电话信息、在线办理业务、查看各类药品的报销比例信息、进行基础医疗知识学习等[①]。

（三）融合基础设施

乡村传统基础设施是指包括水利、气象、电力、交通、物流和农业生产在内的一系列基础设施。在大数据、物联网、5G 等新一代信息

① 张晶晶、程潇:《移动医疗 App 发展现状、问题及趋势研究》，载《医学信息学杂志》，2018 第 10 期。

技术的支撑下，要加快推动传统基础设施的数字化、智能化改造升级，整合各领域的公共基础服务设施，推动建设全国统一的数据平台，实现对传统基础设施的统一管理、运营和维护①。传统基础设施改造升级后成为融合基础设施，呈现新基础设施形态，能够为农业生产经营活动和农村居民生活提供更加便利的服务。

新基础设施形态分为两大类：第一类是智能化的传统基础设施形态，这一类设施仍然主要提供原有功能与服务，不同之处在于数据赋能了原有的功能和服务，使得运行效率和服务质量得到较大提升。第二类则是数字世界的传统基础设施新形态，也可以称为是传统基础设施的数字孪生体。数字孪生体是指与现实世界中的物理实体完全对应和一致的虚拟模型，可实时模拟自身在现实环境中的行为和性能，也称为数字孪生模型②。在人工智能、物联网、5G 等一系列信息技术的支持下，乡村的公路、水利、电力、农业等基础设施都可以被构建成为一个与现实完全对应的虚拟模型。在虚拟模型中，智慧农业、智慧水利、智慧气象、智慧交通、智慧电力、智慧物流等数字乡村关键应用场景都可以得到模拟，能够有效推动农业农村现代化建设。融合基础设施建设的关键任务，主要包括以下 6 个方面。

1. 智慧农业融合基础设施。智慧农业本质上是充分利用现代化的信息技术，服务于农业系统，促进农业生产的高效以及农产品质量水平的提升③。智慧农业的发展能够有效推动农村经济的发展，推动农业生产结构的转变，发展农村的产业化经营，帮助农村居民增收。我国智慧农业的发展已经取得一定的成效，相应的新技术正在逐步应用于农村地区的农业生产、农产品销售。但同时也存在一些问题，如信息

① 张蕴萍、栾菁:《数字经济赋能乡村振兴：理论机制、制约因素与推进路径》，载《改革》，2022 第 5 期。

② 庄存波、刘检华、熊辉、丁晓宇、刘少丽、瓮刚:《产品数字孪生体的内涵、体系结构及其发展趋势》，载《计算机集成制造系统》，2017 第 4 期。

③ 郑大睿:《我国智慧农业发展：现状、问题与对策》，载《农业经济》，2020 年第 1 期。

基础设施的建设不完善、尚面临着严峻的信息安全问题等[1]。这些问题都可以依靠加速融合新一代信息技术来解决，区块链能够有效解决智慧农业中的信息安全问题，物联网能够联通农业生产、管理、销售、服务的各个环节，人工智能能够提高农业生产的管理效率并降低成本。因此，智慧农业融合基础设施的关键任务，首先是要加快推进农业农村大数据建设应用，加快建设全国农业农村基础数据库，构建全国农业农村数据资源“一张图”，提高农业农村数据流通、使用效率。其次，应建设农业物联网平台，在农业生产场景中布设传感器，形成农业监控网络，并通过采集各类信息，实现农业生产在线监测和生产过程精准管理。此外，应探索建设一批智慧农场、智慧牧场、智慧渔场，推动智能感知、智能分析、智能控制技术与装备在农业生产中的集成应用。

（远程监控系统、无线传感器监测等技术的日趋成熟推动物联网技术逐步应用到智慧农业建设中，提高了农业生产的管理效率，提升了农产品的附加值。图为物联网技术应用于实时检测农作物温度与湿度。）

[1] 段树谨：《绿色发展背景下我国智慧农业发展问题及实现路径》，载《农业经济》，2022 年第 5 期。

[典型案例]

黑龙江北大荒集团：数字化赋能农作物品种创新

一、背景介绍

北大荒，素有“中华大粮仓”之称，是保障国家粮食安全的“国家队”“排头兵”。北大荒垦丰种业股份有限公司（以下简称垦丰种业）聚焦玉米、水稻、大豆、麦类等农作物的种子领域，是育繁推一体化大型国有控股种业公司。近年来，垦丰种业通过数字化手段打造以商业化育种为核心的研发创新体系、以全程质量控制为核心的生产加工体系、以全方位终端服务为核心的市场营销体系和支持与服务型总部的“3+1”体系。垦丰种业正加速推进商业化、信息化育种进程，其必要性主要表现在以下 3 个方面：一是随着公司育种规模的不断扩大，育种站和试验站点的增加，育种材料、测配组合和田间小区的极速扩增以及数据采集量的加大，迫切需要提升育种工作效率。二是田间性状数据采集时，不同团队、不同场景、不同人员的记录方式差异很大，使得数据采集标准、记录形式不一致，不利于数据在团队内和团队间的共享利用。三是在以往的育种过程中，材料（即种子）由各课题组负责，数据记载不全不准不规范情况普遍，有时还可能会流失，给公司造成了不可逆的损失。迫切需要一个平台将材料数据统一保存，将数据与实物对应。

二、主要做法

针对玉米、常规稻、杂交稻、大豆四类作物的商业化育种技术体系和管理模式的特点，垦丰种业采用金种子育种平台赋能商业化育种技术体系的升级。平台实现了对育种材料、亲本组配、品种选育、品种测试、系谱追溯、田间性状采集、多年多点数据分析等常规育种全流程管理。性状采集信息化、田间操作标准化、数据分析自动化，使得垦丰种业在育种流程上实现了科学管理、专业分工、流水化作业，助力垦丰种业整个育种工作由传统育种向商业育种、由“经验育种”向“精确育种”转变。2019 年 4 月份，垦丰种业金种子育种平台正式上线，完成了 2 年 4 个育种季的育种操作，并受到了育种者和管理者的一致好评。

三、取得成效

垦丰种业金种子育种平台成功实施以来，实现了育种研发的数字化升级，取得了以下 5 个方面的成效：一是基于 RFID 的田间性状数据移动采集、实时传输、自动汇总，提高了采集的规范性和准确性，降低了试验误差。二是育种软件与小区精量播种机、收获机、考种设备实现数据在线互通，各育种环节业务数据高效无缝对接。三是制定并落地实施了统一的作物育种性状数据采集等企业标准，为企业育种大数据资源建设提供了基础保障。四是标准化的试验设计和数据分析方法，提升了数据利用效率。五是育种全程信息化管控，有利于企业全面掌握公司研发能力、研发规模和研发进度，为团队绩效考核和育种技术路线调整提供数据支撑，做到精准施策，大幅提升了公司管理效率。

（资料来源：《数字乡村建设指南 1.0》，国家乡村振兴局官网。）

2. 智慧水利融合基础设施。2022 年 3 月水利部印发了本年度农村的水利水电工作要点，强调要提高农村供水信息化水平、积极探索数字灌区建设、开展农村小水利水电绿色改造与现代化提升工程。顾名思义，就是要让农村的水利水电走向数字化、智能化，让农村水利水电管理在数字化的加持下更加立体。具体而言，一是要构建农村供水一张图，完善农村供水管理信息系统，积极探索农村供水风险防控体系，确保农村居民能用上“好水”。二是要充分利用数字孪生技术，推进农村数字灌区建设，实现农村地区灌溉区的动态仿真运行管理，提高灌溉水平。此外，要对农村地区现有的小型水利水电工程进行绿色改造与现代化提升，在降低污染的同时提高运行效率。

（绍兴市上虞区开发农村饮用水数字化运管平台，实现对供水站的数字化管护，进一步加强供水站安全生产管理，保障农村供水水质。图为上虞区农村饮用水数字化中控室。）

3. 智慧气象融合基础设施。农业生产在很大程度上依赖气象环境[①]，加快数字乡村气象服务智能化信息化、建设现代气象为农服务体系、发展数字乡村智慧气象，对促进农业增效、农民增收具有重要推动作用[②]。目前，我国农村气象灾害防御体系已基本建立；中国气象局与农业农村部联合创建 10 个特色农业气象中心，联合开展的“直通式”

① 熊俊楠、刘志奇、刘敦龙、范春捆、冷小鹏:《西藏自治区农业气象灾害 WebGIS 平台的设计与实现》，载《测绘与空间地理信息》，2019 第 5 期。

② 欧善国、彭晓丹、凌洋:《广州智慧农业气象服务平台设计与实现》，载《气象科学》，2022 第 2 期。

服务和“气象信息进村入户”，覆盖全国近 100 万新型农业经营主体；智慧农业气象服务惠及 37.6 万注册用户。2018 年，农村公众气象服务满意度达 91.4 分，创历年新高。2022 年 2 月，中国气象局印发《全面推进乡村振兴气象服务能力提升工作方案（2022—2024 年）》，明确到 2024 年，建成完善“技术先进、机制融合、服务精细、保障有力”的乡村振兴气象服务体系，精细化到乡镇的气象灾害预警基本实现，农业气象服务更加精细化，农村气象灾害预警信息接收率达 95%，农村气象服务满意度稳定在 90 分以上。其中，作为典型代表的潍坊市已建立了农业智慧气象服务平台，如下图所示。围绕上述目标，数字乡村智慧气象的建设还需要深入应用新一代信息技术，加强气象基础设施建设，致力于打造具备自我感知、判断、分析、选择、行动、创新和自适应能力的智慧气象系统，更好地服务于农业生产和农村居民生活。

（潍坊市气象局依托设施农业特色，建设潍坊设施农业智慧气象服务平台，实现了省市县三级业务衔接及数据共享，形成了省局指导、市局订正、县局服务的设施农业气象服务发展模式。图为潍坊设施农业智慧气象服务平台。）

4. 智慧交通融合基础设施。农村公路是我国道路交通体系中线路最长、分布范围最广、面向人群最多、公益性最强的基础交通设施，发展农村智慧交通能够有效支撑数字乡村的建设和乡村振兴的实现。

党中央高度重视农村公路建设工作，习近平总书记提出“既要把农村公路建好，更要管好、护好、运营好”。目前，我国以县城为中心、乡镇为节点、村组为网点的农村公路交通网络已经初步建成。交通部数据显示，截至2021年9月底，“十三五”期间全国累计完成新改建农村公路138.8万千米，农村公路总里程达到420万千米，占公路总里程的83.8%；解决了246个乡镇3.3万个建制村通硬化路难题，新增1121个乡镇3.35万个建制村通客车。但要有效发挥农村公路支撑乡村振兴的基础性作用，还需要利用好大数据、5G等新一代信息技术发展农村智慧交通。一方面，要完善好农村公路基础数据统计调查制度，搭建全国性的农村公路管理数据共享平台，推动全国各地农村公路管理的持续交流互鉴；另一方面，通过卫星管理，在重点农村公路安装监控设备以及各类传感器，对农村公路的状况进行实时数字化监测，保障好人民生命财产安全。农村公路尤其是偏远山区农村公路容易受到气候灾害的影响，一旦某处公路发生道路滑坡或泥石流，监控设备与传感器能够实时将数据反馈到终端，使管理人员可以及时通知到位，避免产生人员伤亡和财产损失。此外，实施数字化监测还有利于农村道路桥梁、临水临崖和切坡填方路段安全隐患的排查治理，有助于深入推进农村公路“安全生命防护工程”和消防车道建设管理工作，加强林区牧区防火隔离带、应急道路建设。

（重庆市沙坪坝区回龙坝镇以“四好农村路”为纽带，协调推进建设安全农村公路。图为沙坪坝区回龙坝镇四碚路。）

5. 智慧电力融合基础设施。乡村电气化进程与农村高质量发展相辅相成，数字乡村建设要求加快农村电网的智能化、数字化转型，发展乡村智慧电力，以高效支持农村各领域的绿色发展与农村居民的日常生活。目前，我国农村电网建设仍然存在不少问题，比如电力在数值上转型不平衡、电网站内外的数据贯通不流畅、数字延伸服务覆盖范围不足、应用场景不够等，解决这些问题是发展乡村智慧电力的必由之路。开展农村电网的数字化改造，电力部门首先要厘清阻碍数字化进程的问题根源，制定合理的规划，充分结合物联网、人工智能、区块链等新技术，稳步推进农村电网数字化建设。比如在电力基础设施上安装传感器，通过物联网传感器实时传输感应数据至终端，高效管理电力基础设施。其次要充分利用好数字化的农村电网，通过数字化技术监测、保护电网，实施用电量预警，灵活调配电力，保障农业生产、农产品加工、乡村旅游、农民消费升级的用电需求。

（国家规划要在“十四五”基本建成现代化农村电网，要加大投入巩固农村电网升级改造成果，推进乡村电气化提升工程。图为农村电网升级改造场景。）

6. 智慧物流融合基础设施。推动农村物流高质量发展是促进乡村产业振兴、满足消费者对优质农产品需求的必然要求和有效途径。然而，我国农村物流尤其是冷链物流还存在多重短板，其发展仍面临着“小、散、乱、弱”的现实困境，造成了物流环节冗余、物流时间增加、物流损耗增大、物流成本上升、物流效率低下等诸多问题，严重制约了农产品（冷链）物流在促进小农户与现代农业有机衔接、推进农业高质量发展以及加快农业农村现代化建设中优势的有效发挥[①]。要改变这种现状，农村的物流基础设施必然要进行改造升级。具体来讲，首先要加快农产品仓储保鲜冷链物流设施建设，推进鲜活农产品低温处理和产后减损。依托家庭农场、农民合作社等农业经营主体，发展产地冷藏保鲜，建设通风贮藏库、机械冷库、气调贮藏库、预冷及配套设施设备等农产品冷藏保鲜设施。其次，面向农产品优势产区、重要集散地和主要销区，完善国家骨干冷链物流基地布局建设，整合优化存

① 罗千峰、张利庠:《农产品冷链物流高质量发展的理论阐释与实现路径》,载《中国流通经济》,2021 年第 11 期。

量冷链物流资源。围绕服务产地农产品集散和完善销地冷链物流网络，推进产销冷链集配中心建设，加强与国家骨干冷链物流基地间的功能对接和业务联通，打造高效衔接农产品产销的冷链物流通道网络。此外，实施县域商业建设行动，完善农村商业体系，改造提升县城连锁商超和物流配送中心，支持有条件的乡镇建设商贸中心，发展新型乡村便利店，扩大农村电商覆盖面。健全县乡村三级物流配送体系，引导利用村内现有设施，建设村级寄递物流综合服务站，发展专业化农产品寄递服务。宣传推广农村物流服务品牌，深化交通运输与邮政快递融合发展，提高农村物流配送效率。

（生鲜电商的快速发展，改变了农产品的传统流通模式，促进了冷链物流配送的发展，为冷链物流发展创造了新的发展空间。图为农产品冷链物流产业园规划模型。）

（四）新技术基础设施

新技术基础设施是指与物联网、人工智能、区块链等新技术相关的基础设施，这类基础设施是打造数字乡村融合基础设施的硬件基础。

1. 物联网基础设施。2021 年 10 月，工业和信息化部、住房和城乡建设部等八部门联合印发了《物联网新型基础设施建设“三年行动计划”（2021—2023年）》，要求加快数据采集终端、表计、控制器等物联网感知终端应用部署。物联网可以将任何物体与网络进行有效连接，通过传感设备进行信息交换，实现智能化定位、识别、跟踪、管控等操作[①]。物联网在数字乡村中应用非常广泛，在乡村智慧农业领域，通过在农田、温室、园林等区域布设传感器和执行器，对农作物生长环境（如土壤、水质、温度等）进行检测，反馈给管理人员后进行作物模型分析，并有针对性地作出调整，这样能够准确高效把控产品的质量。在乡村智慧旅游领域，通过在景区关键区域布设传感器，物联网技术能够结合智能安保系统，实现对景区游客全方位、立体式的安全保障。物联网设施对数字乡村的建设起着极其重要的基础作用，要加快物联网基础设施建设，持续加强物联网在乡村各领域的接入能力。

（物联网园林绿化灌溉系统具有设备接入快捷简单、实时掌握生态数据、智能托管生态恒定的特点，可有效降低管理成本、提升管理效能。图为及时雨科技公司开发的物联网园林绿化灌溉系统效果图。）

① 鲁刚强、向模军：《物联网技术在智慧农业中应用研究》，载《核农学报》，2022年第6期。

2. 人工智能基础设施。作为新基建的重要组成部分，人工智能基础设施是以算力要素能力、数据要素能力、算法要素能力构成的基础能力平台为底座，以应用开放平台等为主要载体，以赋能制造、医疗、交通等重点行业和领域智能化转型为目标，为实现壮大智能经济、构建智能社会的专有服务设施能力体系。当前，我国人工智能领域相关企业已经超过 2000 家，人工智能在信息基础设施建设中发挥的作用已经初见成效，成为政府、ICT、制造业等持续关注的重要方向。近年来，我国重视并积极支持人工智能基础设施建设发展，各地出台了相关政策围绕数据集、智能计算中心、开源开放平台等进行重点布局，推动人工智能基础设施建设，如北京、上海、广东聚焦基础研究领域，江苏、浙江、福建、山东偏重于应用层面。但目前信息基础设施的智能化仍处于起步阶段，尚有较大的发展空间和作用范围。对于电信网络、数据中心等基础设施来说，其与人工智能技术进行相互赋能也是其创新和变革的重要内容。对于人工智能基础设施的发展，需要在保证其稳定和高质量的基础支撑功能的前提下，考虑算法的性能、数据安全、场景的难易和对系统的整体影响，由点及面，由功能到系统，由单个系统到多个系统融合，逐步实现数字化经济时代的万物智联。

3. 区块链基础设施。2020 年农业农村部发布的《数字农业农村发展规划》指出，要加快推进区块链农业应用大规模组网、链上链下数据协同等核心技术突破，加强区块链农业应用标准化研究，推动区块链技术在农业资源监测、质量安全溯源、农村金融保险、透明供应链等方面的创新应用[①]。区块链是数字乡村发展必不可少的技术，其去中心化、独立性等特点能够起到保障数据安全的作用。以数字乡村农业科学数据管理为例，传统的农业科学数据管理通常采取集中方式存储，

① 梁晓贺、周爱莲、谢能付、张毅、吴赛赛:《区块链农业应用现状与技术热点》，载《中国农业科技导报》，2021 年第 12 期。.

存在单点故障、容易遭受攻击等问题，且因为没有标识而导致数据无法共享，在数据传输的过程中存在安全系数低、被篡改和伪造的危险性大、溯源困难等诸多问题，而区块链技术能够实现分布式存储、标识和共享数据，具有数据不可进行篡改的优势，能够有效确保农业科学数据的安全[①]。数据安全是数字乡村高质量发展的基本要求，必须推进区块链技术与乡村信息基础设施的深度融合。

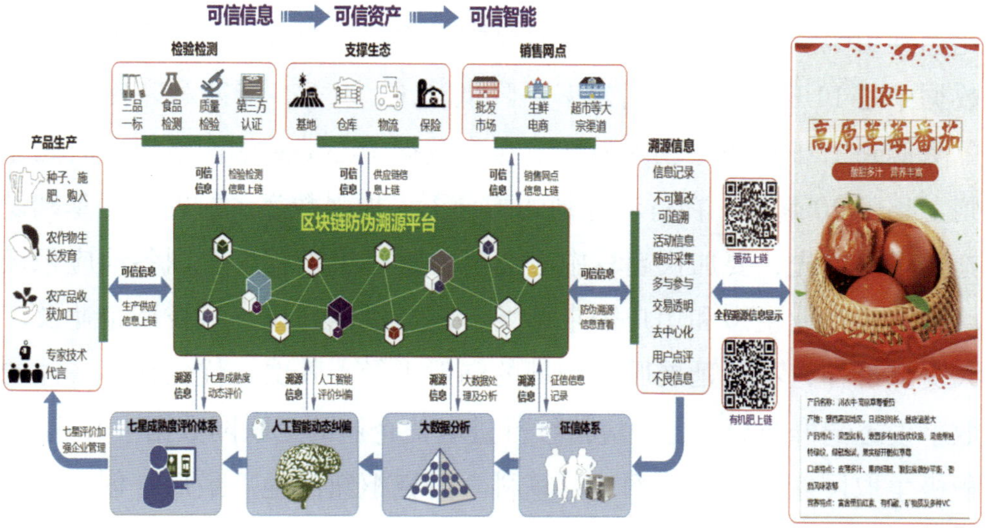

（成都市以区块链技术为核心基础的“1链3e”数字农业共享平台，提供集成了川农牛e购、农科e站、蓉e检的3e服务。图为川农牛e购区块链防伪溯源平台。）

（五）算力基础设施

算力基础设施是数字乡村信息基础设施建设布局的重要方面，增强计算力才能将数据生产资料转化为数据价值，进而促进乡村数字经济发展。2021年7月，工业和信息化部印发《新型数据中心发展三年

---

① 陆丽娜、尹丽红、于啸、尹居峰、尚士杰:《基于区块链的农业科学数据管理场景模型构建研究》，载《情报科学》，2022年第6期。

行动计划（2021—2023年）》，明确用3年时间，基本形成布局合理、技术先进、绿色低碳、算力规模与数字经济增长相适应的新型数据中心发展格局。重点任务是实施新型数据中心建设布局优化行动、网络质量升级行动、算力提升赋能行动、产业链稳固增强行动、绿色低碳发展行动、安全可靠保障行动等。实现到2023年底，全国数据中心机架规模年均增速保持在20%左右，平均利用率力争提升到60%以上，总算力超过200EFLOPS（每秒2万京次浮点运算次数，高性能算力占比达到10%。国家枢纽节点算力规模占比超过70%。新建大型及以上数据中心PUE（电能利用效率）降低到1.3以下，严寒和寒冷地区力争降低到1.25以下。国家枢纽节点内数据中心端到端网络单向时延原则上小于20毫秒。在行动计划的指导下，加强数字乡村的算力基础设施建设。首先，要加快超算中心运营生态建设进程。全国各地应积极培育算力产业生态和用户需求市场，重点聚焦高校、科技型企业及广大受众群体，不断延展服务领域的辐射半径。其次，优化存算一体的数字生态链群布局。各地应持续推进电信企业的互联网数据中心建设，积极争取国家工业互联网、计算科学研究枢纽高地。最后，创设多元化智能计算中心。国家应大力助推阿里、华为等大型信息化企业在各区域的人工智能算力设施建设，不断提高算力原创算法迭代及使用效率，打造出专门为人工智能提供服务的智能计算中心①。

① 陈寒冰:《数字经济时代算力网络建构的国际比较与镜鉴》，载《新疆社会科学》，2021年第5期。

[延伸阅读]

“东数西算”助建数字化新农村

东数西算工程，指通过构建数据中心、云计算、大数据一体化的新型算力网络体系，将东部算力需求有序引导到西部，优化数据中心建设布局，促进东西部协同联动。2022 年 2 月，在京津冀、长三角、粤港澳大湾区、成渝、内蒙古、贵州、甘肃、宁夏 8 地启动建设国家算力枢纽节点，并规划了 10 个国家数据中心集群。至此，全国一体化大数据中心体系完成总体布局设计，东数西算工程正式全面启动。“东数西算”可以从三个方面解决农业数据的处理问题。

首先，“东数西算”妥善处理了供给的普及性问题。通过算力的标准化、异构算力的接入，避免算力主要集中在少数大型云服务商的手中，打破农村普遍存在的“有数没地算”的尴尬局面。作为数字经济发展的核心生产力，要实现全国的算力资源统一调配，更好地保障农业产业对算力的需求。目前我国的数字化农业实现了从种植到货架的覆盖，对算力的需求与日俱增。以现在的大棚为例，除了必备的视频监控，也需要多种传感器如光照传感器和二氧化碳传感器、空气温湿度传感器相互配合，并由棚内气象站收集数据，遥控进排风口、水肥一体机，利用土壤电导车及时调节土壤 pH 值，没有强大的算力支撑不足以保障种植水平。“东数西算”的出台，让农业生产算力分配的底线得以保住。

其次，及时开发西部的算力对农业数据处理有着重要的分流作用。“东数西算”工程对于网络要求较高的业务由东部承接，而对于后台加工、离线分析、存储备份等网络要求不高的业务由西部数据中心承接。收集的农业数据先进入调配中心统一分流，保证算力需求的合理分布，提高算力资源使用率。“东数西算”下一步着力发展算力资源分配自动化和智能化，让调度系统具备智能解析及网络感知功能，能根据业务特性，自动调度数据分配。如在大规模的农田种植中，需要利用卫星遥感技术自动采集农田环境或植株图像，通过图像处理确定相关参数以及位置并实时遥控辅助农业机器人进行相关操作的，属于对时延敏感、访问量大的应用，调度到离用户最近的算力节点处理。将不直接面向用户、大数据、备份等应用，如通过大数据对农产品生长态势、农田形态、病虫害进行分析和预测则调度到西部节点，实现东西部之间的智能算力调度，使实时性强的农业数据得到更快处理并给予反馈。

最后，对于分流向西部的数据，可以得到更有效的处理。相较于工业互联网等项目，农业数据处理周期长以及时效性较弱的特点也让数据处理的紧迫性较低，但新农业的数据处理相较于传统农业更加精确，分析架构也更加复杂，设计的模型常常是非线性且不确定性的，故数据量也十分庞大。“东数西算”恰好能解决其高存储需求的问题。如数字农业的组成部分——农业大数据，是在开放系统中收集、鉴别、标识数据，并建立数据库，通过参数、模型和算法来组合和优化多维度海量数据，为生产操作和经营决策提供依据，并实现部分自动化控制和操作。西部的优秀数据存储能力可以支持收集并保留更多农业生产中的大数据，有效激发数据要素创新活力。“锦江春色来天地，玉垒浮云变古今”，从看天上的“云”到看手上的“云”，农业生产已经和过去截然不同。

（资料来源：徐勇，杨成林，《“东数西算”助建数字化新农村》，人民邮电，2022-06-23(005)。）

三、顶层设计的实现路径

推进数字乡村信息基础设施建设不能一蹴而就，需依背景、遵原则、按阶段实现。数字乡村信息基础设施的整体规模与发展质量是逐步提升的，顶层设计的实现也需要依靠建设资源的整合、建设安全标准的健全、建设实践的探索和建设效果的评价等一系列措施来支撑，数字乡村信息基础设施建设顶层设计的实现路径总览图如图 2-2 所示。

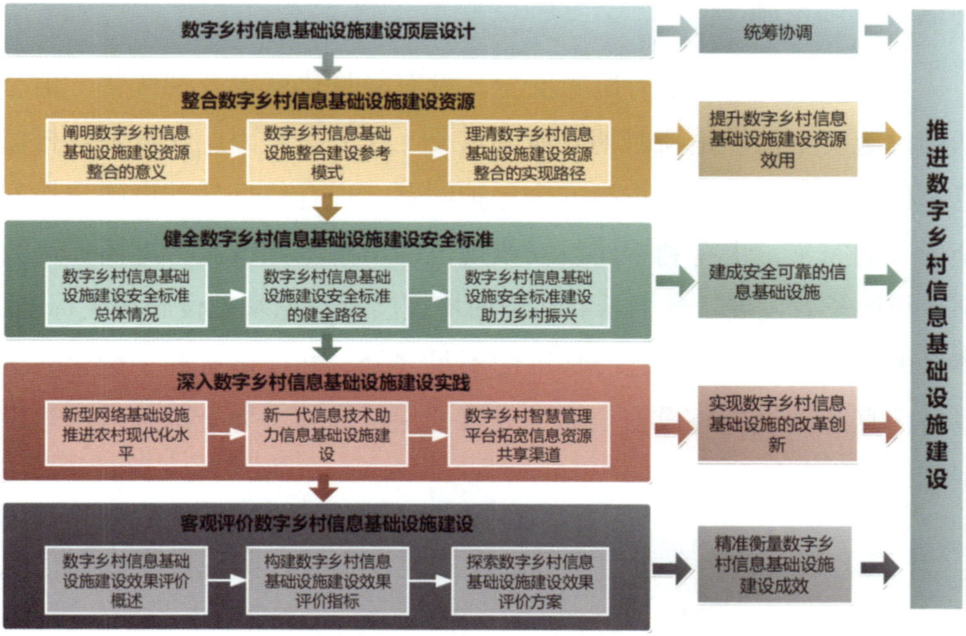

图 2-2　数字乡村信息基础设施建设顶层设计的实现路径总览图

（一）整合数字乡村信息基础设施，发挥出数字乡村信息基础设施建设资源的最大效用

回望历史，随着乡村信息化建设的推进，全国各地乡镇均展开相关建设性的探索，各地均取得了信息基础设施建设的显著成果。把握时代脉搏，建设数字乡村的信息基础设施已经步入新的发展阶段，如

何整合福建、四川和江苏等具有地方特色的信息基础设施建设模式，使已有信息基础资源发挥出最大效用，成为新时期的发展需求。本书力求在总结已有经验模式的基础上，梳理出资源整合的主体和流程，进而提出全面高效的信息基础设施建设资源的整合路径，在已有资源的基础上进一步落实数字乡村信息基础设施建设顶层设计的总体规划。

（二）健全数字乡村信息基础设施建设安全标准，建成安全可靠的信息基础设施

没有网络安全就没有国家安全，没有信息化就没有现代化。信息基础设施安全保护是新时期政府的重要工作之一，因此在数字乡村信息基础设施建设中也需重视安全保护问题。现有信息基础设施建设安全标准的完善，更有利于建设安全规范的信息基础设施，进而促进数字乡村的长效发展。本书希冀在全面梳理已有信息基础设施相关标准、体系的基础上，探究出已有标准的不足之处，并提出有利于健全数字乡村信息基础设施建设安全标准完善的保障措施，为全国各地的建设工作提供服务与参考。

（三）深入数字乡村信息基础设施建设实践，实现数字乡村信息基础设施的改革与创新

实践是检验真理的唯一标准，因此检验数字乡村基础设施建设情况要依据各乡镇的具体实践，只有直接成果真正服务于农民、产生良好效应的信息基础设施才是数字乡村建设所需要的。本书期望在全面挖掘全国各地不同类型的实践案例的基础上，找出取得良好经济效益、社会效益的模式，挖掘出实践成功的关键因素，进而助力各地信息基础设施建设的改革与创新，赋能数字乡村建设。

（四）客观评价数字乡村信息基础设施建设，精准衡量数字乡村信息基础设施建设成效

纵观各地乡村信息基础设施建设情况，各地均处在探索实践阶段，有些乡村地区的信息基础设施建设在服务农业农村农民的过程中仍面临不同程度的挑战。由此可见，构建一套精准、客观的数字乡村信息基础设施建设效果评价指标体系十分重要，该体系可衡量出地区信息基础设施建设的进展，继而影响后续的信息基础设施建设工作。本书希图构建出科学合理的数字乡村信息基础设施建设效果评价指标体系，并形成兼顾整个全局的数字乡村信息基础设施建设的评价方案，系统梳理出评价方式、评价内容、评价流程、评价反馈和实施保障等内容，为全国各地的数字乡村信息基础设施建设效果评价提供统一的参考标准，助力全面建成数字乡村。

第三章
整合数字乡村信息基础设施建设资源

本章旨在研究我国数字乡村信息基础设施建设资源的整合进展。本章以数字乡村信息基础设施建设资源的主要内容、整合目标和乡村建设的现实困境为分析基础，对数字乡村信息基础设施建设资源整合的实现路径进行梳理，分析当前数字乡村信息基础设施建设资源的来源、资源整合的主体，以及资源整合的手段，并对数字乡村信息基础设施建设资源整合成果显著的乡村进行案例分析，为数字乡村信息基础设施建设资源整合提供借鉴。

第一节　资源整合促进信息基础设施共建共享

整合数字乡村信息基础设施建设资源是缩小城乡差距、实现城乡一体统筹与和谐发展的重要环节，本节大致从主要内容、现实意义、基本原则等方面，针对数字乡村信息基础设施建设资源整合进行相关概述。

一、乡村建设资源的主要内容

（一）乡村建设资源的概念

目前，对于乡村建设资源的划分还没有一个统一的标准。根据农村资源的特性，可以将其分为：自然资源、社会资源、现实资源和潜在资源；根据资源来源，可以将其划分为“内源”与“外源”；根据生产要素的不同，可以分为劳动力资源、土地资源、资本资源等；根据资源的形式，可以将其分为有形资源、无形资源等；按照聚集资源分类，可以分为人、物、财等。乡村建设资源的内涵与外延十分广泛，涉及资源的各个方面。

结合数字乡村建设背景，以整合数字乡村信息基础设施资源为基本需求，本章节将这里所探讨的乡村建设资源划分为人、物、财。“人”主要是指乡村劳动资源、人才引进资源等。其中，促进城乡居民的双向流动是关键，主要通过两种手段来进行落实。一类是农业转移人口。从农业转移人口落户城镇及地方政府吸纳农业转移人口落户两方面入手，进一步调动两方的积极性，用以保证乡村劳动资源充足。另一类是乡村人才。培育新型职业农民，强化农村专业技术人员，培养大批乡土人才，夯实整合乡村信息基础设施建设资源的人才基础。“物”主要是指建设数字乡村中所需的信息技术和信息基础设施。当前信息技术较为典型的代表包含三种：传感技术、通信技术和计算机技术，而信息基础设施就是一系列实现这些技术的各种设备与装置。具体而言，信息基础设施不仅包括传递、存储、处理，以及显示声音、数据、图像的各种物理设施，还包括各种先进设备，如微波网络、卫星、光纤等，以及把它们联系成一个整体时的各种要素，如代码、标准、应用软件等，形成完整的通信、计算机、数据库和用户电子设备网络。因此，从广义上来讲，信息基础设施是指为社会运行、社会生产和居民生活提供公共信息服务的，能以交互方式传送语音、数据、文本、图像、视像和多媒体信息的高速通信网及相关设施。信息基础设施包括通信网、广播电视网和互联网 3 个部分。“财”主要是指政府、企业及相关机构对于整合乡村信息基础设施建设资源的投入，在这之中，既要有真金白银的投入，也要有金融活水的支持。要完善农村信息化建设的多元化保障机制，加强对农村信息化建设的重点环节和薄弱环节的扶持，同时还要进一步加强财政方面的支持，确保相关扶持资金链能够持续稳定地输入。

（二）乡村建设资源整合目标

“整合”是一个相对动态的概念，汉语词典将其解释为整顿、协调并重新组合，不仅强调事物的系统发展，也强调事物各要素动态调整的特征[①]。数字乡村建设资源整合的最终目的是达到信息基础设施共建共享的效果。党的十九大报告提出要以人为本，打造共建共治共享社会治理格局。在乡村振兴大背景下，共建共享理念可运用到各个学科和各个领域。“共建共享”这一思想理念，充分体现了它的公共性、社会性、合作性等特点，并在不同层面激励着不同的人群。在追求公共价值的基础上，推动各方面的共同发展。从这一点来看，共建共享既可以应用于社会管理，也可以应用于信息技术、文化知识、科学生命、计划研究等领域。

信息基础设施在全面支撑社会经济发展、促进城镇化进程加速发展、推动城市功能升级和产业升级等方面具有重要的战略性、基础性和先导性作用。整合建设资源促进信息基础设施共建共享，有利于减少建设用地、优化资源配置，积极支撑我国“环境友好型”和“资源节约型”社会建设，有利于促进电信基础设施共建共享，构建健康和

① 字词语辞书编研组：《新编现代汉语词典》，湖南教育出版社 2016 年出版。

谐的信息基础设施建设和管理环境，有利于加快资源整合，建设开放融合的信息网络体系和“随时、随地、随需”的社会信息服务网络，有利于降低通信企业运营成本，增强通信企业市场活力。因此，整合数字乡村信息基础设施建设资源，助力实现共建共享是现阶段我国扎实推动城乡发展一体化、加快推进乡村数字化和积极构建“两型社会”的战略性选择。

（三）乡村建设资源的现实困境

总体上来看，目前乡村的建设资源存在以下几点问题：

第一，资源管理不到位。在我国乡村社会中，由于缺乏对农村资源的有效管理以及国家公共权力的逐渐淡出，乡村居民自治已经成为一种重要的治理模式。农村公共管理水平的衰落，农村公共服务水平低下，相关资源管理状况日益恶化。

第二，乡村人力资源短缺。农村人力资源的短缺主要表现在数量与质量两方面。在数量上，由于农村劳动力的大量外流，造成了农村劳动力存量与增量不足，而剩余劳动力则表现出了老龄化、文化程度低下等特征。在质量上，由于工业化和城市化的影响，农村的青年劳动力大量外流，农村的技术人员也出现了一定的流失。

第三，乡村建设资源资金不足。农村经济发展需要多种资源的协同作用，而实施“乡村振兴”战略，则使得农村资源的需求更为多样化。乡村的资源需求与乡村的资源条件之间存在着冲突，其原因是农村在发展中需要的资金存在外流的情况。农村人口的流动导致农村资源和资金流入城市，农村的资金通过各种渠道向城市流动，使得农村的资金在城市集中。因此，农村发展的资金需求得不到满足[①]。

[①] 秦晶:《乡村振兴进程中资源整合的现实困境与实现路径》，载《云南行政学院学报》，2019 年第 6 期。

【延伸阅读】

共建共享发展理念

共建共享，是构建社会主义和谐社会的基本原则和基本特征。《中共中央关于构建社会主义和谐社会若干重大问题的决定》提出："我们要构建的社会主义和谐社会，是在中国特色社会主义道路上，中国共产党领导全体人民共同建设、共同享有的和谐社会。"在中国共产党的领导下，人民群众是改革发展成果的创造者，也是改革发展成果的享有者。共同建设是全体社会成员的共同责任；共享发展成果是人民群众的应有权利。"共建"是"共享"的前提，"共享"是"共建"的目的。胡锦涛同志曾在2007年"两会"期间参加工会、共青团、青联、妇联的全国政协委员联组讨论时指出，必须坚持"把共同建设、共同享有和谐社会贯穿于和谐社会建设的全过程，真正做到在共建中共享、在共享中共建"，阐明了"共建"与"共享"的辩证关系。

在乡村建设资源规划设计的范畴内，共建与共享的表达方式或运作方式表现为：引进社会的外在动力，改变传统的政府职能角色，激发农村基层组织的内在活力，注重从多元视角参与决策、设计和实施，构建以村为主导、多方参与的新型农村社区治理体系；注重乡土社区的生活需求，规划出适合发展的正确路线，改造、更新现有的基础设施环境，打造符合农村特色、有发展潜力的农村社区，让每个人都能分享到所带来的利益和价值。社区公共空间中的共建与共享，是社区协作的社会性特征，首先必须建立在各方进行沟通规划、建设和管理等全方位的协同配合之上，实现各方规划与整体规划的紧密结合，全面共享规划成果。这样共建与共享的方式，为农村规划中的公用空间设计提出了一种新颖的构想。

（资料来源：曲菁，《中国多民族地区文化共建共享研究》，中共中央党校，2019。）

二、资源整合的现实意义

当前，以5G网络、云计算、物联网为代表的新一代信息技术空前活跃，不断催生新产品、新模式、新业态，且不断在农业农村领域延伸与应用，推动农村信息基础设施加快完善。数字乡村建设是伴随网络化、信息化和数字化在农业农村经济社会发展中的应用，以及农民现代信息技能的提高应运而生的，线上与线下融合的现代农业创新发展，既是乡村振兴的战略方向，也是建设数字中国的重要内容。

（一）资源整合是时代需要

党中央高度重视数字乡村建设，自2018年中央一号文件首次提出“实施数字乡村战略”，连续四年中央一号文件均对建设数字乡村提出了明确指示和部署。2019年5月，中共中央办公厅、国务院办公厅印发《数字乡村发展战略纲要》，明确了数字乡村建设的目标任务。党的十九届五中全会通过的《中华人民共和国国民经济和社会发展第十四个五年规划和2035年远景目标纲要》明确指出“推进数字乡村建设”。2022年2月，《中共中央 国务院关于做好2022年全面推进乡村振兴重点工作的意见》，即2022年中央一号文件发布，这是21世纪以来第19个指导“三农”工作的中央一号文件。文件提出，要加强农村信息化建设，加快农村信息化进程。整合数字乡村信息基础设施建设资源是农村经济发展的新动力，它所带来的经济增长将会对农村的发展产生深远的影响，从而为农业全面升级、农村全面进步、农民全面发展提供新的助力。为此，要大力发展和应用数字乡村信息化基础设施，要不断创新思想和方法，运用数字化技术将农村信息基础设施建设资源整合起来，促进农村生产升级，促进农村社会治理转型，为乡村振兴战略的顺利实施增添强大动能。“数字乡村”是我国农业和农村发展的大势所趋，是实现“两个一百年”战略的重要转折点。实施乡村振兴战略，既要把握信息时代的重要机遇，又要充分认识到实施整合数字乡村信息基础设施建设资源既是历史需要，也是现实需要。

（二）资源整合是战略需要

数字乡村信息建设是实施乡村振兴战略的重要任务，也是国家现代化建设的重要内容。党的十八大以来,各地区各部门认真贯彻党中央、国务院决策部署，把信息基础设施建设重点放在农村地区，持续改善农村生产生活条件，使得农村面貌发生巨大变化。但同时存在些许问题，如我国农村信息基础设施建设资源较为零散，公共服务体系尚不健全，部分领域还存在一些突出短板和薄弱环节，与农民群众日益增长的美好生活需要还有差距。为扎实推进数字乡村建设，进一步提升乡村宜居宜业水平，做好数字乡村信息基础设施建设资源整合工作是关键。数字乡村信息基础设施建设能通过整合资源、数字赋能，为乡村振兴提供全新的手段，最终达到人民安居乐业、资源共建共享的最终目标。2022 年 4 月，中共中央宣传部举行“中国这十年”系列主题新闻发布会，介绍了新时代下有关乡村振兴的系列情况。农业农村部相关负责人在介绍中提出，乡村振兴取得积极进展，是多种因素同向发力、合力推进的结果，其中关键一点就是“聚集资源要素高效推进，重点是引导资源要素向乡村流动”。由此可见，加强资源要素整合、持续优化要素配置是乡村全面振兴的重要推动力之一，不容忽视。

（三）资源整合是社会需要

整合数字乡村信息基础设施建设资源，是提高农业生产和流通的有效途径。受新冠肺炎疫情形势的影响，运输、物流受到严重阻碍，许多地方的农业生产面临着劳动力短缺、农产品销售困难等问题。在这样的形势下，农产品流通中“直播带货”成了热门话题，手机成了“新农具”，直播成了“新农活”，从县长到农民、人大代表、政协委员、网络名人，都用手机拍摄农产品的种植、采摘、收割等场景，通过“抖音”“快手”等平台进行线上直播，极大地促进了农产品的销售，也成为农民解决农产品销售难题的一种重要手段。随着数字化技术的发展，农业生产模式发生了变化，利用物联网、人工智能等信息技术的无人农场逐渐走上了大众的视线，而电商巨头利用大数据、云计算等手段进行产销对接，也在悄然改变着人们的生活和消费习惯，这代表着农产品生产销售的未来发展方向，其中的信息技术、信息基础设施、产业链、企业资源等建设资源需要统一整合，以保证农村数字化的稳定发展。

建设网络强国，实施乡村振兴战略，必须整合数字乡村信息基础设施建设资源，加速发展信息化、构建数字化乡村，已成为世界各国的共识。各国都把数字化乡村建设作为发展的战略和重点，加快农业生产的智能化，普及农村的信息化，提高农民生活的智能化、便捷化。十九大提出了建设“互联网大国”的重大战略，整合数字乡村信息基础设施建设资源是建设“数字中国”和“乡村振兴”的战略取向。近年来，我国农村信息化进程不断加快，但是，我国数字乡村的建设目前还面临着顶层设计不足、资源统筹不足、基础设施薄弱和区域差距明显等问题。要推动农村全面振兴，就必须将整合数字乡村信息基础设施建设资源重视起来，推动互联网、大数据、人工智能等技术与农村经济深度融合，不断提高传统产业数字化、信息化水平，积极培育新产业新模式，补足城乡发展的数字鸿沟，加快构建数字经济与农村发展相融合的新型经济形态。

三、资源整合的原则

（一）坚持统筹协调、城乡融合

重视数字乡村信息基础设施建设的资源整合、部门与部门之间的上下联动与协同，坚持数字乡村与新型智慧城市一体设计、协同实施，从而促进城乡之间的信息基础设施建设的相互联通，公共服务的共建共用以及产业生态间的互利互惠。

数字乡村信息基础设施建设资源整合，是通过某种方式把现有的各种资源整合在一起，实现信息基础设施建设资源的共享和协同工作。其核心是将信息基础设施资源、融合基础设施资源，以及创新基础设施资源组合在一起，形成一个有价值有效率的运作体系。数字乡村作为党中央关于网络强国建设和乡村全面振兴两大决策部署的战略交汇，既是乡村全面振兴的重点方向，也是网络强国建设的生动实践，更是带动提升农业农村现代化发展的必然选择和有力支撑。地方政府应当出台高质量推进数字乡村建设实施意见，全面推进数字乡村建设，建立数字乡村发展统筹协调机制，扎实推进数字乡村试点地区建设，创新打造数字乡村发展生态建设，有力带动农业增效、农民增收、农村致富。同时各地政府要进一步增强责任感、使命感，加强统筹谋划，整体推进，督促落实，以更高标准抓重点、谋创新，不断激发农业农村现代化发展“数字动能”，以更广范围聚合力、增动力，不断助力广大农民群众共享“数字红利”，以更大力度牵好头、搭好台，有效整合数字乡村信息基础设施建设资源。

（二）坚持规划引领、分类推进

科学合理地规划数字乡村信息基础设施建设资源整合的具体目标和任务，结合每个地区的地理条件、发展需求、发展现状和不同类型乡村的发展规律，分类有序地推进数字乡村信息基础设施建设资源的整合，按需建设。中国幅员辽阔，地大物博，不同类型和不同的资源禀赋决定了在数字乡村信息基础设施建设资源整合过程中坚决不能走“一刀切”的路线，应当根据其差异性，结合实际情况，选择一条既能充分发挥当地的发展优势，又符合当地发展基础的整合信息基础设施建设资源的道路，防止形象工程、铺张浪费。

作为当今国家重点关注项目，数字乡村在信息基础设施建设资源整合过程中，应该全面将数字信息技术应用到具体的农业农村生活和实际生产经营中。一方面要加快数字乡村的建设，推动传统的农村信息基础设施建设的数字化升级，帮助传统的农业模式往数字乡村转型；另一方面要推进乡村网络的覆盖，发展乡村网络文化，丰富村民的精神文化生活，同时也要推进有关民生的医疗、教育、养老等方面的服务优化，加强数字乡村信息基础设施平台的建设，提高乡村数字化治理水平。在整合数字乡村信息基础设施建设资源的实践应用中，由于各地的差异性，数字乡村信息基础设施建设需结合当地实际情况，选择一个能充分发挥自身优势的方面作为切入点和突破口，整合各方面的信息基础设施建设资源来有针对性地发展，从而提升整体数字化建设水平。

（三）坚持深化改革、创新驱动

坚持以农业农村现代化为目标去整合数字乡村信息基础设施建设资源，深化改革，将先进的信息技术引入信息基础设施建设当中，在信息资源整合过程中最大化地利用创新技术来推动技术创新、制度创新、模式创新和机制创新，从而培育发展数字乡村新产业、新业态、新模式。

数字乡村信息基础设施建设资源整合是一项长期且复杂的系统性工程，现阶段不仅要面临信息基础设施建设资源利用效率低、人力资源缺失、资源管理紊乱等困境，而且还存在一系列的深层次的体制机制矛盾，这些问题都需要地方政府、村民、市场等多元主体共同合作，积极整合数字乡村信息基础设施建设资源，为数字乡村建设提供坚实的智力支持。未来要发展农业农村的数字经济，可以重点通过新基建缩小鸿沟,包括信息技术设施的改造和升级,增强4G、5G布设宽带入园、入户等。并且，还要发展数字化的乡村产业，从而促进乡村数字经济的发展。此外，要加强数字技术对农村地区生产、生活、治理、服务等全面渗透，在提高农民适应市场能力方面开展农民数字化的培训和知识更新，提供就业岗位，建立数字化的体系。

（四）坚持以人为本、内生驱动

将维护农民的根本利益放在首位，落实数字乡村信息基础设施建设资源整合过程中农民的主体作用，充分调动农民为数字乡村发展建设奋斗的积极性、创造性和主动性，使广大的农民成为整合数字乡村信息基础设施建设资源真正的受益者，将促进农民共同富裕作为数字乡村建设的出发点和落脚点。

广大农民作为数字乡村建设信息基础设施资源整合的主体，其主观能动性和实施参与度极大地影响着数字乡村建设信息基础设施资源整合的成效。在数字乡村信息基础设施资源整合过程中，要引导农民积极参与其中，主要是从主观意愿和客观条件两点出发。第一，从主观意愿方面以领头示范的方式来发挥农民学习数字技术的主观能动性。

由于客观条件的限制，大多数的农民都对新生事物比较抗拒，持观望态度，主动学习和接受的意识不强，只有在亲眼感受或看到新兴技术带来的益处时，才会予以采纳。因此，地方政府应当着重建设数字乡村信息基础设施资源整合试点工作，让农民直观感受到农业农村数字化转型所带来的增益，从而增加其采用数字技术的内驱力。第二，客观来说，地方政府可以免费提供培训机会来加强农民对数字技术的掌握能力。数字技术作为一种科学技术，只有被劳动者掌握并被应用到生产过程才能有效转化为数字化农业生产力，才能更有效地整合信息基础设施建设资源。

第二节　数字乡村信息基础设施资源整合建设参考模式

2022 年 6 月 2 日，由北京大学新农村发展研究院联合阿里研究院举办《县域数字乡村指数》报告发布会，公布了数字乡村百强县榜单。数字乡村指数评价指标体系包括基础设施、经济、治理、生活 4 个领域。据《报告》显示，2020 年县域数字乡村指数发展水平最高的 5 个省依次为浙江（83）、江苏（70）、福建（69）、山东（66）和河南（66）。本部分选取排名前三名省份浙江、江苏与福建的优秀数字乡村信息基础设施资源整合建设为参考模式，为其他地区数字乡村信息基础设施资源整合建设提供借鉴。

一、案例一：浙江湖州模式

（一）背景

湖州市坐落在浙江北部，太湖南岸，是环太湖地区仅有的一个以湖泊命名的城市。其东面是水乡平原，西面是以山地、丘陵为主，可称为“五山一水四分田”。其不仅是浙江省乃至全国粮食、蚕茧、淡水鱼、毛竹的重要产地，也是习近平总书记“金山银山”理念思想的诞生地与中国美丽乡村的发源地。湖州市坚持按照城乡发展与建设的基本原则，立足于现实，深入实施乡村振兴战略，促进乡村信息基础设施资源整合建设。

（二）主要做法

一是继续巩固数字乡村信息基础设施建设。推广使用光纤、建设5G基站、安装智能农村设备等，以提高农村信息化水平。截至2021年，浙江省988个乡镇的4G和光纤覆盖率全部实现100%；目前，5G基站已建成2524个，为实现“一张图”打下了坚实的基础。同时，湖州电信将5G覆盖到中心城区、县城和发达地区；优质的光网络覆盖了全城，并拥有千兆网络连接能力；着力构建“5G、云、安全、农村千兆光网”的新型数字乡村信息化基础设施，消除城乡数字鸿沟。同时，湖州市南浔区第一个数字乡村云平台的建成，使数字乡村的建设步入了快速发展的轨道，使农民的获得感和幸福感得到了极大的提高。在大力推进数字乡村云平台的同时，还大力推进了工业发展的数字化，借助“数字农业”“1号工程”的全面实施，规划建设南浔区“数字农业农村共享平台”“数字乡村”“一张图”，建成100多个数字化示范基地，省级农业强镇的主导产业已经基本实现了数字化。

二是打造中枢云平台。建立系统框架、数据收集、资源环境、美丽乡村等几大类核心数字资源库，一图展示乡村治理、乡村资源数据。目前，已形成农业农村主要业务数据资源表47个，涉及428个字段，3203条基础数据，植入“数字乡村一张图”。

三是积极推动数字乡村建设为“一张图”。制定《湖州市数字乡村首批数据目录》，规范“一张图”建设内容，整合“雪亮工程”“浙里办”“地理信息”等多种功能，将“乡村规划”“乡村经营”“环境治理”等5大要素整合到一张图上，实现全过程闭环智慧治理。目前，“数字乡村一张图”上线应用覆盖率达100%，德清五四村、安吉余村、长兴龙溪村、长兴港口村等4个村已在全国范围内实现了“2+4”多场景的“未来乡村”试点，在数量上位于全国前列。同时加强监管数字化应用，一图统领全域，在城市监管、生产监管、应急监管等领域实行“一张图”，初步实现了农村治理现代化和农村服务数字化。

（三）取得成效

全市所有区县均为省级美丽乡村先进区县，德清和安吉为浙江省第一批美丽乡村示范带，其余行政村全部建成市级美丽乡村，安吉“中国大竹海精品旅游带”、德清莫干山等19个美丽乡村示范带展现美丽形象，湖州市主导制定的《美丽乡村建设指南》成为国家标准。五年来，全国和省级农业农村综合改革项目将近50个。2020年，对“标准地”进行创新，从土地供应、发证、抵押等方面形成了一个闭环，目前已经完成了35个土地供应，面积达165.62公顷。德清连续两年被评为全国“乡村数字化建设先进县”，已建成24个省级数字农业示范基地，通过率和总量在全省排名前列。研发了“芯片鱼”“数码渔场”“智能化鱼塘”等物联网智能养鱼模式，并建成了国内第一个渔业养殖尾水治理智慧监管平台。

[典型案例]

德清县:“一图全面感知”的乡村智治模式

数字乡村建设不是单向赋能，而是一场双向奔赴。依托地理信息产业发展优势，德清县莫干山镇五四村通过采集地理信息遥感数据,在全省率先探索“一图全面感知”的乡村智治模式。现走进德清县每个行政村，都能看到电子屏上的“数字乡村一张图”。粗看，它是一张三维地图，村落风貌尽收眼底。而点击鼠标，图上的空间数据和公共数据纷纷显现，涵盖乡村规划、乡村经营、乡村环境、乡村服务和乡村治理5个领域。

（德清县莫干山镇五四村积极推进数字乡村建设，率先探索“一图全面感知”的乡村智治模式。图为德清县乡村治理数字化平台。）

作为浙江唯一的全国数字农业试点县，德清已建成11个数字农业示范园区、110个数字应用示范园、4000多个农业物联网应用示范点，实现农业生产“一张图”管理，农业生产效率平均提升50%以上。2020年，德清发布了全国首个“数字乡村一张图”县域建设标准。眼下,“一张图”已涉及疫情防控、社会治理、垃圾分类、绿化养护、河道保洁等领域，实现县域乡村应用全覆盖，并在江苏、安徽、四川、广东等多省份落地推广。

“数字乡村一张图”聚焦乡村治理中的人、地、物、事件要素，推动乡村治理流程再造。“一张图”联动了基层治理四平台、智慧交通、污水处理等15个系统数据，实现跨区域、跨系统、跨部门、跨层级、跨业务的管理和服务。如基于遥感监测智能比对，可在农村环境整治、建筑物动态变化、水土保持监测等方面实现智能发现、自动派单、联动处置等全流程闭环管理。

在信息基础设施资源整合方面，德清县依托“城市大脑”平台，有效归集58个部门近13亿条基础数据，适度超前布局5G基站、满足智能网联的道路智能化改造和云控平台等智能基础设施，已实现县域面积5G网络覆盖超60%和全域绘制精度10cm的高精度地图，初步构建了“一屏可知全局、一图全面感知”的线上德清。

（资料来源：《“一张图”实现乡村智治》，中国经济网。）

二、案例二：福建福州模式

（一）背景

闽侯县是福建省福州市的一个数字乡村“百强县”，闽侯县以105.6的县域数字乡村指数排名全国第五，福建省排名第一。闽侯县在近几年的发展过程中，充分利用自身的区位优势，积极开展数字乡村建设。在信息基础设施资源整合方面，闽侯县不断完善农村基础网络设施，加快数字乡村标准化建设步伐，目前已完成1122个5G基站的改造和建设；在建设数字乡村5G网络的进程中，福州联通和福州电信率先探索了5G共享共建新模式，实现了双方的资源互补、频率共享，并共同构建了“一张物理网，两张逻辑网”，加快了农村新基建的步伐。同时，闽侯县还积极整合信息基础设施资源，大力推进农村物流网络及农村服务站点建设，现已建设了 1 个县级运营中心和 260 个益农信息社。

（二）主要做法

一是推进 5G 网络建设共享共建。福州联通公司通过开发建设共享网管信息采集软件，实现了对网管信息的智能化采集。该系统采用了“专家经验库”，自动完成关键指标的验证，并将问题通过微信机器人自动传送到承建方，从而减少了日常的网络优化工作，并实现了数据的实时监测。另外，福州联通创新地提出了“共建、共享”的矩阵方案，并从两个节点的利益维度入手，建立了各个维度的合理得分标准，并依据该指标对站点进行精确建设。下一步，福州市将与福州电信、联通共同推进信息化建设、整合、共享，不断提高共享水平，努力实现 4G 一张网、5G 用户快速增长的总目标，助力信息和通信产业绿色低碳高质量发展。

（闽侯县不断完善农村基础网络设施，率先探索 5G 共建共享新模式，同时加强安全网络建设。图为当地数字乡村视频监控中心。）

二是加强智能安全网络建设[①]。闽侯县第二阶段“雪亮工程”建设的目标是建立一个高度整合的公共服务系统，为市民提供更为完善、便捷的公共服务，从而实现从管理型向管理服务型转变，为智慧城市的建设奠定了坚实的基础，例如当地数字乡村视频监控中心建设，如上图所示。

三是积极构建网格互通。基于综合治理网格平台，闽侯县整合现有的网格、网格事件和网格员，运用“多网合一”模式构建县级网格化平台，目前正处于试运行阶段。

四是逐步实现基础设施的整合。稳步发展充电基础设施，是保证和改善人民生活水平的关键。闽侯县坚持“以人为本”的原则，大力推进“公共充电桩”的建设，解决了居民的“充电困难”。目前，共有 4167 个公用充电桩建成，总功率为 38629 千瓦。

（闽侯县加强基础设施建设，实现资源的整合。图为乡村公共充电桩建设。）

（三）取得成效

福州联通在与福州电信开展信息基础设施建设共建共享工作中，

① 中国警察网，福建深化乡村“雪亮工程”建设为乡村振兴保驾护航。

围绕“规范、建设、运维、优化”四个方面，通过创新流程、技术和管理创新，突破共建共享新方法，缩短工作流程，快速推进网络共享，解决双方网络痛点，提升网络效率，节省大量网络投资与运营成本的同时，还实现了经济效益及品牌效益的双丰收。福州联通与福州电信合作开展智慧 5G 数据共享运营，自 2020 年以来节约网络建设投资 3893.65 万元、运营成本 2273.79 万元，增加流量收入 3678.54 万元。

得益于智慧安防网络与网格互通建设，闽侯县乡村社会治理逐渐智慧化。闽侯锡地村在“无疫村居”创建工作基础上，创新数字化管理方式，通过与移动公司合作，在全村内实现了“平安乡村”的视频监控系统。锡地村进一步深入推进“小团队、细网格”的社会管理制度,把“小团队”和“细网格”的管理范围扩大到了全村 114 户 356 人。“数字 + 精细网格”的经营方式，既能保证精确的管理，又能让“人”在精细的网格中得到更多的应变性和人性化的关注。近几年，闽侯县持续加强“小团队、细网格”的社会治理机制，形成了上下联动的“一张网”，涌现出大湖乡新塘村“小团队、细网格”社会治理体系数字化平台等样本型案例。

[典型案例]

闽侯县锡地村:“平安乡村”监控中心建设，创建“无疫村居”

闽侯县洋里乡锡地村创新数字化管理，积极与移动公司合作，结合“无疫村居”创建，在全村安装视频探头联动设备，建立“平安乡村”监控中心，此举不仅可以智能识别来访人员的健康信息，还能以群众喜闻乐见的形式，宣传最新疫情防控政策和知识，推动疫情防控宣传进村居、进家庭，筑牢疫情防控“最后一公里”。

中国移动为了助力洋里乡“无疫村居”创建，在锡地村开发了移动基层综合治理平台。目前，该平台是福州市首个防疫平台，该平台可实现村务政务中的防疫登记和防疫溯源等功能。进村人员需扫描中国移动数字防疫二维码，登记好信息后，他们的信息会与“闽政通 App”同步传输到中国移动后台，就能实时查看进村人员的健康信息，追溯他们来源所在地。

在锡地村“平安乡村”监控中心（见下图），移动基层综合治理平台登记了锡地村全村人口的大致信息，在有重要信息需要发布时，可通过智能语音批量操作，可准确及时地传送到村民手机上。

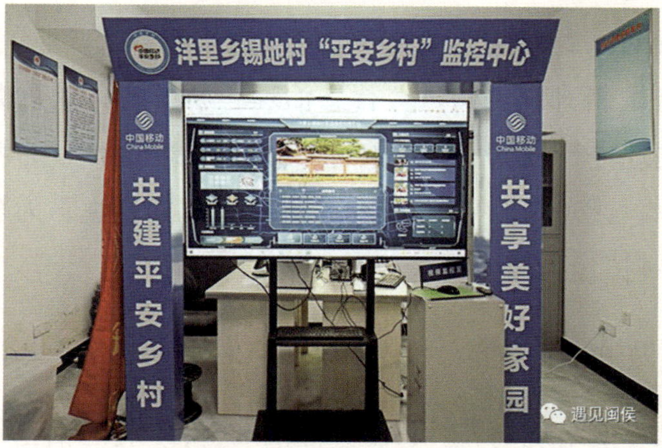

（闽侯县洋里乡锡地村数字化管理乡村，创建“无疫村居”。图为锡地村“平安乡村”监控中心。）

通过数字赋能的方式，锡地村较好地实现了技防与人防的统一，不但为基层工作者减负、减压，更筑牢了坚实的防疫屏障，保障了群众的生命财产安全。

（资料来源：《数字赋能，创建“无疫村居”》，闽侯新闻网。）

三、案例三：江苏连云港模式

（一）背景

东海县地处江苏省东北部，属连云港市，是江苏省“沿海经济带、江淮生态经济区、淮海经济区”三大战略叠加区，闻名中外的“水晶之都”，产业特色明显，是连云港市唯一列入全国智慧城市示范点的地区。作为国家数字乡村试点县，东海县近年来因地制宜，按照“规划引领、示范带动、要素保障、共建共享”工作思路，树立“整合巩固、拓展创新”工作导向，重点围绕集聚数字资源、联通数字网络、应用数字场景，强化顶层设计、系统集成，形成了一个数字平台整合运行。目前已经建成智慧政务、智慧城管、智慧农业、智慧住建、基层基础治理创新等智慧平台 28 个。与此同时，继续完善“数字产业”新基建，推动“信息服务”新升级，构建“智慧治理”新模式，让数据流通更加有效，更方便地进行数据“物理整合”和“化学融合”，为乡村振兴提供数字化支撑，让东海的“智”享未来，“智”向新生，为东海打造了一幅“智慧乡村”的美丽画卷。

（二）主要做法

一是推动城乡网络规划、建设、服务标准的整合。将通信基站、管道、杆线、机房等全面纳入数字乡村规划，并启动了“美丽乡村”通信杆线整治和入地项目，并与农房改造方案相结合，开展了有线电视网络建设。目前，东海县正在加快信息网络改造升级，全县 346 个行政村实现光缆村村通。

二是科学规划 5G 网络空间布局。强化交通运输、物流等基础设施的建设，实施“交邮共建”工程。建设农村物流服务站，打通物流快递服务的“最先和最后一公里”，构建县、乡、村三级农村物流网络体系，快递网点行政村覆盖率均已达100%，实现物流快递业务“村村通”。农业物联网、电商中心、电商基地等一批数字基建全部建成并投入使用。

（东海县推动城乡资源的整合，科学布局5G网络空间。图为电商产业园建设。）

三是建设“智慧广电乡村”。在省级层面上，构建江苏“智慧广电乡村工程”云平台，整合党建、村务公开、农业生产信息、在线医疗等服务，提供满足多种融合应用的公共能力与服务支撑，统一接口规范和信息调度，实现平台间各类业务的开放接入和信息资源调度。在县级层面，建立东海县“智慧广电乡村工程”子平台，以省级“云”平台为核心，挖掘“一县一品、一村一特色”的地方文化资源，开通“乡村频道”。

（东海县搭建“智慧广电乡村工程”子平台，开通“乡村频道”，满足村民的需求。图为智慧广电乡村建设。）

四是构建“物联网＋农业”智慧平台。东海县正逐步建立“覆盖全县、统筹利用、统一接入、数据共享”的新模式，形成“应用全打通、业务全融合、资源全调度”的农业农村大数据平台。截至 2022 年 4 月，共有 3799 个农产品质量追溯管理平台主体入网，2 个耕地质量监测点建成，1807 台农机智能监测设备安装，2 个大型生猪养殖场环境智能控制示范点形成，落实物联网应用示范点 10 个。还结合数字农业项目实施，建设了 14 个农业物联网平台、县域指挥中心及物联网应用示范点。

（东海县建立“覆盖全县、统筹利用、统一接入、数据共享”的新模式，形成“物联网＋农业”智慧平台。图为智慧农业信息服务平台建设。）

（三）取得成效

数字乡村信息基础设施资源整合建设保障了农村的数字化发展，极大地激发了农村的创新活力。东海县 10 年前，地区生产总值仅有 277 亿元，现在，东海县正大力发展“水晶 + 跨境电商直播”“鲜花 + 智慧农业”等新业态新模式，2021 年该县仅电商网络零售额就突破了 280 亿元，并带动了百万当地人就业。

[典型案例]

东海县智慧农业升级：智能水肥一体化打造智慧农业新样板

在东海都市四季果园一栋栋连体大棚里，数字科技的力量无处不在。果园采用了智能监控系统管理，按照每个温室 15 亩来计算，传统农业需要配备 6 个管理人员，使用智能水肥一体化技术后，只需要一个人管理即可，通过现场或手机控制，根据作物不同的生长时期，定时定量地浇灌施肥，可使肥料的利用率提高 20% 左右，增产效果明显。智能监控系统能够根据视频与信息节点数据采集情况，通过智能水肥一体化技术适时适量地向农作物根系供水供肥，调节棵间的温度和湿度，在昼夜温差变化时覆盖地膜。采用微喷灌供水，利用滴灌随水滴滴到作物根系土壤中，使肥料利用率大大提高。目前四季果园里种植的葡萄、柑橘、草莓及大樱桃等果品全部实现智能水肥一体化、智能监控系统管理，东海县农业智能监控系统如下图所示。

（东海县果园引进智能监控管理系统，实现了智能水肥一体化。图为东海县农业智能监控系统。）

依托农业物联网信息中心，实时掌握农作物生长情况并对农户远程指导，是东海县打造“智慧农业”的成果之一。作为全国农业经济百强县，东海县坚持做优“农”字大文章，建成中国农科院东海农业综合试验站，先后引进水稻、花卉、番茄、草莓等新品种30余个；推广名特花卉组培、精准灌溉、二氧化碳施肥等新技术5项；在桃林镇和山左口镇建立3个蔬菜新品种智能高效技术集成示范点。创建东海县省级农业高新技术产业示范区，涵盖智慧农业展示示范核心区、植物工厂生产示范区、现代农业技术集成试验区等区域。其中，在中化集团智慧农业基地示范应用MAP智慧农业系统。

2021年，东海县绿色优质产品比重提升至75%，新增绿色食品32个，获批江苏现代农业产业技术示范基地2个，东海现代农业产业园入选全国农村创业园区。

（资料来源：《江苏东海给农业插上“数字化”翅膀》，人民网。）

第三节 资源整合的实现路径

数字乡村信息基础设施资源整合的实现路径是在准确识别乡村资源的来源的基础上，然后将内部开发和外部引进的资源连接起来，实现资源重构与组合的过程。其路径思路是识别出所需资源的来源，如果资源属于乡村内部资源，则需要乡村社会采取内部开发的方式，如果资源属于乡村外部资源，则需要在企业、政府的帮助和扶持下从外部引进资源。然后通过内外部资源的合作连接，实现乡村资源的整合。伴随着网络化、信息化、数字化时代的到来，大数据、云计算、人工智能等各种新兴技术逐渐嵌入到人们的日常生活中，不断丰富了人们的信息获取与资源利用的方式。然而由于我国城乡发展不均衡，一些偏远地区的乡村大部分信息基础设施建设资源并没有得到有效的识别与开发，从而给数字乡村信息基础设施建设的推进造成一定的阻碍。数字乡村信息基础设施建设资源整合的过程中，弄清资源来自何处是关键，是实现资源和资源整合主体完美对接的物质基础，是推进数字乡村信息基础设施建设的重要前提[①]。因此，如何将“绿水青山”转化为能给老百姓们带来美好生活的“金山银山”是目前亟须解决的重要问题。

一、资源的来源

在党的十九大报告中提出的乡村振兴战略中，明确提出乡村是具有自然、社会、经济特征的地域综合体，对乡村多种类型资源的深度整合是对“三农问题（农业、农村、农民）”做出的重大决策部署，是顺应亿万农民对美好生活的向往，是符合党和国家坚持以人民利益为中心的科学发展管理，巩固和拓展脱贫攻坚成果、全面推进乡村振兴、

① 秦晶：《乡村振兴进程中资源整合的现实困境与实现路径》，载《云南行政学院学报》，2019 年第 6 期。

加快农业农村现代化、信息化的重要基础。2008 年中央一号文件明确提出："整合资源，共建平台，健全农村信息服务体系"，2019 年出台的《数字乡村战略发展纲要》以及 2022 发布《中共中央 国务院关于做好 2022 年全面推进乡村振兴重点工作的意见》，这些对我国乡村的规划政策都说明了对数字乡村信息基础设施建设资源整合的推进过程。相对而言，资源整合是一个内外联动的过程，外部的资金、人才、技术等方面在寻求恰当的机遇与应用，而乡村内部的资源则恰好需要整合与开发，因此通过具体识别资源的来源与特征，将外部资源引入内部资源并将其整合于一体，是推进数字乡村信息基础设施建设的重要基础。

（一）乡村资源来源的含义

乡村资源的来源顾名思义即表示乡村本身用于发展、建设等丰富乡村精神或物质方面的一系列行动资源的来源。所以，数字乡村信息基础设施建设资源的来源可理解为用于推进数字乡村信息基础设施建设所需资源都可以来源于何处，其具体包括人力资源、物力资源与财力资源。人力资源是社会资源的其中之一，乡村作为我国重要组成部分，弄清用于推进数字乡村信息基础设施建设资源的人力资源来源于何处，是推进数字乡村信息基础设施建设，实现乡村振兴非常重要的因素；物力资源表示推进数字乡村信息基础设施建设所需的房屋、土地等，物力资源是设置各种数字化基础设施和用于建设各种数字基础设施的基础；财力资源即表示各个方面对数字乡村基础设施建设资源的资金投入情况，是推进数字乡村基础设施建设的重要支撑。

（二）乡村内部资源的来源

实现数字乡村信息基础设施资源的整合，需要准确认识到乡村内部资源的来源。对于乡村这一具体的场域来说，要顺利推进数字乡村信息基础设施资源整合工作，识别乡村内部具体拥有多少人力资源、物力资源、财力资源是进行下一步资源整合规划的基础。各乡村地区应根据本身发展现状，对所拥有的人力、物力、财力进行一定的统计评估。人力资源方面，如今农村的“空巢化”是人力资源整合的困境所在，但经过各界的考察研究发现乡村存在一些潜在的留守人员（如退休干部、老党员、务工归来人员），各村组织应利用好这部分人力资源，集中对该类人群进行信息基础设施资源整合工作宣传，以此类人群作为其中的传播媒介对乡村进行普及教育。物力资源方面，土地资源为重要资源之一，由于乡村大量人员向城市流动，乡村宅地大量空置，可通过村部门协调将此地区进行协调规划，以利于信息基础设施建设用地的综合使用。财力资源方面，各村内部通过积极争取各类项目资金破解资金缺口困难问题，以全方位推进数字乡村信息基础设施建设工作。

（三）乡村外部资源的来源

依托乡村内部资源的来源识别而得来的有生动力无法全面满足数字乡村信息基础设施资源的全面整合工作，用于支持数字乡村基础设施建设的资源离不开被动的政府及企业的外在帮扶和乡村主动的适应及融入[①]。乡村内部的重复节点较高，而外部资源的融入可在一定程度上推动数字乡村信息基础设施共建共享方式的形成，以共建共享理念推进数字乡村信息基础设施建设是减少重复建设、节约资源成本、提高利用效率的有效手段，对加快信息基础设施建设速度、优化信息基础设施建设质量、提升信息技术融合起到非常积极的促进作用，目前

[①] 郭珍、刘法威:《内部资源整合、外部注意力竞争与乡村振兴》，载《吉首大学学报（社会科学版）》，2018年第5期。

共建共享理念已被我国各个领域建设采用[1]。

二、资源整合的主体

在实现数字乡村信息基础设施建设资源整合的过程中，资源整合的主体发挥着重要的作用，资源整合主体主要是指政府、企业和社会等。政府在其中发挥着关键性的主导作用，具有较强的驱动力，主要承担资源收集者的角色，通过实现内部资源和外部资源融合的方式实现数字乡村信息基础设施建设资源的有效整合。企业是资源整合过程中的主要力量，将资金、技术、信息资源投入到乡村市场，实现企业和地方的利益互换。社会作为辅助力量，对数字乡村信息基础设施建设资源进行识别和评估，是资源整合的主体之一。政府、企业和社会在数字乡村信息基础设施建设资源整合的过程中承担着资源配置、资源协调、资源收集、资源识别和评估、资源开发和资源利用等的角色，相辅相成，共同构成资源整合主体。

（一）政府

政府在信息基础设施建设资源整合的过程中承担着资源配置和协调的角色，政府作为乡村治理的领导者和管理者，在整合资源的过程中具有优势地位，因此，政府作为数字乡村信息基础设施建设资源整合的主体之一，应该为实现数字乡村提供坚实基础和有力支撑。政府对于信息基础设施资源的整合不仅包括内部资源的整合，也包括外部资源的整合。关于内部资源的整合，首先通过颁布政策，对乡村内部和其他主体提出刚性要求，推动乡村内部的资源整合工作的进行；其次通过对内部村民的宣传，充分调动村民的积极性，发挥内生动力，

[1] 张志勇：《信息基础设施共建共享与智慧城市的发展》，载《前进论坛》，2013 年第 12 期。

使得乡村内部资源得以有效管理和控制。关于外部资源的整合，借助政府力量与外部社会建立联系。一是以乡政府的名义申请工程建设项目，项目的所有权归乡政府所有，实施单位均由乡政府委托，通过外包或者总包的方式建设和运行项目，这是借助企业力量实现乡村资源整合的形式；二是借助社会资本的力量组建项目公司，由政府出资向项目公司购买相关服务，政府通过委托该项目公司实现项目运营，项目的所有运营建设由该项目公司负责。政府关于外部资源整合的两种方式都需要借助外部力量实现，在一定程度上体现了乡村资源整合能力的不足，这也是当前新基建出现的原因之一，乡村新基建的出现可以改变外部资源整合的模式。政府作为整合主体，更多涉及内部力量和外部力量的调和，以及内部资源和外部资源的有效融合，政府在实际的乡村信息基础设施建设资源整合过程中，发挥的是资源配置和分配的主体作用。

（二）企业

随着政府数字乡村战略和乡村振兴战略的实施，乡村地区成为企业发展的新蓝海，许多政企合作的项目逐渐浮现。企业在政策的扶持和引导下，将许多业务建立在乡村信息基础设施建设资源上，如网络通信企业通过与当地乡政府的沟通和协商，在乡村地区建设信息基础设施，进而展开自己的业务。企业在这其中充当着信息基础设施建设资源的开发者、利用者和整合者，企业同时也是乡村地区信息基础设施建设资源整合的主体之一，正是企业的发展，推动了乡村地区信息基础设施的建设和信息基础设施建设资源的整合。企业的资源整合能力是决定企业资源使用效率和效能的关键性因素，影响着企业的竞争优势[①]，信息基础设施建设资源作为企业资源中的基础性资源，企业同

① 饶扬德:《企业资源整合过程与能力分析》，载《工业技术经济》，2006 年第 9 期。

时也应注重乡村地区的信息基础设施建设资源的整合。企业对于乡村信息基础设施建设资源的整合，可以体现在智慧农业生产和智慧旅游等项目建设上，乡村地区的农业生产从原来的传统模式到现在的智能化，都是整合农业信息基础设施资源的结果。还有乡村地区的旅游业，智慧旅游通过对信息基础设施资源的整合，为游客提供的适需对路的旅游项目和服务。企业为乡村地区开发出适合农村发展的项目，是建立在整合乡村信息基础设施建设资源的基础之上的，资源整合工作的顺利进行，有利于乡村地区朝着信息化、智能化方向发展，及早实现乡村振兴。

（三）社会

在信息基础设施建设资源的整合进程中，社会承担着资源获取者的角色，同时也是乡村资源整合的主体之一[①]。社会是整合乡村信息基础设施建设资源的辅助力量，起着识别和评估乡村信息基础设施建设资源的作用。社会是乡村信息基础设施建设资源的判断依据，也是资源整合工作合理性的评估标准，因此社会是整合乡村信息基础设施建设资源的主体之一。乡村信息基础设施建设资源的整合工作依靠乡村社会群众，只有充分调动社会的力量，才能实现乡村的资源整合，实现乡村振兴。

数字乡村建设发展离不开政府、企业、社会的协同推进，为此各地政府、企业、社会要集聚发展资源，构筑多元共建新格局，促进数字乡村信息基础设施建设资源的整合。

① 秦晶:《乡村振兴进程中资源整合的现实困境与实现路径》，载《云南行政学院学报》，2019 年第 6 期。

三、资源整合的流程

整合数字乡村信息基础设施建设资源主要以宣传教育、组织实施、规范标准、确保统一四个步骤实施。宣传教育对数字乡村信息基础设施建设的各个好处、优点、意义等进行系统阐述，为下一步整合工作做好思想基础。进行组织实施是整合各种资源，确保信息基础设施建设科学、方式灵活。规范标准是根据国家标准的指导下，结合本地需要，制定有地方特色的资源需求标准。确保统一是保证资源整合结果具有全面性，减少孤立的、利用不充分的乡村资源，具体流程如图 3-1 所示。

（一）宣传教育

宣传教育方面。第一，要做好意义宣传。时刻围绕整合数字乡村信息基础设施建设资源“为什么要整合、整合成什么样、如何整合、整合带来的好处”等优点，结合当地的实际需求并明确未来发展方向，来编制本地区整合数字乡村信息基础设施建设资源的宣传方案。意义宣传中，从一开始就要为数字乡村建设打好良好的基础、组织当地乡村干部快速布置宣传工作，从而确保未来的数字乡村信息基础设施建设计划顺利地落实。第二，要做好宣传衔接。随着数字化时代的到来，数字化应用的升级和扩展将会频繁发生，所以在意义宣传中，也要为未来智慧化发展、国土空间规划、信息通信规划等留有衔接空间，从而确保在未来与综合类信息化基础设施建设中完美融合，使整合数字乡村信息基础设施建设资源成为融合新事物的可兼容版本。第三，要突出技术融合宣传。技术融合宣传应围绕共建共享理念，系统讲解技术协同、数据共享的时代意义，融合各个信息基础设施建设所需要的技术的优点，以进一步推动整合数字乡村信息基础设施建设资源的下一步计划。

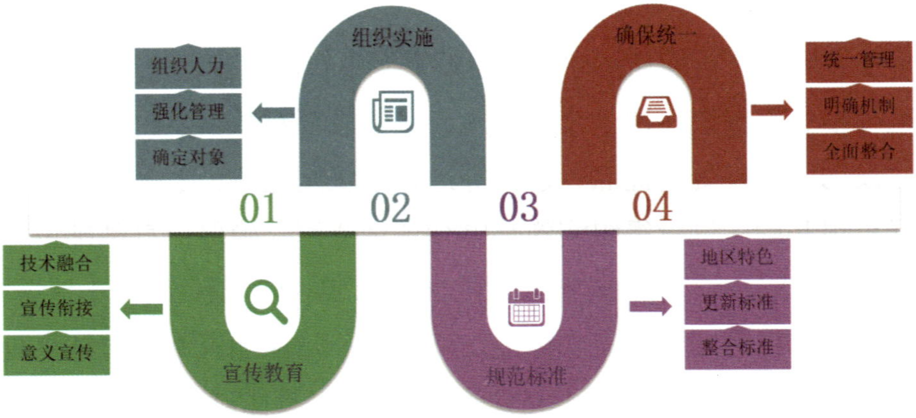

图 3-1　整合数字乡村信息基础设施建设资源实施流程

（二）组织实施

组织实施方面。第一，要确定整合数字乡村信息基础设施建设资源试点地区。各地区部门应以具有代表性特点的地区作为考察对象，以一次调研、二次调研收集并确定试点资料，然后进行资料整理，并对其进行评价分析，最后确定建设试点对象。第二，要强化数字乡村信息基础设施资源管理工作。相关组织应按要求完善数字乡村建设资源整合工作开始到结束的全环节闭环管理机制，明确各环节工作要求和标准。各数字乡村资源整合管理小组应对数字乡村组织实施各步骤的申请、考察、评估与监督等过程实施透明化管理，实现整合实施的全程可查询、可监控、可追溯。对于资源整合管理理念，各部门要时刻围绕共建共享理念，减少重复建设，节约资源成本，秉承创新理念，持续推进数字乡村信息基础设施建设。第三，要组织必要的人力、物力及财力等建设资源，贯彻落实数字乡村信息基础设施建设资源整合计划。各部门要统筹好各行业人才资源，按照设计规划做好人力、物力、财力等建设资源的准备工作。

（三）规范标准

规范标准方面。第一，要从各个层面完善整合数字乡村信息基础设施建设资源的标准，以解决标准化缺失问题。各地区部门应在充分了解国家标准的前提下，仔细梳理现有标准，对以往标准查漏补缺，及时对与发展环境滞后的标准进行更新修订，为整合数字乡村信息基础设施建设资源提供清晰的标准指导。第二，地区技术标准要有地区特色性。各省、市、县可结合本地发展环境、地区特点，在国家标准的指引下，制定符合当地发展情况的信息基础设施建设资源整合标准并加强农业专业技术知识产权保护工作。

（四）确保统一

确保统一方面。第一，要注意加强对关键数字乡村信息基础设施资源的全面整合。资源统一是资源整合的最终目的，是保障数字乡村信息基础设施建设稳定持续推进的前提，相关部门应落实等级保护制度，明确数字乡村信息基础设施建设重要的资源，并对关键数字乡村信息基础设施资源进行周期性的安全维护。第二，明确管理机制。数字乡村信息基础设施建设资源的管理机制，应严格按照各地区特点进行统一管理，对相关特殊的资源做出明确的标识，相关资源利用后，应严禁不相关人员私自伤害、损毁、贩卖属于公共性质的信息基础设施建设资源。

第四章
健全数字乡村信息基础设施建设安全标准

数字乡村信息基础设施建设正如火如荼地进行，乡村信息基础设施的安全问题渐渐显露，为解决建设过程中出现的网络、关键信息基础设施、信息系统等安全问题，需要在原有安全标准的基础上，健全和完善数字乡村信息基础设施建设的安全标准，为数字乡村建设奠定坚实基础。本章从数字乡村信息基础设施建设安全标准的主要内容入手，阐述了健全数字乡村信息基础设施建设安全标准的重要意义以及最终目的。在掌握当前数字乡村信息基础设施建设安全标准的前提下，为健全安全标准做准备工作，确定健全的原则和目标，将健全过程落实到 4 个具体的步骤，并总结实施过程中的关键要点。最后从网络基础设施安全标准、智慧基础设施安全标准和信息服务基础设施安全标准 3 个方面分析健全数字乡村信息基础设施建设安全标准对乡村振兴的助力作用，为健全数字乡村信息基础设施建设安全标准提供服务与参考，为建设数字乡村服务。

第一节 数字乡村信息基础设施建设安全标准的总体情况

数字乡村信息基础设施建设安全标准的制定能够为数字乡村的建设打下坚实基础，当前安全标准的建设处于初级阶段。本节从安全标准的主要内容、重要意义和目的归宿3个方面了解当前的情况。主要内容是由国家信息安全标准和相关法律条例构成，结合乡村实际情况作出概述，包括关键信息基础设施安全标准、网络安全标准、信息系统安全标准和技术保障安全标准等。数字乡村信息基础设施安全标准的建设对保护公共利益和公民权益、消除城乡差距、促进国家经济发展和维护国家网络空间主权具有重要意义。健全数字乡村信息基础设施建设安全标准是为了完善安全标准体系，最终目的是促进生态保护、乡村治理和城乡发展科学化，进而使得数字乡村科学化发展，为数字乡村发展保驾护航。

一、安全标准的主要内容

农村信息基础设施是数字乡村建设的重要物质基础，它包括农村的网络和信息服务，农村农业生产、能源、交通、村务管理等传统基础设施的数字化改造，必须加大农村信息基础设施建设的安全保护力度，推进信息基础设施标准体系建设，提高数字乡村信息基础设施建设的安全标准。农村数字化信息基础设施安全标准的制定，是建立在国家整体安全观、国家信息安全政策、法规、技术保障与支持等基础上，建立健全农村信息化体系的安全标准。

（一）关键信息基础设施安全控制标准

随着信息化水平的提高，关键信息基础设施安全控制成为信息基础设施建设的重中之重，构建关键信息基础设施保护体系成为世界各国信息化发展的必要选择，也是顺应全球安全保护整体态势的表现。虽然我国关键信息基础设施保护工作时间跨度较短，但是保护体系逐渐得到完善和健全。关键信息基础设施是指在公共通信、信息服务和电子政务等重要领域，遭到破坏以致丧失功能或者数据泄露，产生严重危害国家安全和公共利益后果的相关信息设施，关键信息基础设施在政治和社会生活中的重要性不言而喻。在国际形势日益严峻的情况下，各国都加强了关键信息基础设施的安全标准建设工作，我国一直以来高度重视信息基础设施的安全保障问题。与此同时，随着国家大力推进乡村信息化建设，乡村信息化建设日益受到重视，乡村关键信息基础设施安全建设工作也提上日程，关键信息基础设施受到破坏时的危害，如下图所示。

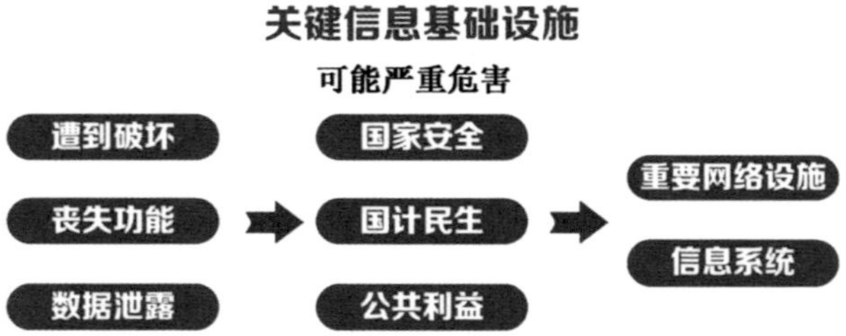

（关键信息基础设施受到破坏，造成功能损害、数据泄露，可能会危害民众的公共利益，威胁国计民生，从而对国家安全造成不可挽回的损失。图为关键信息基础设施受到破坏时的危害。）

2017 年《网络安全法》的发布标志着此项工作提升至政法层面，许多标准政策逐渐试行出台，大致可以分为基础标准、基线标准、判别标准、实施类标准和测评类标准等。其中，《关键信息基础设施网络安全框架》属于基础性标准，《关键信息基础设施网络安全保护基本要求》属于基线标准，从运营者的角度给出了相关定义，并在风险识别、资产识别和人员制度等方面提出了目标要求；测评类标准主要是判断信息基础设施安全性能的依据，根据测评类指标对乡村的关键信息基础设施进行监测和评估。《关键信息基础设施安全保障指标体系》辅助工作人员开展关键信息基础设施安全保障工作，对安全保障状况进行具体评价[①]。《关键信息基础设施安全防护能力评价方法》从运营机构和服务机构两个方面进行原有等级的测评，根据防护能力评估方法进行重新调整，是运营机构和服务机构进行自我评估的依据。《关键信息基础设施安全检查与评估指南》从指标构建、评估方法等不同角度衡量安全防护能力，同时从检查的角度提出治理漏洞应采取的方法和技术手段；《关键信息基础设施边界确定方法》属于判别标准，通过此方法确定关键信息基础设施的边界，识别关键信息基础设施，是加强关键信息基础设施安全保护的第一步，也是至关重要的一步，对于相关保护部门和运营者具有重要意义。《关键信息基础设施安全控制措施》构成该体系的实施类标准，规定了责任主体在运营过程中的风险识别措施和应急处理措施，同时实现网络安全责任制，保护数据安全。这些标准的提出为我国信息关键基础设施安全防护工作提供了全方位和系统化的标准化指导，为《关键信息基础设施安全保护条例》的实施奠定了良好的制度基础。

《关键信息基础设施安全保护条例》于2021年9月正式实施，以确保重要的信息基础设施的安全性和增强安全防护能力。本法规重点阐述了信息基础设施的概念界定、治理机制、监管和运营方的责任，强调信息基础设施的安全需要与信息化发展并重，要求各类主体准确把握关键信息基础设施安全保护的关键原则，同时注重安全保护的人才培养工作。该条例的公布实施对我国乡村的信息基础设施建设有着

① 王法中、王庆升、陈慧勤、于秀彦：《我国关键信息基础设施安全保护标准化现状综述》，载《中国标准化》，2019年第6期。

重要的指导作用和启示作用，目前我国正处于农村农业传统基建向新基建改造升级的过渡时期，需要确定相关安全标准对数字乡村的信息基础设施进行标准化建设。

（二）网络安全标准

网络基础设施作为信息基础设施的重要组成部分，在构建数字乡村的过程中发挥着关键作用。近年来，随着我国网络基础设施的全面建成，网络安全问题频发，亟须实现网络安全标准化。在 2016 年，政府部门发布了《关于加强国家网络安全标准化工作的若干意见》，意见指出，可以通过完善各级通用标准和制定重点急需标准加强标准体系建设，因此，乡村网络安全可以通过制定重点标准和完善各级通用标准来构建数字乡村网络安全标准体系。

《中华人民共和国网络安全法》（以下简称《安全法》）于 2017 年正式施行，作为中国保障网络安全的根本大法，对于维护国家网络主权具有重要意义。《安全法》从国家、用户、关键信息基础设施和网络运营者、网络产品和服务提供者、公安部门和国家网信部门等角度规定了相关责任与义务，并且建立了检测预警与应急处置机制，从网络安全问题发生之前的防护到发生之后的应急处理，较为全面地涵盖了网络安全事项，且具有通用性，属于通用性标准。同样地，《安全法》和《国家网络空间安全战略》都明确将个人信息保护融合至法律条款中，该战略提出针对网络空间的重点专项标准，根据目前国内网络安全面临的机遇与挑战，提出要建设和平、安全、开放、合作和有序的发展目标，遵从四项原则和实施九项重要战略任务，该战略的提出为我国网络安全的发展指明了方向，同时也加强了网络安全防护能力。从通用标准和重点标准的角度出发，兼顾各级通用标准发展和重点领域标准研制有利于完善数字乡村信息基础设施建设安全标准体系。在《安全法》运行的主框架下，开展重点专项标准制定工作，如《信息安全技术网络安全等级保护基本要求》由 1.0 版向 2.0 版进行了更新和调整，等级保护制度 2.0 在原来的基础上新增了云计算、移动互联网、物联网和工业控制系统等重点领域的安全标准，形成了“通用标准 + 重点领域标准”双重防护安全标准体系。随着制度体系的升级，等级制度的保护对象也扩展到物联网、工业控制系统、智慧技术和网络基础设施等，在等级保护制度 2.0 中，专门针对安全环境提出了安全通用要求，从安全物理环境、通信网络、管理制度、区域边界、建设管理和安全运维管理等几个方面共同对通用标准和重点领域标准提出新要求，为乡村网络基础设施安全保护标准体系的健全提供了参考。

此外，《网络安全审查办法》是 2020 年由国家互联网信息办公室、国家发展改革委等十三个部门联合制定的网络安全审查指南。该办法是国家针对关键信息基础设施运营商、网络平台运营商维护网络安全提出的具体措施。网络安全审查是对各责任主体遵循维护网络安全原则的具体落实，规范了网络平台运营者申请国外上市网络审查的具体操作，在一定程度上保护了国内网络平台上的个人信息，降低了网络安全风险和威胁，同时也提高了国内用户对网络安全、数据安全的重视程度。因此，在数字乡村信息基础设施的建设过程中，也应将网络信息基础设施安全、网络空间安全、网络数据安全和网络审查纳入网络安全标准体系。

（三）信息系统安全标准

信息系统是指能实现信息输入、输出、控制和存储功能的计算机相关硬件和通信设施，是乡村信息基础设施较为重要的一部分。信息系统能够实现重要信息的处理，是重要数据的物理载体，保护计算机信息系统安全就是维护国家和个人信息安全，建立信息系统安全保护机制对保障公民个人信息安全和保护国家机密信息具有重要意义，同时有利于计算机应用技术的发展。

早在 1994 年，国家为了保护计算机信息系统的安全，颁布了《中华人民共和国计算机信息系统安全保护条例》，并于 2011 年进行修订，对信息系统的概念、实施对象、特殊部门的工作安排进行了大致规定，提出实施信息系统安全等级保护制度的要求，其中针对公安部门履行监督职责提出有关信息系统的安全保护工作的安排，对于违反本条例的组织和个人做出处罚规定，违反本条例的个人和组织具有法律责任。该条例对信息系统安全保护工作提出了新的要求，并从公安部门角度出发，对信息系统相关责任者规定法律责任，足以证明国家对于计算机信息系统安全的重视程度。在信息系统安全相关标准中，《计算机信息系统安全保护等级划分准则》是一项通用于不同类型信息系统的标准，将信息系统的安全保护能力根据量化指标划分为五个等级，分别为访问验证保护级、结构化保护级、安全标记保护级、系统审计保护级和用户自主保护级，根据 5 个不同的等级从自主访问控制、身份鉴别和数据的完整性等准则层面的概念进行具体划分，该划分标准的出现填补了当时信息系统安全能力划分依据的空白。在此基础上，国内出现了许多关于信息系统的安全标准，但大部分都是基于等级划分制度进行制定。如《信息系统安全管理要求》，依据信息系统安全保护等级的评定结果对相应的信息系统提出具体的管理要求，对涉及的人员、机构、文件资料进行了规定，同时对于信息系统也制定了相应的安全管理策略。随着等级制度的深入，围绕安全等级保护出现了一系列的试行标准，如《信息系统安全等级保护基本要求》，是对信息系统安全的初步要求，也是基本准则。信息系统安全能力测评是信息系统安全管理的核心环节，信息系统测评需要对各个等级的信息系统进行技术测评和管理测评，《信息系统安全等级保护测评准则》和《信息系统安全等级保护测评要求》在信息系统测评的层面和方法上都在不断探索和尝试，除了分等级进行测评之外，还从整体层面对整个信息系统的安全能力进行测评。

政法部门的相关工作与计算机信息系统安全有着紧密联系，危害计算机信息系统安全会导致严重的社会问题，甚至国家信息安全问题，为了打击此类行为，最高人民法院和最高人民检察院在 2011 年发出《关于办理危害计算机信息系统安全刑事案件应用法律若干问题的解释》文件，从法律层面制约非法破坏计算机信息系统安全的行为，其中，对破坏国家机关、医疗教育和能源交通等能够提供公共服务的计算机信息系统和应用程序，并造成社会恶劣影响的非法控制信息系统者，会被认定为破坏“后果特别严重”，因此，每个公民都应树立信息系统安全保护意识，重视计算机信息系统安全防护。在保护信息系统安全的同时，也应注重信息系统的安全运维问题。2019 年，我国正式实施《信息系统安全运维管理指南》(以下简称《指南》)。实现信息系统的安全运维，有利于防止破坏信息系统安全行为的发生，建立信息系统的安全保护机制。《指南》从信息系统安全运维策略、运维组织、运维规程和运维技术等方面阐述了运维工作的具体实施，为制定信息系统安全标准提供新方向和新思路。这些标准的出台对我国现阶段数字乡村信息基础设施安全建设和标准的开发具有深刻的指导意义，并为构建乡村信息系统安全标准体系提供参考。

(四)技术保障相关标准

在信息基础设施建设的过程中，会涉及信息安全保障的核心技术，包括加密技术、防火墙技术、无线通信技术等。信息安全技术的快速发展使得人们的学习、生活和工作更加高效便捷，但也带来了严重的信息安全问题。为了更好地解决频发的信息安全事件，政府对核心信息安全技术提出了更加标准化规范化的要求。

加密技术作为一种信息保护技术，具有保密安全性高、成本低、加密复杂、解密简单、计算快速等特点，且在国内电子政务和电子商务领域应用较为广泛。它的加密过程可以理解为：首先发送者使用加密算法对信息进行转化，形成无法理解的密文，接收者可以通过密钥解密密文，得到最终正确的信息。目前，我国密码算法技术发展迅速。2020年，国家市场监督管理总局和国家标准化管理委员会颁布了《信息安全技术 SM9标识密码算法》（以下简称《算法》），包括总则和算法两部分，该《算法》同时也得到了国际认可，在2021年10月，SM9算法成为中国密码技术首个全体纳入ISO标准的密码算法，我国加密技术逐渐走入国际视野。密码算法的快速发展促进了政府对密码应用相关标准的研制，信息系统对于密码技术的应用十分广泛，在密码技术的应用层面，《信息系统密码应用基本要求》对此提出了基本要求，能够较为全面地涵盖信息系统的密码技术和密码管理工作。《信息系统密码应用测评要求》对测评工作作出了有关规定，针对密码应用能力提出恰当的测评模型，并进行应用。两者均从密码应用的管理要求和技术要求出发，管理要求包括对密码管理制度、密码管理人员、密码的建设运行和对密码的应急处置等方面，技术要求包括信息系统的物理环境、通信网络和计算设备等方面的要求，对第一到第四级的密码应用能力进行规定，并进行具体评测。防火墙作为连接内部网络和外部网络的重要关节，对内部数据具有天然的保护作用，防火墙技术的发展也是信息基础设施安全建设的需要。防火墙技术的发展在国外早已经历了第一代防火墙到第五代防火墙技术，甚至第六、七代防火墙技术，但目前国内仅出台了《第二代防火墙安全技术要求》，该要求中的第二代防火墙技术在广泛意义上可以理解为下一代防火墙技术，对下一代防火墙的安全功能和环境适应性提出要求，增加应用层的控制功能，参考国际行业标准，增强防入侵、防信息泄露、防恶意代码等功能，形成了防火墙技术的新标准。作为防火墙安全技术的基础性安全标准,《防火墙安全技术要求和测试评价方法》经过反复修订，现行的标准是 2020 年版本，该标准规范了防火墙的分类、安全技术和评估方法，其中，安全技术要求是从防火墙的安全功能、防火墙的自身安全系数和安全保障要求展开，测评方法部分包括测评环境分析，安全功能、自身安全、性能和安全保障的测评，同时还对防火墙技术和测评方法进行基本级和增强级的划分，比较系统地呈现防火墙技术的各项标准。另外,还有无线局域网通信技术,主要参考 2017 年发布的《无线局域网接入系统安全技术要求》，本标准主要规定了与无线局域网接入系统安全相关的安全环境、安全功能要求和安全保障要求，以及能够解决相应威胁的策略和目标的制定。核心安全技术的安全标准制定对于信息基础设施建设具有基础保障性作用，安全技术标准化规范化有利于乡村信息基础设施建设的顺利开展。相关标准汇总如图 4-1 所示。

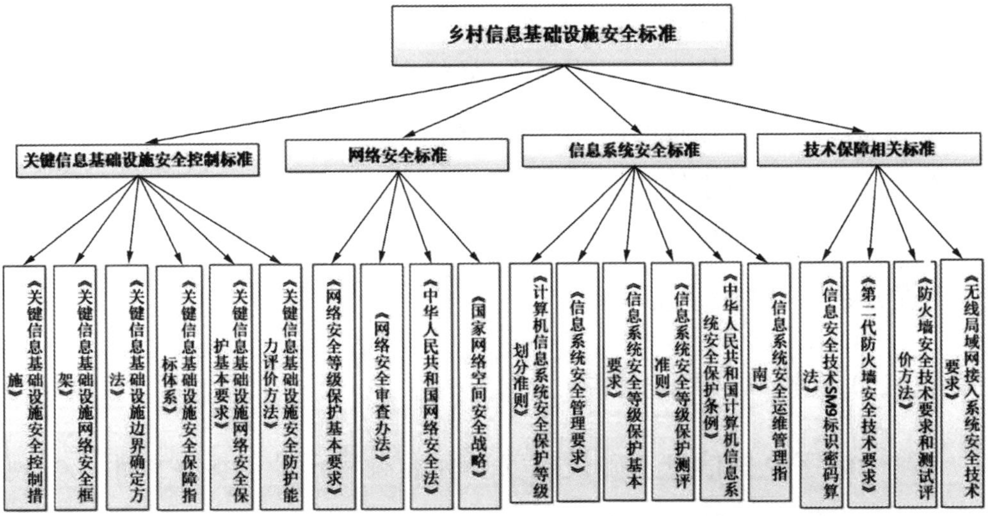

图 4-1 乡村信息基础设施安全标准

二、安全标准建设的现实意义

当前，我国数字乡村建设处于起步阶段，数字乡村信息基础设施建设也处于亟须完善的状态。乡村信息基础设施建设标准的建立是对信息基础设施整个建设周期作出的具体规定，乡村信息基础设施的安全标准建设不仅能保障关键信息基础设施的安全，对于维护公共利益和公民合法权益、消除城乡差距、保障经济社会健康发展和维护国内国际网络安全等具有重大意义。

（一）维护公民合法权益和公共利益

建设数字乡村信息基础设施安全标准有利于维护公共利益和公民的合法权益。乡村信息基础设施不仅仅是国家发展数字乡村的基础，更是造福人民的公共设施。对乡村的信息基础设施进行安全标准建设是在保障国家步入复兴之路的同时，为国家公共利益提供保护。加强对乡村信息基础设施的管理有利于企业承担更多的社会责任，保持社会和企业之间的利益平衡，从而维护国家的公共利益。再者，在发展数字乡村的过程中，也应当注意对公民合法权益的保护，如个人隐私权、财产权的保护等，信息基础设施作为当前主要的信息流通渠道，使得个人信息在网络上流通迅速，具有较高的曝光度，权益容易受到侵犯，安全标准的建设便于维护公民的合法权益。安全标准的建设正是为乡村信息基础设施建设发展和完善过程中避免“雷区”和扫清障碍做准备，从而提升数字乡村的发展效率。

（二）促进城乡融合发展

建设数字乡村信息基础设施安全标准有利于消除城乡差距，实现城乡融合发展。城乡差距问题由来已久，城市和乡村之间在经济发展、生活水平、受教育程度以及国家财政投入等方面都有着较大差距，其中公共设施的差距表现得最为明显。信息基础设施作为公共基础设施最主要的组成部分，也有着较为明显的差别。信息基础设施的落后会导致乡村的公共服务质量和效率大打折扣，乡村信息化水平远低于城市。当前，伴随着数字乡村建设的热潮，乡村信息基础设施应该进行全面升级改造，对各类信息基础设施作出具体规定，建设安全标准，朝着城市化方向发展，实现城乡之间的协同发展，构建城乡沟通桥梁，促进城乡融合发展，有利于缩小城乡之间的差距，统一城市和乡村信息基础设施的管理准则。

（三）维护国家网络空间主权和网络安全

建设数字乡村信息基础设施安全标准有利于维护国家网络空间主权和网络安全。国家网络空间主权是指国家能够独立自主地发展、监督和管理本国互联网事务，防止本国互联网受到外部入侵和攻击。信息基础设施建设是我国进行信息资源管理与维护国家网络主权至关重要的一环，乡村信息基础设施的建设是国家维护乡村网络空间主权的重要途径，能够有效防止外部的病毒攻击。数字乡村信息基础设施的安全标准建设，一方面巩固了我国原有的数字乡村信息基础设施，维护乡村网络空间主权；另一方面，它阻断了外部对于乡村信息基础设施的病毒入侵和攻击，保障了乡村网络的安全发展，同时也保障了关键信息资源与关键通信技术的安全，让数字乡村建设更加完善。

（四）促进国家经济健康发展

建设数字乡村信息基础设施安全标准有利于促进国家经济社会健康发展，调整经济布局。乡村信息基础设施的安全标准建设保障了国民经济社会的健康发展。农业经济作为国民经济中最基础的成分，是国家经济整体发展中不可缺失的一部分。乡村信息基础设施是发展数字乡村的根基，建设乡村信息基础设施的安全标准正是给数字乡村的发展提供一个可靠的“量尺”，将众多信息基础设施进行标准化管理，也为国家经济社会发展营造一个健康安全的环境。农业在国民经济发展中发挥着重要的作用，是社会发展的基础，对于当前农村空心化问题的出现，通过加强乡村信息基础设施的建设，调整农村经济布局，大力发展电子商务、产业扶贫等，可以吸引大量人才回乡创业，解决乡村空心化问题，促进农村经济健康发展。

三、安全标准的目的归宿

数字乡村是乡村振兴的战略方向，也是建设数字中国的重要内容。实施数字乡村战略应立足乡村信息化的实际情况，统计数据显示，2021 年全国县域农业农村信息化发展水平仅为 37.9%，其中，农业信息化发展水平仅为 22.5%，表明目前我国乡村信息化水平较低，基础设施建设存在短板，需要持续推进信息基础设施建设和加强传统基础设施升级改造。信息基础设施作为实现数字乡村建设的底层物质基础，有着重要的保障性作用，需要夯实发展基础。健全数字乡村信息基础设施建设安全标准就是完善数字乡村信息安全标准体系，能够积极推动乡村信息基础设施标准化建设，有利于数字乡村的规范化科学化发展。

完善乡村信息安全标准体系可以推动乡村信息基础设施建设标准化，提高安全性能，发展高质量信息产业。乡村信息安全标准体系的完善必须紧紧围绕着数字基础设施。陈科帆等从数字基础设施层、乡村大脑层和智慧应用层构建乡村标准规范及信息安全体系，同时认为应该建设包括数字基础设施标准、信息技术与支撑标准和运维标准等在内的数字乡村标准规范体系[1]。乡村信息安全标准体系目前还处于初级发展阶段，应基于国家安全信息标准，结合农业农村信息化发展现状和相关政策，提出构建框架。完善乡村信息安全标准体系既包括乡村信息基础设施主要内容的完善，又能促进乡村信息基础设施建设的标准化。乡村信息安全标准体系中的数字基础设施部分应该着重考虑到物联网系统中的前端感知设施，如传感器、遥感卫星、视频监控、射频识别设施等，还应考虑到网络通信，包括有线网、无线局域网和视联网等，此外，还包括云计算服务，云计算具有超大规模、高可靠性、虚拟化和泛在化的计算能力，能为乡村信息安全提供可靠的算力支持，这些设施共同组成乡村信息安全标准体系中的重要部分，为数字基础设施部分提供参考。完善乡村信息安全标准体系促进乡村信息基础设施建设标准化可以从以下几个方面理解。一是乡村信息安全标准体系保障了网络设施的安全建设，截至 2021 年 6 月，我国行政村光纤和 4G 的网络覆盖率比例超过 99%，网络普及率高，表明网络设施的分布范围也较为广泛，网络设施的安全问题逐渐得到重视，乡村信息安全标准体系对网络设施的安全物理环境、安全计算环境和安全区域边界作出了明确规定，有利于网络设施的安全运行，促进网络设施建设标准化。二是乡村信息安全标准体系提升了信息化服务平台的规范化水平，随着农民对农村信息化建设的需求日益迫切，信息服务平台逐渐成为村民办理业务的最佳选择，信息服务平台能够高效便捷地解决农民的信息化需求，因此，信息服务平台需要更加规范地建设和运行，乡村信息安全标准体系对信息服务平台提出相应要求，是符合农民群众需求的表现。三是乡村信息安全标准体系促进了传统基础设施的升级改造，以农村电力、农业生产、水利和能源等行业的基础设施为切入点，对传统基础设施进行数字化升级，发展智慧乡村。乡村信息安

[1] 陈科帆、谭宇:《数字乡村建设架构体系研究》，载《通信与信息技术》，2021 年第 6 期。

全标准体系对云计算、大数据和人工智能方面提出了新的技术要求和管理要求，要求将新一代信息技术与传统行业进行深度融合，提高传统行业基础设施信息化水平，充分实现信息产业融合，发展高质量信息产业。

推动乡村信息基础设施标准化建设促进数字乡村科学化发展，推进农业农村信息化发展进程。实施乡村信息基础设施标准化建设，能为数字乡村的科学化发展打下良好基础，为数字乡村建设提供基础保障，可以从以下几点进行理解。一是城乡发展科学化，乡村信息基础设施的标准化建设使得农村的信息化水平逐渐向城市靠拢，推进城市和农村“同网同速”，提高农村偏远地区网络接入质量和水平，将数字乡村战略深入贯彻到乡村地区，逐渐消除城市和农村的数字鸿沟，实现城乡一体化发展，促进数字乡村科学化发展。二是乡村治理科学化，标准化的信息基础设施能完善乡村治理体系，党的十九大指出“健全自治、法治、德治相结合的乡村治理体系”，为乡村治理的科学化发展提出了新要求。乡村治理科学化是利用信息化技术和手段不断加强乡村自治能力，通过标准化的基层服务、监督等工作手段，提供智能化和专业化的治理平台，实现科学化管理。先进的信息基础设施能够为乡村治理改进基层管理模式，改变群众参与乡村治理的方式，提高基层党建、基层办公、阳光村务和民主议事等的效率，促进村务决策科学化，实现数字乡村科学化。三是生态保护科学化，信息基础设施的标准化发展为实现智慧绿色乡村提供了有力支撑，农村生态环境保护信息化水平的提高使得农村生态环境得到了可持续发展，利用物联网和人工智能等技术手段对农村生活垃圾、污水排放和村容村貌等实施监测，建立预警机制，及时进行改善，提高了农村生态环境保护效率。利用遥感卫星技术等对农村生态脆弱区和敏感区实施检测预警和地质灾害监控预警，能及时发现生态危机，为生态保护提供技术保障和预警机制，有利于生态环境的科学化发展，促进数字乡村科学化发展。乡村信息基础设施标准化从城乡发展、乡村治理和生态保护的层面推动了数字乡村的科学化发展，数字乡村建设目前还处于积极探索阶段，应该遵从科学化的发展方向，努力完善数字乡村建设路线和基本原则。

第二节　数字乡村信息基础设施建设安全标准的健全路径

健全数字乡村信息基础设施建设安全标准对于数字乡村建设是一项必要措施，针对现有安全标准的总体情况，结合数字乡村建设的实际情况，采取安全标准健全措施。健全数字乡村信息基础设施建设安全标准需要确定基本原则、目标和特征，明晰健全安全标准的实施过程，还需要注意健全安全标准过程中的关键要点。

一、健全安全标准的重要基础

标准是数字乡村信息基础设施安全保障工作的重要依据，目前国内外都在积极推进标准化工作。而我国数字乡村信息基础设施的建设缺乏针对性、指导性的安全标准体系，无法适应新时代下的乡村网络环境。因此，需要健全数字乡村信息基础设施安全标准，为乡村信息基础设施安全的科学管理奠定基础。健全完善乡村信息基础设施安全标准是开展数字乡村信息基础设施安全保护的重要依据和有力抓手。通过健全的标准体系可以为我国数字乡村信息基础设施安全保护和管理工作实践提供决策支持和方法参考。

（一）基本原则

数字乡村信息基础设施安全标准主要用于明确数字乡村信息基础

设施安全保护的标准化需求、环节和范围，保障数字乡村信息基础设施建设的安全。数字乡村信息基础设施安全标准的健全应遵循以下 4 个基本原则：

第一，提高标准的可应用性和可操作性。标准的生命力在于使用，衡量一个标准的价值关键在于它是否得到广泛的使用，所以要从多层面、多维度加强对数字乡村信息基础设施安全标准的落实和宣传培训，以促进其在数字乡村信息基础设施建设中的推广落地和应用，进而推动数字乡村信息基础设施安全标准的试点示范。此外，在标准的健全过程中，应该组织行业主管部门、标准研究机构、第三方服务机构和运营者等单位共同参与，并选择数字农业生产经营、数字农业生产监管等数字乡村重要行业和领域开展乡村信息基础设施安全标准试点工作，边研究边编制，边编制边试用，边试用边改进，促进标准研制与行业实施紧密互动，全链条提升标准应用价值与实施效果。

第二，坚持问题和实践导向。在制定和完善乡村信息基础设施安全标准的过程中，应该先充分对数字乡村信息基础设施安全保护的工作实践进行调研，针对工作实践中的突出问题，将实践中证明成熟有效的做法上升细化为信息基础设施安全标准，为数字乡村信息基础设施的安全保护工作提供标准指导。

第三，健全数字乡村信息基础设施安全标准的实施和监督制度。数字乡村信息基础设施安全标准的实施和监督需要实行“一把手负责制”，一是要明确主要负责人对安全标准的实施和监督责任，主要负责人需履行标准的实施和监督职责。二是需要设置专门的数字乡村信息基础设施安全的管理机构，机构参与与乡村内的信息基础设施安全有关的决策，并且机构要定期对农村地区的信息基础设施进行安全检查和风险评价，对存在的问题进行整改，并根据需要上报安全管理机构。

第四，增强数字乡村信息基础设施安全标准的适用性。数字乡村信息基础设施的安全标准健全工作应充分结合数字乡村的行业和领域需求，以提高乡村信息基础设施运营者安全保护能力为目标，体现标准的针对性和适用性。此外，在标准制定过程中，应与乡村信息基础设施主管部门以及各信息基础设施运营者加强沟通，加快重点急需标准的研制和健全[①]。

（二）主要特征

第一，数字乡村信息基础设施安全标准的健全具有动态性。任何标准的建立和完善都是一个动态的过程，没有一成不变的标准。因此，数字乡村信息基础设施的安全标准应该要立足乡村社会的新发展阶段，不断适应新兴技术的发展趋势，而不断进行调整和完善，以支撑数字乡村信息基础设施的安全保护工作为目标，为全面构建数字乡村信息基础设施安全保障体系提供标准化支撑。标准没有最终成果，数字乡村信息基础设施的安全标准只会在含义和内容上不断深化和扩张，而这也恰好体现了标准在健全过程上的动态性特征。

第二，数字乡村信息基础设施安全标准化的效益来自对标准的落实应用。只有在数字乡村的实践工作中有效实施了其安全标准，才能看到标准执行后给乡村发展所带来的经济和社会效益。因此，在数字乡村信息基础设施安全标准的健全过程中，需要将安全标准应用到数字乡村信息基础设施的建设中，并根据实践结果不断推动数字乡村信息基础设施安全标准的健全和发展。

（三）发展目标

第一，数字乡村信息基础设施安全标准深入贯彻实施。数字乡村信息基础设施安全标准底数清晰，安全保护机构健全、职责明确、保

---

① 王惠莅、刘念源:《关键信息基础设施安全相关政策及标准化研究》,载《信息技术与标准化》,2020 年第 11 期。

障有力。数字乡村基础设施建设的各项标准措施已得到切实贯彻，乡村信息化建设的良好生态环境初步形成，数字乡村信息基础设施的整体防护能力和水平明显提高。在贯彻落实数字乡村信息基础设施安全标准的基础上，突出安全保护重点和加强防范措施，以确保关键信息基础设施的安全。关键信息基础设施涉及的关键岗位人员管理、供应链安全、数据安全、应急处置等重点安全保护措施得到有效落实，关键信息基础设施安全防护能力明显增强。在公安机关的指导和监督下，根据国家网络安全等级保护体系的规定，认真组织、深入开展网络安全等级保护工作，建立良好的网络安全保护生态，切实履行主体责任，全面提升网络安全保护能力。

第二，数字乡村信息基础设施预警和应急处置能力显著提升。建立和完善数字乡村信息基础设施的安全检测预警标准，及时掌握重要信息基础设施的运行状况、安全态势，对存在的安全威胁和隐患进行预警，有效提高乡村预测预警预防各类风险能力，指导乡村信息基础设施的安全防范工作。

第三，数字乡村信息基础设施综合防控体系基本形成。在建立健全的数字乡村信息基础设施安全标准的基础上，逐步形成党委统筹领导、各部门分工负责、社会力量多方参与的数字乡村信息基础设施安全工作格局。有效落实数字乡村信息基础设施的安全责任制，对网络安全的管理和监督指导等方面有较大的提高，“打防管控”的综合性数字乡村信息基础设施安全防范体系初步形成。

二、健全安全标准的实施过程

健全数字乡村信息基础设施建设安全标准的实施过程以健全标准的发展目标为导向，对乡村地区的安全标准建设现状进行分析，了解当前的标准架构，并结合标准现状进行查漏补缺，最后根据查漏补缺的情况完善安全标准体系，及时对乡村地区的信息基础设施安全标准进行更新修订，让安全标准的制定工作紧跟社会实际发展，尽早实现数字乡村信息基础设施建设规范化、标准化。

（一）了解当前标准架构

国家安全标准是由国家制定颁布，在全国范围内统一规范执行，是制定其他标准的基石，也可定义为是社会各界发展的准则规范。2019 年 5 月中共中央办公厅、国务院办公厅印发《数字乡村发展战略纲要》中明确提出数字乡村发展标准，为加快构建发展新格局、实现乡村全面振兴提供指引。2021 年 7 月，《数字乡村建设指南 1.0》是在《数字乡村发展战略纲要》的基础上进行深度实施，其中明确提出了制定相关技术、安全标准的指南。其中要求国家、行业和地方应共同推动数字乡村安全标准化工作，从不同层面解决数字乡村发展面临的标准化缺失问题。中央网信办、农业农村部、市场监管总局等部门共同研究制定数字乡村标准体系建设指南和相关国家标准，为数字乡村安全标准化工作提供顶层设计和总体布局，并为数字乡村总体规划设计、评价指标与方法制定、安全保障等工作提供统一的规范。各行业主管部门应在国家标准的指导下，梳理现有的标准，完成对滞后标准的更新修订，加快制定亟须补充的行业标准，为数字乡村网络基础设施共建共用、传统基础设施数字化升级等提供指引。各省（自治区、直辖市）、市、县（区）可以结合本地特色，在国家标准、行业标准指导下，面向乡村数字经济、智慧绿色乡村和乡村数字治理等一系列应用，制定有特色的地方标准。了解国家安全标准是进行本地区安全标准制定的基石，有助于形成各地区协调发展的格局。

（二）结合标准现状查漏补缺

健全数字乡村信息基础设施安全建设标准的主要思路是围绕当前信息基础设施安全标准建设现状展开，根据公安部网络安全等级保护中心对关键信息基础设施安全标准建设现状的分析，认为等级保护制度和技术标准同属于安全标准体系的一部分，并且把相关法律法规作为标准支撑，整理了关键信息基础设施安全保护的标准体系架构，如下图所示。

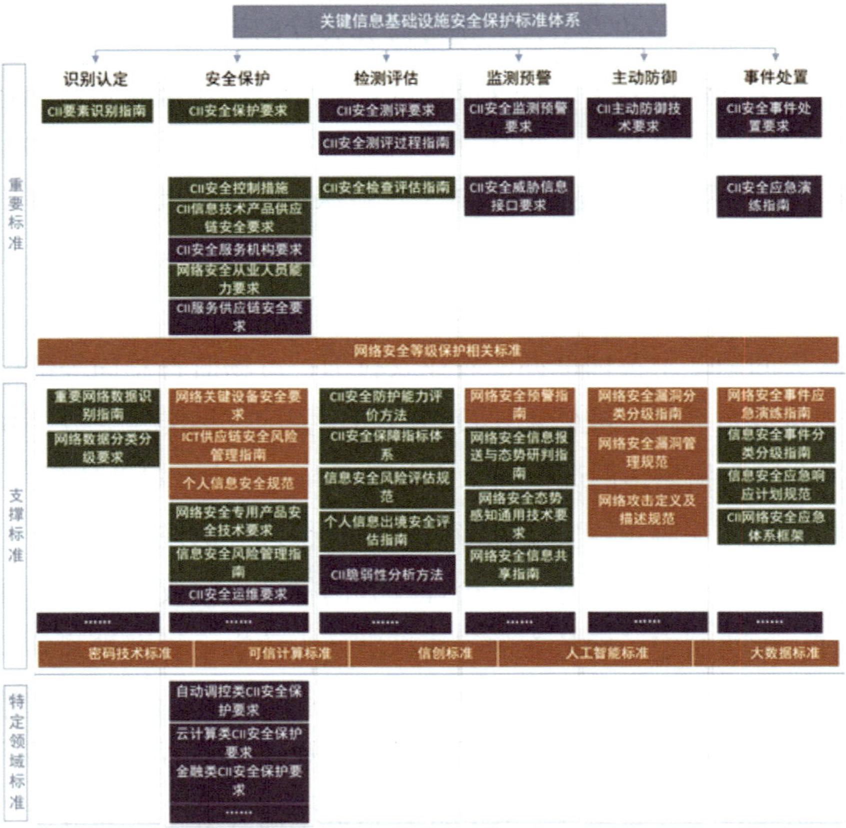

（结合当前国家安全标准现状，将关键信息基础设施相关安全标准按照重要标准、支撑标准和特定领域标准进行分类，同时将安全保护工作各个环节的标准整理归纳，得出当前信息基础设施安全标准体系框架。图为关键信息基础设施安全保护标准体系。）

图中橙色模块为已发布的国家标准，绿色为立项未发布标准，蓝色为未立项标准，也就是证明蓝色模块的标准存在缺失的情况，包括服务供应链安全标准、安全服务机构类标准、安全测评类标准、安全检测预警类标准、安全事件处置类标准和特定领域的安全保护标准，尤其是在新技术方面的标准，标准的制定应该具备实时性。此外，绿色模块的标准立项未发布表明该标准暂时处于需要补充完善的阶段，包括安全控制措施、信息技术产品供应链安全标准、个人信息出境安全评估标准、信息安全风险管理指南和网络安全态势感知等标准。根据关键信息基础设施安全标准建设现状，表明我国在关键信息基础设施安全保护和检测评估方面的支撑标准还需要快速研究跟进。数字乡村战略的实施需要信息基础设施标准进行支撑，因此，需要对现有的安全标准体系进行完善，健全数字乡村的信息基础设施安全标准。

（三）完善安全标准体系

针对信息基础设施安全标准查漏补缺的情况，完善和健全标准体系成为必要措施。从以下几个方面对当前的信息基础设施安全标准体系进行完善：

第一，建立体系化的乡村网络安全管理规范。对于乡村领域的网络安全工作，应该结合网络等级保护制度，根据不同等级的网络采取不同的规范措施。网络安全问题会对农业互联网产生诸多不利影响，网络安全事件的处置标准存在缺失会导致农村网络系统瘫痪和网络崩溃，因此应该尽快完善关于农村网络安全的相关标准。

第二，推进乡村 5G 基础设施安全标准建设。随着 5G 技术的发展，国家正在努力推进 5G 基础设施的建设和融合创新，同时建立健全 5G 基础设施的安全保障体系，将 5G 基站、管线和机房等配套措施的安全管理规范纳入数字乡村信息基础设施建设安全标准体系中，并深化推进 5G 安全标准在乡村的实施与应用。

第三，加强关键信息基础设施的检测评估标准开发。关键信息基础设施检测评估类标准的缺失意味着当前信息技术设施的检测评估工作缺乏约束，规范化不足。检测评估是信息基础设施安全防护、检测预警和安全事件应急处置的前期准备工作，发挥着基础性的作用，应该重视此项工作。在数字乡村信息基础设施建设中也应该重视检测评估，加强信息基础设施的检测评估类标准的开发。

三、健全安全标准的关键要点

（一）国家标准引导

数字乡村信息基础设施建设安全标准需要以国家安全标准为引导，政府部门需从各个层面完善数字乡村信息基础设施建设标准，以解决标准化缺失问题。2022 年中央一号文件要求扎实稳妥推进乡村建设，大力推动数字乡村工程建设，完善数字乡村信息基础设施建设。“一号文件”强调农业农村大数据基础设施发展应当注重破解农村现实发展难题，进一步丰富农业农村大数据使用环境，着力推进大数据农村的规范化发展，研究建立农村发展质量考核指标体系，并持续开展数字乡村试点等。《2022 年数字乡村发展工作要点》明确要求到 2022 年底数字乡村建设要实现新的更高发展，持续推进乡村信息基础设施建设，加速 5G 网络实现重点乡镇和行政村全面覆盖。我国乡村信息化要贯彻落实数字乡村信息基础设施建设的安全标准，需强调国家标准层面的引导作用，统筹农村信息化建设、农村基础设施建设的完善，同时还应协调加强信息基础设施建设的试点工作、政策制度的保障和相关服务的提供等各方面工作，为数字乡村建设的顺利推进奠定坚实基础。

（二）及时更新修订

各地区各部门应在充分了解国家标准的前提下，仔细梳理现行相关标准，对以往乡村信息基础建设有关标准查漏补缺，及时对与实际发展环境滞后的标准进行更新修订，为数字乡村信息基础设施建设共建共享提供清晰的标准指导。数字乡村信息基础设施安全标准完善应充分结合乡村实际发展环境和发展实际需求，重点围绕数字乡村信息基础设施建设相关国家标准要求做好落地实施，以乡村现实发展需要为出发点，以整体提高乡村信息基础设施建设水平为主要目标。相关部门应积极探索乡村发展现实需要，对现行标准及时更新修订，加快推动数字乡村、乡村信息基础设施等建设，完善乡村信息基础设施建设等相关标准，建设完善数字乡村信息基础设施安全标准体系[①]。

2022 年是“十四五”时期实现数字化乡村建设、全面推进乡村振兴的关键之年，数字乡村的建设和发展是数字中国建设的重点内容。健全数字乡村信息基础设施建设安全标准是数字乡村发展工作的首要前提，高效解决在数字乡村信息基础设施建设过程中相关标准和条例缺失的问题，及时更新已不再适应新时代乡村信息基础设施安全建设的标准，为乡村信息基础设施的建设和保护提供标准引导和政策保障依据。

（三）符合地方政策

各地区乡村信息基础设施建设安全标准要具有地区特色性，通过制定、健全符合地方行政区域内综合发展政策的信息基础设施建设安全标准，助力政府打造数字乡村。各省（自治区、直辖市）、市、县（区）可结合本地发展环境、地区特点，在国家标准的指引下，因地制宜制定符合当地发展情况的信息基础设施建设安全标准，国家相关部门也

[①] 张新红、于凤霞、唐斯斯:《中国农村信息化需求调查研究报告》，载《电子政务》，2013 年第 2 期。

应鼓励各省（自治区、直辖市）、市、县（区）积极参与乡村信息基础设施安全标准的建设工作，主动适应乡村地区信息化快速发展的需要，加强新型智慧乡村建设，推进乡村信息基础设施共建共享，助力数字乡村的建设与发展。

持续推进乡村信息基础设施建设归根结底是为了保障乡村地区民生福祉，促进各地区经济健康稳步增长。数字乡村信息基础设施建设安全标准的健全，必须以各地经济发展的实际情况为出发点，使各地乡村信息基础设施建设安全标准符合各地地方政策，促进数字乡村试点建设的顺利开展，加速地方乡村数字经济发展，高效促进农业生产信息化水平稳步提升，实现农业生产和销售过程的数字化和农民收入水平的提高。各省（自治区、直辖市）乡村信息基础设施建设实现持续增进，不断完善乡村数字化治理体系，持续深化各类信息惠民政策和服务，乡村信息基础设施的建设和完善需与农民数字素养与技能的有效提升同步进行。

数字乡村信息基础设施建设主要涵盖了互联网基础设施、公共信息服务设施、传统基础设施数字化提升等领域建设。中央网信办信息化发展局、农业农村部市场与信息化司、国家乡村振兴局社会帮扶司组织相关部门和地区制定的《数字乡村建设指南 1.0》明确了当前我国数字乡村发展的一般指导框架以及若干可参考的应用场景，对全国各地积极推动数字乡村发展工作提出了借鉴建议。对于数字乡村信息基础设施的建设，有关企业和单位应严格贯彻并落实有关要求和规范，进一步提高对各乡镇的农村信息基础设施建设和覆盖力度，积极推动各乡镇及村级 5G 网络的建设和升级。同时还应充分利用行政区域内已有公共服务场所统筹建设信息服务基础设施，利用大数据、云计算、人工智能等技术为数字乡村建设提供技术保障。省级层面也应出台相关政策，将省级行政区域内乡村信息基础设施建设纳入相关建设规划，重视乡村信息基础设施的建设和完善。各市级、县（区）级也应结合本行政区域内经济发展的具体问题和乡村信息基础设施建设的需要贯彻落实地方相关政策，提升农村农业生产数字技术应用水平，促进农业生产数字化转型。以四川省兴文县为例，兴文县紧紧围绕“智慧线程 + 数字乡村”建设，强化数字基础设施共建共享，积极推动数据共享，坚持问题导向，针对信息孤岛提出有效解决举措，打造智慧城乡一体化大数据应用平台，助力乡村农业生产和旅游服务，有效促进了数字乡村信息基础设施建设。

第三节　数字乡村信息基础设施安全标准建设助力乡村振兴

数字乡村信息基础设施建设内容包括网络基础设施的建设、信息服务基础设施的建设和传统基础设施数字化升级建设，即智慧基础设施的建设。本节以上述 3 个类型的信息基础设施建设为出发点，据此梳理相关标准规范，并结合现有案例了解当前乡村振兴战略实施标准建设的现状。

一、网络安全保障标准是乡村振兴的数字底座

数字赋能乡村振兴，必然离不开数字化发展，而数字化发展又与网络安全紧密联系、不可分割。近年来，在一系列国家政策的引导和推动下，农村地区的互联网建设取得了一定的进步，加速了农业农村现代化发展的进程。机遇与挑战相伴而行，随着发展进程的加快，衍生出的网络安全问题也愈发引人担忧。农村人口基数较大，互联网的广泛普及、智能终端数量的攀升以及物联网等信息技术的渗透，使得农村社区的网络信息资源规模持续扩大。网络因其固有的开放性而存

在安全隐患，其中可能存在人为恶意操作的行为。当前网络诈骗等新型犯罪手段已在乡村地区开始显现，这对农民个人信息安全和农业信息安全已然造成了影响。当前农村地区面临着终端用户个人信息和隐私泄露的风险，为了筑牢抵御风险的安全屏障，我们要提高基层管理部门和广大农村群众的网络安全防护意识，完善网络信息安全管理制度，共同促进乡村网络安全建设。提高网络防控效力，首先，要强化广大农村群众和基层管理部门的安全防范意识，让广大农村群众都深刻认识、体会到个人网络信息安全的重要性。其次，要健全保护管理机制。当前农村地区的管理制度受制于多种影响因素，导致管理体制在执行层面上难以推进，先进的管理方法特别是信息化手段还未能发挥出应有的作用。人们应着力突破，因为健全的保护管理机制不仅可以在终端用户个人信息和隐私管理方面发挥着基础性作用，还可提升用户数据信息的安全级别。因此，农村地区应结合自身发展实际，制定网络安全管理制度，健全网络基础设施安全建设标准，并就有效降低用户隐私的泄露风险的重点管理措施开展培训，以保障安全管理制度的执行和网络信息安全管理工作的有序开展。

由于新型网络技术的发展，农村地区的电信诈骗和网络诈骗案例逐步增多，面对多样的网络诈骗手段，人们要借助管理方式逐步提高风险防控能力，同时要将技术和管理深度融合，齐心协力为农村地区打造安全、可靠的网络空间环境。当前，网络的普及加之信息技术的应用，在一定程度上丰富了农民群众的物质和精神生活，但多途径、多手段的诈骗方式也在农村地区愈演愈烈，目前的主要诈骗手段是以购物、社交软件等进行虚拟电话沟通、短信及远程诈骗等。为杜绝、减缓此类现象的发生，首先需要在农民自我防范意识上下功夫。农民在使用互联网的过程中，要充分发挥出自身的主体作用，不断提高自身的网络素养和甄别虚假信息的能力；其次需要相关管理部门加强日常宣传和引导，开设专业性培训宣讲，向广大农民群众普及网络安全知识、传授鉴别技能，帮助他们在日常生活中提高安全警惕；而地方政府也应发挥管理作用，坚持引导和防治相结合的策略，从源头上减少诈骗信息的涌入。最后各地公安机关也应加强自己的网信执法能力，组建专门的网警队伍提高网络安全等级。在日常工作中维护好管理好局域网，并做到时时监测不法访问以及定时排查网络安全漏洞。进一步完善应急反应机制，设立农村网络服务站，开通网络举报系统和举报专线，通过科学采用网络防控手段为农村社区建立完整的网络安全防范体系。

面对智能农业领域的网络攻击和信息泄漏风险，我们要具备在不同场景中构建技术架构的能力,提升抵御面临各类安全挑战的能力。“互联网 +”在各行各业的应用无疑掀起了一轮重大技术创新革命，农业与互联网的跨界融合推动了大数据、云计算、物联网等新一代信息技术在农业领域的拓展和深层次应用，可以说智慧农业已经成为互联网的下一个风口。农业信息数据结构复杂、类型多样,数据量也极为庞大,但在数据规模激增的同时，农村社区的数据存储能力和应对数据威胁的能力却提升缓慢，加上近年来农业领域网络安全“病虫害”的肆虐，人们愈发深刻认识到农业信息网络安全防控的巨大现实意义。因此，不论是精准农业、设施农业还是其他具备独特特征的农业模式，都可能面临信息安全风险，确立基础的技术架构和信息模型，做好相对应的网络安全解决方案，以有效阻止网络恶意攻击，保护农业数据的完整性。

当今社会对网络安全已经形成较为深刻的认知，其中农村社区互联网的快速发展给人们的生产生活带来了便捷，更蕴含着难以估量的信息价值。随着 5G 技术的发展，5G 网络也面临着安全问题，标准在网络安全工作中具有引领和支撑作用，为贯彻落实《中华人民共和国网络安全法》，亟须构建5G安全标准体系[①]。在工业和信息化部关于推动5G加快发展的通知中，提出着力构建5G安全保障体系，培育5G网络安全产业生态，推进试点工作的进行。

[延伸阅读]

5G安全标准体系建设

在3GPP（第三代合作伙伴计划）、ITU（国际电信联盟电信标准分局）、ISO（国际标准化组织）等标准组织的共同努力下，5G安全系列标准在前几代通信系统安全标准的基础上演进形成。3GPP在2020年7月发布的R16系列规范是5G的第一个演进版本，也是ITU唯一认可的5G技术标准，标志着5G技术从形成到成熟。其中，服务与系统架构下的第三工作组（SA3）发布了包括技术标准和技术报告在内的29个文档，形成了5G的系列安全要求。

从国际技术标准发展角度看，5G网络安全标准体系是基于4G标准进一步演进形成；总体上，5G网络安全标准逐渐以网络自身安全保障、业务需求的安全能力、网络与业务安全测评为3条主线，具体如下：

一是5G系统安全机制增强。5G网络新的安全需求与前几代系统的安全风险和设计缺陷促使形成了新的相关标准。这条主线中的技术标准主要是由3GPP制订的，在基础协议等领域引用到IETF、W3C等标准组织设计的技术标准。总的来说，与4G相比，5G的安全体系设计更加完善、安全机制更加全面。

二是5G新业务场景驱动形成的安全新能力。由于越来越

① 杨志强、粟栗、齐旻鹏、杨波：《5G安全技术与标准》，载《电信科学》，2020年第12期。

多的垂直行业加入，新行业应用增加了5G安全的复杂度，也对5G安全提出了新的诉求。因此，各个标准组织在制订5G安全标准时，均考虑了应用场景和垂直行业的安全诉求。例如，3GPP在R15主要针对eMBB场景进行了安全设计，在R16时引入了uRLLC和CIoT的安全机制研究和设计。此外，垂直行业的需求促进了切片、边缘计算、能力开放等新技术的发展，也提出了安全的新需求，促进了安全新能力的完善。

三是对设备的安全认证和评估标准。安全认证和评估标准用来帮助电信运营商及监管机构评估和度量网络设备的安全性。该标准在4G时代就已经起步，由GSMA和3GPP协作推动，在5G时代，这套标准逐渐完善与形成。由GSMA编制的网络设备安全保障体系是一套指引性文档，制订了设备安全审计评估的方法论、流程等，其中引用了3GPP制订的SCAS系列规范作为测试评估的技术要求，5G网络安全标准体系，如下图所示。

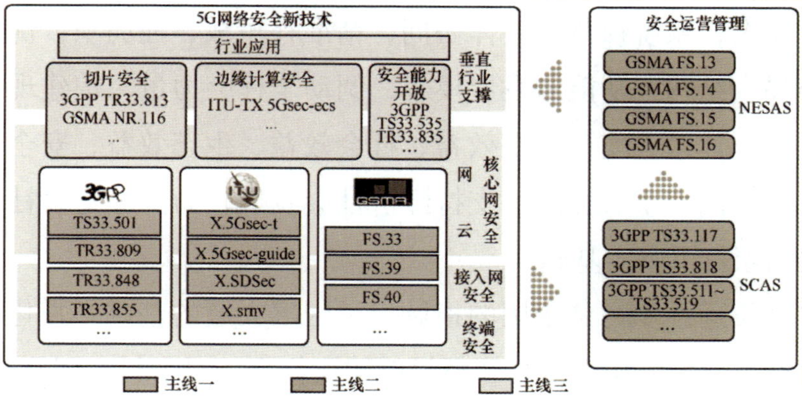

（移动通信从4G演变为5G，5G网络安全需求加大，5G安全标准体系逐渐形成，以网络自身安全保障、业务需求的安全能力和网络与业务安全测评为3条主线，形成5G网络安全防护体系。图为5G网络安全标准体系。）

（资料来源：《5G安全技术与标准》，载《电信科学》2020年第12期。）

二、智慧设施建设标准是乡村振兴的动力引擎

习近平总书记主持召开中央财经委员会第十一次会议时强调：全面加强基础设施建设构建现代化基础设施体系，可为全面建设社会主义现代化国家打下坚实基础。基础设施是经济社会发展的重要支撑，要统筹发展和安全，优化基础设施布局、结构、功能和发展模式，构建现代化基础设施体系，为全面建设社会主义现代化国家打下坚实基础。

党的十八大以来，我国在重大科技设施、水利工程、交通枢纽、信息基础设施等方面取得了显著成果，基础设施整体水平实现跨越式提升。但同时我们必须认识到，我国基础设施建设发展同国家发展和安全保障需要相比还不适配，因此，全面加强基础设施建设，对保障国家安全，畅通国内大循环、促进国内国际双循环，扩大内需，推动高质量发展，都具有重大意义。在当前和今后的时期范围内，我们应当要坚持以人民为中心的发展思想，坚持问题导向、目标导向，统筹发展和安全，系统谋划、整体协同，精准补短板、强弱项，优化基础设施布局、结构、功能和发展模式，调动全社会力量，构建现代化智能基础设施体系，实现经济效益、社会效益、生态效益、安全效益相统一，服务国家重大战略，支持经济社会发展，为全面建设社会主义现代化国家打下坚实基础。

立足长远，乡村是中国的根脉，是国家大厦的基础。强化乡村智慧基础设施建设，构建乡村智慧设施建设标准，对乡村空间开发保护、生产力布局具有重要利好。为深入推进智慧设施建设，构建标准体系，需要适度超前布局。布局有利于引领产业发展和维护国家安全的基础设施，但同时也需把握好超前建设的“度”，学会科学规划，把握全生命周期规律，统筹各类基础设施布局，实现互联互通、共建共享、协调联动。标准体系建设并非孤立存在个体，我们要发挥多轮驱动优势，

让政府和市场、中央和地方、国有资本和社会资本多方联动作用，分层分类加强智能基础设施建设，建立健全智慧设施标准。

加强智能基础设施建设，建立健全智慧设施标准，要加强交通、能源、水利等网络型基础设施建设，把联网、补网、强链作为建设的重点，着力提升网络效益。发展分布式智能电网，建设一批新型绿色低碳能源基地，加快完善油气管网。加快构建国家水网主骨架和大动脉，推进重点水源、灌区建设和现代化改造。要加强信息、科技、物流等产业升级基础设施建设，布局建设新一代超算、云计算、人工智能平台、宽带基础网络等设施，推进重大科技基础设施布局建设。要加强农村基础设施建设，完善农村交通运输体系，建设便捷高效的交通运输网，发展市郊、县域、县乡间的交通互通，推动建设综合道路交通体系，加快城乡冷链物流设施建设；要完善农田水利设施，加强高标准农田建设，稳步推进建设“四好农村路”，实施规模化供水工程；要有序推进地下综合管廊建设，加强农村生活污水和垃圾收集处理设施建设；要加快智能道路、智能电源、智能公交等智慧基础设施建设步伐，以基础设施现代化促进农业农村现代化。

加强智能基础设施建设，建立健全智慧设施建设标准，要强化智能设施建设支撑保障。首先，需要在党中央统一领导下，建立智能设施建设协调机制，统筹协调各领域、各地区设施规划和建设，强化用地、用能等资源要素保障。其次，要适应智能设施建设融资需求，拓宽长期资金筹措渠道，加大财政投入，更好集中保障农业农村地区智能基础设施建设的资金需求。推动政府和社会资本合作模式规范发展、阳光运行，引导社会资本参与市政设施投资运营。最后，我们要坚持创新驱动，加大关键核心技术研发，提升智能设施技术自主可控水平。智能设施的研发运行离不开技术人才的参与，因此，还需造就规模宏大的科技人才队伍，壮大高技能人才队伍，培养大批卓越工程师，以便更好地适应智慧化时代发展的新需求。

【典型案例】

陕西省宝鸡市：智能设施建设促进产业提质增效

陕西省宝鸡市扶风县法门镇马家村胜利食用菌产业基地紧紧围绕智能化设施建设的主线，积极探索数字乡村智慧化建设发展的新模式，并将触角从数字基建延伸到生产、治理、民生等多个领域，让智能化设施成为现代智慧农业的领跑者。截至目前，宝鸡已实现了33个镇、村的数字乡村和大数据平台的应用服务，服务覆盖5万余人，部署“沃大棚”1585台。其做法值得推广借鉴，具体做法如下：

一、明确发展目标。宝鸡食用菌产业基地贯彻落实国家“新基建”发展战略，适时调整产业结构模式，积极寻求政企合作契机，签订“5G+”战略合作协议，并就共建共赢的创新合作模式开展实质合作，共同推进“数字乡村建设”。

二、加强示范引领。宝鸡食用菌产业基地联合联通企业，大力宣传使用智能化基础设施的好处，宣传现已使用过智能化设施且已成功的地区典型事例，以此增强村民的使用意愿。

三、认真抓好落实。宝鸡食用菌产业基地联合联通企业数字赋能乡村振兴，其重点在于认真抓好落实工作，推进政策、设施、人才落地。为此，联通企业发挥优势技术，将专业人才下沉到农村，定期组织“数字乡村”平台技能培训，辅导村民灵活使用“数字乡村”平台，高效管理物联网监测设备，真正做好农民身边的“数字技术服务专家”。

（资料来源：《食用菌基地撑起富民大产业》，陕西农村报。）

三、信息服务安全标准是乡村振兴的坚实基础

目前，我国农村地区的信息服务建设仍然面临着诸多挑战，乡村信息服务的基础设施存在供给不足、信息应用缺少农村特色、信息服务主体缺乏统筹协同和服务人才缺失等问题[①]。农村信息服务相对落后，但基于当前数字乡村战略的实施，“互联网 +”实现了农村生产生活、生态环境和乡村文化等的融合，提供了新的信息服务模式[②]，为乡村信息服务基础设施的升级提供了契机。乡村信息服务是以政府为主导、以村民为主要服务对象开展的乡村服务活动。在服务的过程中，会涉及相应的信息服务基础设施，信息服务基础设施作为数字乡村信息基础设施的组成部分，对于农村居民生活有着重要的影响，同时随着信息技术的发展，信息服务的基础设施也在更新换代。信息服务基础设施是指包括村级政务服务点、农村电商服务点、村级合作社等在内的能够为居民提供政府服务、生产咨询服务和生活便利服务的基础设施或者站点，涉及村民生产生活的方方面面。根据《数字乡村建设指南1.0》，乡村信息服务的范畴包括农业政策宣传、党建信息收集、农情咨询、农业技术培训、生活资讯推送等信息服务活动，同时遵循资源节约和便民利民的原则，根据居民的实际需求设置服务站点，这种站点往往属于多功能基础设施，兼具多种服务。随着当前乡村信息服务活动的开展，政府对乡村地区的相关标准和规范文件都较为欠缺，尤其是对于乡村信息服务基础设施的安全标准。乡村信息服务基础设施具有多重属性，具有公共性质和公益性质，因此，可以从涉及乡村生产生活的基础设施的标准和规范入手，着眼当前乡村信息服务基础设施的标准建设现状。

信息服务基础设施包括电商服务点、益农信息咨询站和村级供销

① 郑瀚:《基于信息工具演变的乡村信息服务供给研究》，载《发展研究》，2021 年第 12 期。
② 毛薇、王贤:《数字乡村建设背景下的农村信息服务模式及策略研究》，载《情报科学》，2019 年第 11 期。

合作社等，从这些层面进行梳理，当前关于信息服务基础设施的标准包括地方标准和国家标准，地方标准包括《农村电商综合服务站建设与运营规范》《乡镇级物流综合服务站点建设规范》《农机合作社农机管理规程》等，国家标准包括《农村综合服务社规范》《村级公共服务中心服务规范》等。在这些标准中，信息服务都有所体现。在农村电商和物流服务方面，农村电子商务综合服务站为村民提供各种信息服务，首先向村民宣传农村电商的相关资讯和网络安全情况，为村民提供网上商品代买、产品代卖、网上充值缴费、车票代买和快递收发等服务，为村民提供农资产品信息并进行农资产品的采买，同时面向未就业人员提供招工信息。在该规范中，也体现了服务站运营中出现的安全问题，包括村民的隐私信息的安全保护问题、站点中包裹的保管问题、站点的安全管理制度问题和网络安全防护问题等。乡村电商的发展不仅改变了村民的日常生活，也促进了乡村地区产业的转型和乡村地域系统的重构[①]。此外，在数字技术的催化下，农业也朝着信息化和智能化方向发展，当前农村地区的农业生产服务也面临改革。为满足农户的信息服务需求，农资电商领域出现了“云农场”，云农场是提供化肥、种子、农机交易、农技服务、农产品定制和农场金融等多种服务于一体的线上交易和服务提供平台[②]，切实为村民办实事，如河北赤城通过搭建赤城云农场，实现了当地蔬菜的产销精准对接。

① 雷竣超、王敏、买欣:《电商扶贫下的流空间与知识生产：昆明乡村重构机制研究》，载《世界地理研究》，2022 年第 6 期。
② 张秀萍、宋倩怡:《电商下乡——云农场模式》，载《企业管理》，2016 年第 5 期。

【典型案例】

河北省赤城县：搭建云农场平台

在互联网飞速发展的时代，数字技术不断发展，“互联网+农业”的发展理念深入人心。为寻求进一步发展，农资企业开始进军电子商务领域，云农场成为农资电商的代表平台。河北省赤城县为拓展蔬菜销售渠道，通过推出“赤城云农场”的微信小程序进行线上销售。

（河北省赤城县为解决当地农民蔬菜销路问题，运用数字信息技术推出“赤城云农场”小程序，持续推动蔬菜产业标准化、规模化、合作化，助力蔬菜产销精准对接。图为河北省赤城县农户种植蔬菜。）

赤城县是蔬菜种植大县，近年来持续推动蔬菜产业实现规模化、标准化、合作化，蔬菜种植已成该县一项主要产业，截至目前全县蔬菜种植面积达14.8万亩。2022年以来，赤城县积极调整思路，推进大数据与农业深度融合，开辟线上市场，推出微信小程序“赤城云农场”。通过这款小程序，用户可以看到赤城县生菜、甘蓝等20余种蔬菜的种植面积，以及种植户姓名、电话、蔬菜成熟面积、具体位置等信息，还可通过内置导航功能直达田间地头，实现了蔬菜种植户与采购商精准对接，打通了便捷、高效、畅通的产销流通渠道。自2022年5月小程序上线以来，“赤城云农场”受到蔬菜种植户和采购商的广泛欢迎，目前已有300多户种植大户、82名采购商成为注册用户，赤城县范围内种植的生菜、白菜、豆角等27类7万亩蔬菜已全部上“云”。

除实现蔬菜产销对接外，该系统还可以为蔬菜种植户提供农业知识、气象监测、专家问答、保险服务等10类农业综合服务。在后续的发展中，该县计划将畜牧业和养殖业也纳入系统，让“云农场”的功能不断完善。

（资料来源：《张家口赤城：7万亩蔬菜上线“云农场”》，新华网。）

在农业生产农机化方面，地方政府对于农机的安全管理提出了要求。农机具实行标准化管理，专人专责；农业机械的保养和维修标准化，严格按照说明书进行定期检修；保持各种农机的技术状态标准化；农机库和农具库的建设要达到两室四化的标准等。农业生产农机化信息服务是促进农业发展、服务数字乡村建设和实施乡村振兴的着力点，实现农业生产信息服务安全标准化是实现乡村振兴和数字乡村战略的坚实基础，有利于乡村信息服务基础设施的建设和完善。在农村公共服务方面，服务点的设置遵循便民实用、开放合作、经济合理的原则，在提供信息服务时，对于该站点提出的要求包括配备能够正常使用的信息设备、具有信息发布渠道和提供真实有效的信息。同时信息服务也涉及多个方面，包括社会保障、行政代办、文化生活等领域，就社保政策对民众进行宣传，帮助村民登记或者办理低保等，帮助村民办理金融业务等，信息服务就是采用信息技术手段为村民提供或者办理相关信息业务，提供信息资源和信息咨询服务。乡村信息服务基础设施的服务功能多样化，能够为村民提供生产生活中各种各样的信息服务。通过建立乡村信息服务基础设施安全标准有助于促进乡村信息服务基础设施的标准化建设，也有助于乡村信息服务水平的提高，使乡村居民生活质量得到提高，达到乡村振兴的最终目的。因此，针对乡村信息服务基础设施安全标准的建立非常有必要，建设这一类信息基础设施安全标准就是健全数字乡村信息基础设施建设安全标准的具体表现。

第五章
支持数字乡村信息基础设施建设实践探索

党中央、国务院高度重视信息基础设施建设，习近平总书记更是强调，要加强信息基础设施建设，筑牢数字乡村经济发展底座。在乡村振兴战略的指导下，要立足当前、适度超前、科学规划、注重效益，统筹推进信息基础设施技术创新和建设布局，从建设实践中总结经验，落实好网络基础设施建设的质量和安全管理要求，切实打造数字乡村，提升居民生活品质。因此，本章从信息网络、信息技术及信息管理平台等几个方面入手，阐述信息基础设施建设的内在要求，并列举信息基础设施建设的典型案例，为数字乡村的建设提供有力的实践探索。

第一节　新型网络基础设施推进农村现代化水平

新型网络基础设施建设是以新发展为理念，以技术创新为驱动，以信息网络为基础，提供高质量发展的基础设施。新型网络基础设施的发展符合数字乡村建设的要求，能够推进农村现代化水平。因此本小节主要从新型网络基础设施发展的时代要求、基本理念及主要特征进行阐述，并通过具体应用，体现新型网络基础设施对于数字乡村建设的重要作用。

一、新型网络基础设施发展的时代要求

从社会发展的层面来看，推进乡村信息基础设施建设，是数字乡村建设的必然要求，也是新时代未来乡村运行方式与社区新形态的核心内容。根据2022年中国乡村振兴发展的调研报告，可以看出我国大部分农村新型网络基础设施不够完善，乡村内部各要素配置不均衡，从而导致农村地区经济发展缓慢。因此，我国需加快推进农村地区的新型网络基础设施建设进程，改善居民生活环境，提升农村地区经济发展水平。在今后很长一段时间里，各级政府部门将持续推进乡村基础设施建设，一方面可以为数字乡村规划的实现提供硬件上的支撑，以此来提升乡村现代化水平，另一方面能够从基础设施建设方面缩小城乡差距，推动与实现乡村管理、乡村治理、乡村服务、民众生活方式的智能化，提升农村居民的幸福指数。与此同时，以数字乡村技术为基础，以新型网络基础设施为依托，重塑与重构乡村与区域之间的发展关系，协调乡村内部各要素之间的关系，提升农村地区的生产效率和效能，为乡村地区的经济发展提供助力，打造一个具有多功能、智慧化、生态宜居的数字新乡村。这不仅是中国社会发展的需求，同样也是乡村振兴的前进方向。

从技术进步的层面来看，推动乡村信息基础设施建设，有助于数字技术在乡村“生根发芽”。要实现数字乡村技术，必须建立完备健全的乡村信息化体系。因而在乡村建设中大力推进新型互联网基础设施建设，有助于数字技术在乡村发展、乡村建设、乡村治理中的具体应用及其成果展现[①]。我国依据乡村振兴的实际需要，通过完善乡村信息

[①] 陆九天、陈灿平:《民族地区数字乡村建设：逻辑起点、潜在路径和政策建议》，载《西南民族大学学报（人文社会科学版）》，2021年第5期。

基础设施建设，实现服务民众生活、服务乡村产业发展、服务乡村治理的战略目的，为未来乡村“智力”发展提供基础支撑。由此可见，推进乡村信息基础设施建设，助力信息技术落地，实现数字乡村技术的应用，既是乡村数字化的必然要求，也是乡村振兴的必经之路。

从数字乡村产业化的层面来看，城市由于信息化技术的不断发展和信息基础设施的不断完善，为融媒体的出现提供了土壤，从而使第三产业发展迅速，经济增长迅猛。而乡村地区，由于信息基础设施不完善，导致不能跟上城市发展的脚步，从而经济发展缓慢。因此，乡村地区需要加强信息基础设施建设，为打造数字乡村产业链提供助力，以更好地服务当地的经济发展。各地区需要围绕数字乡村建设文件，因地制宜，大力发展乡村新型网络基础设施建设，为发展新型数字乡村产业，创建技术引领的数字乡村技术产业集群，推动新产业、新业态、新产品的创新发展与地方创造，并形成以数字乡村技术产业化为主体的区域性的新经济增长，提供辅助支撑作用[①]。由此可见，推进乡村信息基础设施发展，不仅是数字乡村建设的需求，也是新时代农村经济发展的要求。

从智慧城市发展的层面来看，农村地区也属于城市的一部分。相较于城市发展，农村地区由于信息基础设施不完善，不具备现代化技术发展经济的条件，所以导致农村发展不平衡不充分。因此，我国需要支持农村地区，通过推进信息基础设施建设，促进数字化技术在农村地区落地，并服务当地发展，使农村地区向数字乡村转变，以此来加强与城市间的联系，优化要素配置，缩小城乡差距，为智慧城市发展提供助力。由此可见，推进乡村信息基础设施的发展，不仅是智慧城市整体发展的要求，还是新时代缩小城乡差距的重要条件。

[①] 沈琼、李皓浩、马红春：《营商环境对新型职业农民持续务农意愿的影响分析》，载《农林经济管理学报》，2021 年第 2 期。

二、新型网络基础设施发展的基本理念

根据我国乡村振兴战略实施规划内容中指出的“产业兴旺、生态宜居、乡风文明、治理有效、生活富裕”总体需求，高效推动完备的乡村数字基础设施建立，连通互联网以实现乡村产业、乡村环保、乡风建设、乡村治理以及乡村服务五个领域的智慧发展，根据国家区位划分对“1+5（N）”的数字乡村建设系统实施管理、建设、扩展与创新。根据《“十四五”全国农业农村信息化发展规划》以及国家乡村振兴战略的具体实施要求，大力加强乡村数字基础设施建设，推进农业产业链信息化建设，首先要提升农业农村信息化进度，强化农业农村信息化设备，推进智慧农业在乡村示范基地的应用和农业产业链的信息化建设，推进“宽带中国”战略深入乡村基层，实施面向乡村千家万户的光纤覆盖与光纤升级，为全面实行乡村信息网络普及化提供基础。其次是推进信息进村入户,要不断加强益农信息社的建设,建立“进村入户”的全国信息平台，将农业公共服务与乡村社会化服务的资源整合起来，协助农户学习操作智能终端系统。最后是大力发展和推行农业信息化，引导大型传感器制造商、物联网服务商、信息服务供应商等参与到农业信息化建设中来，投入人力与资金用于农业科技的创新工作，发展农业信息化建设。综上所述，结合我国乡村信息化的发展需求以及国家乡村振兴的战略指引，必须做到以乡村为中心，坚持以“共享”“统筹”“分类”“融合”“创新”作为新型网络基础设施发展的基本理念。

（一）要坚持共享推进

农民是数字乡村建设的主体和执行者。根据我国数字乡村建设的指导思想和乡村振兴战略实施的具体要求，在数字乡村建设的整体过

程中必须保证从满足农民的基本需求出发，增强农民在其中的参与度和积极性，使其在数字乡村的建设过程中能够真正发挥出实际效用。乡村数字化基础设施与智能应用系统的建设也要将改善农民在乡村的生活条件列为重点实施目标，促进农村经济发展，提高农民收入水平，从而提升农民的幸福感。

（二）要坚持统筹推进

目前，我国乡村信息化建设的实施大多是地方自行摸索，缺少全面的规划和布局。新时代新征程，我国乡村信息化建设需要从现有乡村信息化规划和智慧城市的顶层设计入手，强调整体统筹布局，通过设计试验和自主探索的方法，引导各级政府、企业、乡村和公众自发参与其中，共同推动乡村信息基础设施的建设。

（三）要坚持分类推进

结合农村信息化建设的实际情况发现，不同地区的差异性导致了其发展方式的不同，因此各地乡村信息化建设的实践要依照其自身发展的需求而进行，不能一概而论。在新时期，乡村信息化基础设施的全面发展必须尊重各地区差异，根据国家不同区域的实际情况和需求，因地制宜地进行数字化基础设施的建设与应用功能的开发与创新[①]。

（四）要坚持融合推进

在数字乡村建设中，城乡一体化发展既是推进乡村信息化与智能化的一种重要手段，同时也是建设数字乡村的目的所在。智慧城市建设中的许多智慧应用功能，如智慧教育、智慧医疗、智慧运输等，都可以逐渐扩展到农村范围内。乡村数字化基础设施的形成，是乡村信

① 苏红键:《我国数字乡村建设基础、问题与推进思路》，载《城市》，2019 年第 12 期。

息化进程中的一个重要环节，而加快乡村信息化进程，对推动城乡一体化发展具有重要意义。

（五）要坚持创新推进

乡村信息基础设施建设包括制度创新和应用创新两个方面，积极探索和创新，构建有利于推进数字乡村信息基础设施的建设。通过智能城市应用系统的扩展，推进乡村信息基础设施建设，积极探索、创新和开发智能应用功能，满足农民的需求和乡村信息化发展需要，并主动创新探索乡村新技术的运用，以适应新一代信息技术的迅猛发展。

三、新型网络基础设施发展的主要特征

（一）支持广泛覆盖

乡村信息化建设将扩大信息的覆盖范围作为目标之一。农村地区拥有大量的信息资源，因此，要对农村的情况进行及时、全面的了解，以便进行更精确的判断，就必须具备与当地各种要素进行沟通的能力。数字乡村的信息化建设应该支持信息感知网络在时间、空间、对象等各个层面上的覆盖，并可以采集不同属性、形式和密度的信息。随着物联网技术的不断提升，农村地区的信息收集系统也得到了极大的进步。“广泛覆盖”当然不是指对农村各个角落进行全面的信息收集，这是不可能且没有必要的，农村信息化建设要以信息搜集系统的适度需求为引导，尽量做到广泛覆盖，并服务于本地区。

（二）支持深度互联

数字乡村的信息感知是基于固定电话、因特网、移动通信网、传感网等各种信息网络传播的，“深度互联”是指利用乡村信息化建设将

多个不同的网络连接起来，实现互联存取和存储设备间的相互调度，实现信息资源整合与立体化。梅特卡夫定律表明，一个网络的价值是由一个网络结点的平方所决定的。在数字乡村建设过程中我们还能够了解到，依托完善的信息网络基础设施，把许多分开的小网络连结为一个互联的大网，可以极大地提高信息的互动，提升网络对乡村用户的价值，进而大幅提高网络的整体价值，从而产生更强大的推动力，吸引更多的要素参与进来，形成网络结点的扩张与信息的增值。

（三）支持协同共享

乡村信息化建设的主要特点是支持协作共享，在大力发展乡村信息化的过程中，它可以有效地突破信息资源与实物资源之间的界限与障碍，改善乡村资源的配置，形成一个统一的乡村资源系统，从而避免乡村陷入“资源孤岛”“应用孤岛”的窘境。在数字乡村资源协作共享中，无论哪一种应用程序，在获得相应许可后，都可以对其应用进行操作，使得各种资源能够按照系统需求，实现信息资源价值的最大化。这样,各子系统所包含的资源可以根据相同的目标进行协调和配置，使得整个数字乡村的价值远远超过单个子系统单纯叠加所具有的价值。

（四）支持智能处理

乡村信息资源结构复杂且种类较多，其中存在大量信息资源未被开发利用，因此，推进乡村信息基础设施建设，着重对乡村的信息资源进行开发利用，这是国家实施数字乡村建设决策与控制的依据，而要真正的“数字化”，则必须具备对大量的信息进行边缘运算的能力，这就要求系统能够根据各种不同的需求对数据进行分析，生成自身所需要的知识，做出最终判断与针对后续发展的预测，行使决定并为相应的执行程序下达命令，这个过程也是一个自我学习的过程。从宏观角度出发，信息智能化处理过程是对信息的精炼和增值，也就是说，在系统中的信息被加工、转化之后，它的形式会更全面、更具体且更易使用，从而提高了信息的价值。从技术层面来看，以云边协同技术为代表的新型信息技术应用模型对智能处理具有重要的支持作用。

（五）支持开放应用

乡村设施智慧化并不意味着信息资源使用步骤的消失，数字乡村信息基础架构亦应具备开放的信息应用功能，可透过网络将各种信息传送至信息使用者，或直接操控于控制终端，实现信息的完全增值。数字乡村的信息基础设施应具有开放性，不仅需要通过政府主管部门实现资源的管控与配置，还应建立一个开放的信息应用平台，让个人、企业等个体能够为其提供服务，使得个体与企业之间能够通过数字乡村系统进行信息交流，从而充实乡村信息资源，同时也有利于推动新的产业模式的生成与发展。数字乡村的概念是动态的，随着数字乡村的实践不断改变人们的生活，其概念的内涵也将在发展中不断丰富和完善。

四、新型网络基础设施发展的实践应用

（一）服务农业（智慧农业）

大数据中心、人工智能控制中心等新型网络基础设施的发展引发了智能化农业技术革命，为智慧农业和农业数字经济的发展奠定了坚实基础。在信息技术的发展下，农业的核心基础设施呈现出智能化、高效化的特征，无人机植保、智能化育种、智能化温湿度监控等智慧农业设施应运而生，逐步推动农业朝着可持续、绿色高效的方向发展，并向“帕累托最优”状态靠近。同时，新型网络基础设施的发展也能

更好地满足广大消费者的服务需求，保证消费者能够通过扫二维码等方式全程监督农产品从播种到销售的全流程，更好地便利人们的物质生活。智慧农业的发展和先进文化的引入，有助于进一步满足农民的务农需求。例如，在传统农业模式下，呈现出低产量、高消耗的特征，但随着无人机植保、水肥一体化等先进技术的引入，农业朝着智慧化、数字化的方向迈进，能有效解决生产产能低、劳动力不足的问题，并实现“脚不粘泥，手不碰水”的种田状态，农产品也朝着高效益高产量的状态发展。同时，新型网络基础设施的发展有利于实现农民和市场的密切联系，使农民能通过大数据和人工智能在网站上获取最新的农产品信息，帮助农民根据市场需求精准生产，减少农产品损耗。

（二）服务文化（乡村文化）

在传统媒介时代，文化发展呈现出城市化、垄断化的趋势，但新型网络基础设施建设大力推进了乡村数字文化体系的发展与进步，尤其是以数字赋能乡村振兴，为乡村地区提供了更多元化的信息资源，丰富和充实了乡村文化，长三角、珠三角等发达地区的乡村更是率先进入乡村数字文化发展阶段。同时，由于城市的文化资源优于乡村地区，网络设施的发展有助于将城市的优质文化引入乡村，推动乡村文化事业的全面发展，实现乡村文化的迭代发展，进而缩小城乡之间的数字鸿沟，提升全民文化水平。

（三）服务农民（农民需求）

乡村信息基础设施是智慧公共服务与管理系统建设的前提和基本保障。要加强乡村信息化建设，提升就业、医疗、文化、安居等专业应用体系的构建，提高乡村建设管理的规范化、精准化、智能化，有效推动乡村公共资源的整合与共享，协助农村人流、物流、信息流以及资金流的协同与高效运作，进而促进乡村经济的转型升级，改善乡村机构的运营效率和公共服务水平。除此之外，还需通过推进乡村信息基础设施来加强公共服务平台的建设。建立乡村电话服务中心，扩大乡村通信业务的形式和范围，实现通话、传真、电子邮件、人工服务等各种咨询方式，逐步开展生产、生活、政策、法律法规等多方面的咨询服务。建立司法援助平台、职工维权平台等专业化的公共服务平台，构建受众范围广、便捷高效、用户满意的服务载体。进一步完善供居民日常使用的社保卡项目，将普通就诊卡、医保卡、农保卡、公交卡、健康档案等各项业务有机地结合起来，逐步实现多领域、多行业“一卡通”式的智能化便民服务。

[典型案例]

四川省兴文县：深化数据融合、打造智慧化应用场景

1. 背景介绍

兴文县位于四川盆地南缘、川滇黔结合区域，是四川最大的苗族聚居县，有着丰富的旅游资源和矿产资源。为适应信息化快速发展需要，兴文县加强新型智慧城乡建设，积极推进数字基础设施共建共享，打造智慧化应用场景，助力数字乡村发展。

2. 主要做法

一是强化数字基础设施共建共享，全力消除网络孤岛。兴文县共投入5亿元，实现全县12个乡镇183个村（社区）4G网络全覆盖；建成符合国家网络安全标准的兴文县云计算中心；将4家运营商网络设备与网络整合到云计算中心机房，构

建电子政务外网局域网；升级改造城乡电子政务外网，做到政务网络服务全覆盖。

二是积极推动数据共享，逐步消除数据孤岛。将县内自建的23个政务信息系统统一迁移上云，共享虚拟计算资源与网络安全资源；全面整合智慧化综合监管与服务、便民服务缴费等53个信息化平台系统。

三是坚持问题导向，务实推动智慧化应用。建成智慧城乡大数据监管与服务平台，整合12345市民热线、12319城市服务热线等系统；实施兴文县智慧城乡数据大脑建设，推进智慧化应用场景建设；建成全域旅游大数据中心，助力乡村旅游服务；建成党建+智慧农业平台，发挥党建富民政策的指导作用，增加农户对生态种养市场的实时感知能力。

3. 取得成效

2021年底，调查数据显示，兴文县通过“数据跨界共享+技术融合+智慧应用”，已开通18项便民应用子系统，提供代缴水电气费、社保、畅游兴文等便民服务，累计3000余万人次参与便民服务应用体验，交易达8亿元。为群众挽回损失近1.8亿元，应急帮助市民218次，找回走失儿童和老年人共62人，找回丢失财物181次，便民服务日益完善。

（资料来源：《数字乡村建设指南1.0》，中国网信网。）

第二节　新一代信息技术助力信息基础设施建设

数字乡村建设是一项系统性工程，“十四五”规划中指出，加快乡村建设数字化发展与全面推进乡村振兴是重要两翼，以大数据、人工智能、云计算以及物联网等为代表的新一代信息技术与农业农村发展并行而进，是未来乡村振兴的新阶段、新形态、新引擎。根据《乡村振兴战略规划（2018—2022 年）》，信息化基础设施建设，将地理信息、物联网、智能设备等新一代信息技术渗透进农村生产生活的方方面面，充分利用农业农村大数据实现创新性应用[①]。本节从新一代信息技术融合传统基础设施的现实发展背景、当前存在障碍、路径选择等方面展开介绍，并以安徽省长丰县作为具体案例进行了具体分析和经验学习。

一、新一代信息技术融合传统基础设施的现实进展

自“乡村振兴”战略提出以来，我国在利用新一代信息技术改进传统基础设施上取得了一定的进展，优化乡村信息基础设施建设，提高农业生产的效率，是激发农村农业发展活力的重要依靠。

（一）理念转变

传统基础设施是指直接为生产部门和人民生活提供共同条件和公共服务的设施，主要包括交通、供水供电、环境保护、农业生产等公用工程设施和公共服务设施，在乡村经济发展中发挥重要的基础性作用。而新基建则是在传统基础设施上融入新一代信息技术，在传统基础设施应用场景中叠加信息场景，以科技为发力端，实现信息基础设施的协同作业。

新基建这个名词于 2018 年 12 月在中央经济工作会议上被首次提出，几年来社会各界对新基建给予了广泛关注，新基建的内涵也在不断充实和完善，有关新基建的资料短时间汗牛充栋，但是对于新基建的概念却是众说纷纭、莫衷一是，甚至出现了“七大领域说”“三个方

[①] 郑吉友:《乡村振兴战略下农村医养结合型养老服务体系研究》，载《广西社会科学》，2021 年第 11 期。

面说”“新技术驱动说”“新要素说”等多种解读,让人难以应付。因此,2020年国家发展改革委给出了权威解释，相关文件认为新型基础设施建设作为数字乡村的新基建，在相关工作进程中需要将新发展理念作为引领，通过长期的技术创新作为驱动，通过5G进村、电力通信升级等形式牢牢坚固信息网络基础，以稳健系统的规划发展满足农村群众与农业发展的高质量需求，为我国农业农村数字转型、农业技术智能升级、线上线下融合创新等全方位服务丰富数字乡村基础设施体系[①]。

信息基础设施是新型基础设施体系中的重要组成部分，作为新一代信息技术演化生成的新型基础设施，信息基础设施强调了在传统基础设施的数字化、网络化与智能化转型升级过程中信息技术的重要作用。越来越多的人意识到基础设施关系到乡村经济的各项事业，必须能够提供先进的数字化作为支撑，而且要加快升级改造，才能实现乡村经济的高质量发展。

（二）技术赋能

融合传统基础设施支撑农业生产、乡村管理和社会服务的正常运行，对网络性能、网络连接能力、技术应用和安全可靠性都提出了严格的要求。这些要求催生了人工智能、边缘计算、传感技术等一批全新信息技术，为有效赋能传统基础设施发展，突破传统的应用边界，构建新的乡村信息生态奠定了基础。

边缘计算基于开放的数据平台将网络、计算、存储、应用核心能力为一体，靠近设备终端或数据源头的一侧，就近提供最高效服务[②]。其应用程序在边缘侧发起，产生更快的网络服务响应，满足行业在实

[①]《湖北省人民政府关于印发湖北省新型基础设施建设“十四五”规划的通知》，载《湖北省人民政府公报》，2021年第21期。

[②] 何东、马晓辉、刘国印:《新一代物联网技术助力城市综合管廊信息和智能化系统建设》，载《智能建筑与智慧城市》，2022年第2期。

时业务、应用智能、安全与隐私保护等方面的基本需求。

人工智能基于计算机技术，能够深度模拟如学习、推理、思考、规划等人类的特定思维过程与智能行为，其主要研究内容包含制造类似于人脑智能的计算机，通过计算机能的不断迭代，为用户提供更丰富的应用[①]。

传感技术基于丰富的传感器网络，能够有效感知周围环境的微妙变化以及特殊物质的存在，目前投入广泛应用的主要包括温湿度感知、人体感知、气体感知、光线感知等，通过将模拟信号转化为数字信号从而使其能够在中央处理器得到高效的处理[②]。

（三）重点安排

为打开农业农村数字化发展在“十四五”时期的新局面，各级政府应该因地制宜稳步推进农业信息技术基础设施建设，发挥数字技术在农业农村发展的巨大作用，在数字经济发展的过程中为我国农村群众带来红利。《“十四五”推动农业农村现代化规划》提出了未来五年农业农村现代化建设的思路目标和重点任务[③]，并围绕数字赋能农业农村现代化建设进行了相应的安排。

农业生产方面。在“云数智”融合发展的时代背景下积极丰富发展农业农村大数据体系，将大数据、人工智能、物联网、区块链等新一代信息技术融合渗透入传统农业生产基础设施，构建生产率高、可预测性和对气候变化适应能力强的生产系统，如智能农场、科技牧场和智慧渔场等，在实践中不断提升我国农业数字化水平，满足绿色农业多层次发展需要，充分优化农业资源配置，为农业的绿色低碳高效

① 杨晓光、王倩:《巧用算法，精准预测员工离职》，载《人力资源》，2022 年第 2 期。

② 屠海、孙彦军、赵杰、张永强、张海涛:《电永磁起重机关键技术研究现状及展望》，载《重型机械》，2022 年第 1 期。

③ 孙超超:《聚力“十四五”推进农业农村现代化——国务院举办〈“十四五”推进农业农村现代化规划〉例行吹风会》，载《中国农民合作社》，2022 年第 1 期。

发展奠定基础。

社会服务方面。一手抓新建、一手抓改造，推动农村地区 5G、千兆光纤、移动物联网等信息基础设施建设与城市同步规划建设，缩小当前宽带网络水平存在的城乡差异，稳步推进农村基础设施数字化转型、智能化发展[①]，打破传统服务的地理时空约束，扩大高质量公共教育、医疗卫生等社会服务向农村地区的覆盖面，实现了科教文卫公共资源的放大利用、低成本共享复用。

乡村治理方面。新一代信息技术的应用可以增强决策治理的动态性和科学性，将“互联网 +”乡村治理延伸至农村基层，以智能化、精准化方式全面提升乡村治理水平。比如，相关负责部门可以依据已有设施与技术，对当地经济冲击和气候风险建立适宜的预测模型，在此基础上寻求控制风险的有效途径，从而有效改善农村地区面对灾害时刻的严重脆弱性。

二、新一代信息技术融合传统基础设施的障碍审视

信息基础设施建设是数字乡村建设与技术赋能效应生成的基础技术条件，作为数字乡村运行的关键要素，信息基础设施建设目前取得了一定的阶段性效果，但与乡村社会的真实需求联系不够紧密，在数据整合与共享上还存在一定的障碍，与美国、日本、欧盟等发达国家或地区相比，在政策供给、人才培养和技术创新等方面存在较大差距。

（一）政策供给不足

《中共中央 国务院关于抓好“三农”领域重点工作确保如期实现全面小康的意见》对推进农业信息化的基础设施建设、农业信息化技

① 苏农友:《绘就农业农村现代化新蓝图》，载《农家致富》，2022 年第 1 期。

术应用提出了具体的要求，强调要“依托现有资源建设农业农村大数据中心，加快物联网、大数据、区块链、人工智能、第五代移动通信网络、智慧气象等现代信息技术在农业领域的应用”，这为提速农业传统基础设施信息化、推动农业现代化建设指明了方向。国家层面出台的《2020 年农业农村部网络安全和信息化工作要点》和《关于开展国家数字乡村试点工作的通知》，也为数字乡村建设提供了若干顶层设计，加快构建以知识更新、技术创新、数据驱动为一体的乡村经济发展政策体系，从而为推进农业农村现代化注入更多制度保障[①]。但是在政策供给方面还是存在一些短板，第一，缺少信息基础设施建设差别化政策支持，如针对不同的信息基础设施没有采取不同的税收减免、政府补贴等。第二，缺少信息基础设施建设的评估政策，精准评估农业信息化发展质效，有助于加快释放农业信息化的发展潜能，提高信息基础设施的应用能力。第三，缺少信息化过程中对网络安全、用户隐私等方面的保护，没有切实保护信息基础设施的安全。

（二）信息人才缺乏

提升全要素生产率作为农业产业升级的核心，是新时期农业经济增长的主要源泉，也是农业升级的过程和结果，其主要表现是我国农业由劳动密集型向技术与资本密集型转变，这一必然演变对劳动力与农业人才提出了更高要求。尽管农业信息化建设对技术人才有着较大的长期需求，然而由于我国农村中青年人口外出学习、工作的比例极大，造成农村地区严重的人才流失，其留守人员年龄普遍偏大，受限于其学习能力，数字技术与智慧农业应用难以得到有效推广，进一步加深了数字鸿沟问题。此外，考虑到待遇水平、基础设施等因素，愿意深耕乡村数字化发展的“新农人”群体相对缺乏，相关人才培育体系发

[①] 邝奕轩、杨芳:《以“信息化提速”推进农业农村现代化》，载《农产品市场》，2020 年第 20 期。

育尚不完善，为数字乡村信息基础设施建设及应用造成了严重短板[①]。

（三）建设水平不足

新一代信息技术是理念突破与制度确立的关键要素，数字乡村建设的过程，是新一代信息技术在乡村经济社会发展中实现创新应用的过程[②]，也是新一代信息技术融合传统基础设施建设的过程。但是物联网、人工智能、大数据技术在精准生产、病虫害预警、农产品智慧物流等基础设施建设与应用方面依然停留在初级水平，信息化基础设施建设存在重复建设、效能不佳与维护成本过载等问题，如我国自主研发的农业传感器数量规模较小，且缺乏智能化精准作业装备。

三、新一代信息技术融合传统基础设施的路径选择

农业农村信息化作为农业农村现代化的制高点，致力于改善农业农村信息化水平[③]，将信息化技术更广泛地应用于农业生产、农村建设、农民生活中的传统基础设施中，促进农村信息基础设施建设，是推进农业现代化、全面实现社会主义现代化的迫切需要。在新时代，加快推进农业信息技术研究与应用，将新一代信息技术全面渗透传统基础设施，广泛推广“互联网 +”农业，是实施农业农村数字化战略的重要支撑，对有效提升我国农业农村现代化水平[④]，实现乡村全面振兴具有重大意义。

① 于佳秋：《数字乡村建设赋能城乡融合研究——以德清县为例》，载《江南论坛》，2022 年第 4 期。

② 谢文帅、宋冬林、毕怡菲：《中国数字乡村建设：内在机理、衔接机制与实践路径》，载《苏州大学学报（哲学社会科学版）》，2022 年第 2 期。

③《中共中央办公厅 国务院办公厅印发〈数字乡村发展战略纲要〉》，载《中华人民共和国国务院公报》，2019 年第 15 期。

④ 王炳春、王培博：《黑龙江省数字农业发展深度研究》，载《黑龙江粮食》，2021 年第 12 期。

（一）开展人才培训和农业信息技术的推广

从培训内容着手，扎根乡村与产业发展需求，植入互联网思维与信息化应用,开展具有针对性、可行性的乡村信息基础设施数字化培训，使农民能够根据自身实际需求选择性学习，减少培训成本，提高培训效率。在培训对象的选择上，广泛动员农产品种植大户、中小规模家庭农场主以及农民合作社相关技术人才，号召有理想、有担当的返乡青年积极加入相关课程的培训与“传帮带”工作，为农业农村发展提供长期的内生人力资源；对想学习不同信息基础设施操作的人员因材施教、分类教学，以培养不同技术方向的人才。针对相关内容的培训方式，积极建设并推广农技培训可视化系统，通过平台的形式实现农技远程培训，打造具有较强直观性和便捷性的农技培训项目，有效改善以往工作中存在的实施成本高、农技推广效果不理想等问题[①]，最大化地体现培训的效果。

（二）加强企业在信息基础设施建设的研发与投入力量

2021 年 11 月 7 日，由中国科学技术协会、中国科学院和中国工程院联合主办的第二届世界数字经济论坛在北京举行，中国电信总经理李正茂做题为《加快构建智能化综合性数字信息基础设施 打通经济社会发展的信息“大动脉”》的发言，分享了对于数字经济的认识和理解，以及中国电信的探索和实践。李正茂在发言中表示中国电信作为建设网络强国和数字中国、维护网信安全的国家队主力军，把“建设高速泛在、天地一体、云网融合、智能敏捷、绿色低碳、安全可控的智能化综合性数字信息基础设施”作为职责使命大力推进科技创新，为用户提供灵活多样、融合便捷、品质体验、安全可靠的综合智能信息服

① 于佳秋:《数字乡村建设赋能城乡融合研究——以德清县为例》，载《江南论坛》，2022 年第 4 期。

务，深入推动数字经济与实体经济融合发展，不断增强人民群众获得感、幸福感、安全感。

像中国电信这种企业还有很多，在信息基础设施建设上能够提供重要支撑，因此一方面号召相关企业加大对农业农村、数字经济等交叉领域的研发力量，在与相关领域高校院所的“产学研”合作中摸清痛点、厘清难点、认清重点，从而在实践中不断创新。另一方面，应着眼于提升此类企业数字乡村建设方案的针对性，从而有效提高其工作服务内容与数字乡村基础设施发展的适配度。在实践中不断寻求“云数智”信息技术赋能农业农村生产、乡村智慧治理的有效路径，把握其社会价值与经济价值间的动态平衡，为不同背景下的数字乡村建设打造最适宜“样板间”，主动发挥信息通信业在数字乡村建设过程中的“领头羊”作用。

（三）扩展新一代信息技术融合传统基础设施的应用场景

我国农业生产领域在数字化进程方面相对滞后，这为我国农业农村发展带来一定挑战的同时也带来了巨大机遇。一方面，打造智能农业技术集成应用。针对智能农业生产价值链，稳步推进人工智能技术在农业生产的创新应用，基于高可控智能化设备与物联网，建设起智慧农场、智慧牧场、智慧渔场、智慧果园以及与之匹配的农业装备智能工厂、农产品加工智能车间和农产品绿色智能供应链等技术集成和应用模式，构建高效能、高效率、高效益的全新生产方式。另一方面，积极落实与农业产业相关企业的长期合作。面向草莓、蓝莓等高产大棚经济作物、畜禽养殖等内容构建智慧农业商业化建设的先导领域与实践重点，在“投入—产出”间谋求动态平衡，不断加深企业融入数字乡村建设工作的深度和广度，在推动农村地区数字经济稳健发展的实践过程中，逐步实现企业效益的同步提升。

四、新一代信息技术融合传统基础设施的实践应用

伴随农业农村在网络化、数字化、智慧化方面的不断提升，数字技术将以锐不可当之势赋能农业基础设施建设，涌现出数字果园、信息惠农、智慧农机等一大批创新应用，推动传统农业转型升级，为数字乡村发展提供强大动力。随着信息技术的迅速发展，安徽省长丰县通过融合新一代信息技术助力传统基础设施，打造数字产业新模式，建造了各种草莓农业技术示范园，集成了草莓培育新技术，有效地提升了草莓产品的产量和质量，为支持数字乡村信息基础设施建设实践探索提供参考。

（一）背景介绍

长丰县作为我国重要的优质草莓生产基地，其草莓培育与种植已有近 40 年历史，品牌价值约 73.66 亿元。截至 2020 年，全县草莓种植面积达 21 万亩，主栽品种为“红颜”，其次还有“章姬”“宁玉”“粉玉”“越秀”等，年产量 36 万吨、总产值 61 亿元，从业人员 18 万人，受益农民 36 万人，草莓经济构成全县农民约 50% 的可支配收入。近年来受数字赋能、“互联网 +”思路影响，长丰县在原有线下销售基础之上积极拓宽线上销路。面向草莓销售，大力实施“互联网 +”农产品出村进城试点工程，面向品牌文化，创新性地建立起以草莓为主题的草莓文化博物馆；与此同时，面向草莓种植，凝聚各方资源建成数字草莓病虫害大数据平台，建设博士草莓园、合肥艳九天、长丰县莓味道等一批数字草莓园区，全县数字草莓发展基础较好、前景广阔。

（长丰县是优质草莓生产基地，品牌价值高，结合“互联网+”进行草莓销售，打造草莓文化、建设博物馆、发展数字草莓。图为安徽省长丰县草莓种植基地。）

（二）主要做法

基于大数据、人工智能、物联网、区块链等新一代信息技术的深度融合，长丰县建立起“数字草莓”大数据中心、草莓园区智能管理、草莓品质品牌数字管理等数字化系统，针对本县草莓种植业形成产业布局、病虫害识别、肥水管控、农产品质量安全追溯、销售网络的有机整体，对草莓生产过程中的光、热、土、水、肥、药实现全天24小时的可视化联动控制，打造草莓资源数字化、生产智能化、管理精准化、服务远程化、质量监管网络化“五化”体系，形成可复制、可推广的数字农业应用场景模式。

一是建设“数字草莓”大数据中心。基于不断趋于完善的草莓品质品牌数字管理与草莓园区智能管理系统，对草莓资源数据进行梳理、整合、分析，为全县草莓产业优化升级提供决策参考。大数据中心采集和汇聚全县草莓基地在农业产业化、农业物联网、农产品质量安全、病虫害防控、草莓市场销售等方面的数据资源，按照安徽省农业大数据综合信息服务平台建设数据规范要求，实施数字草莓全量数据集成。

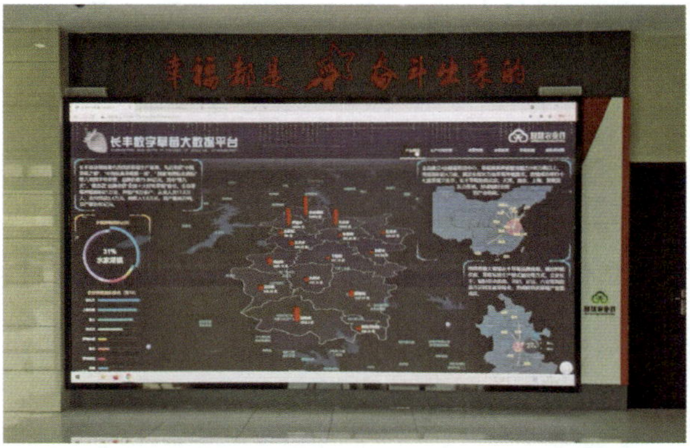

（长丰县建设“数字草莓”大数据中心，采集各方面的数据资源，实现数字草莓全量数据集成。图为草莓产业互联网大数据中心。）

二是建设草莓园区智能管理系统。推动草莓大棚数字化升级，配备自动气象站、土壤环境和植物本体传感器、视频监控、水肥药一体化综合管理等设施设备，采集土壤水分、土壤温度、空气温湿度、光照、二氧化碳浓度、高清图像等信息，借助大数据、图像识别、可视化等技术，依托建立的智能水肥一体化、病虫害智能化识别、草莓专家等远程服务系统，为农事管理、病虫害防御提供科学依据，实现温室大棚的自动化运行管理。

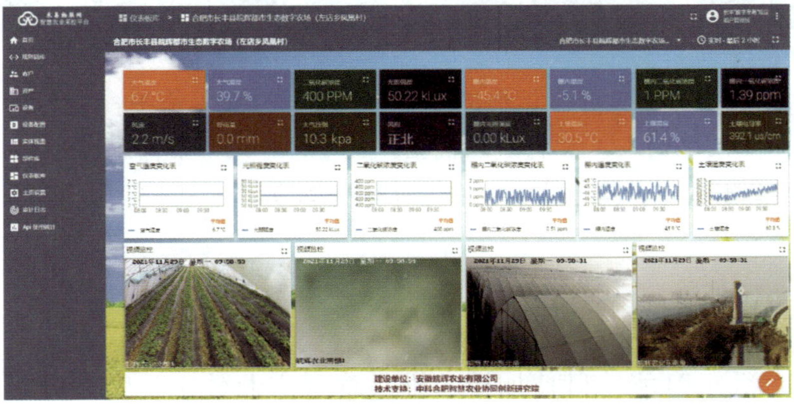

（长丰县草莓大棚数字化升级，配备综合管理设施设备采集信息，借助大数据、图像识别、可视化等技术，实现温室大棚的自动化运行管理。图为草莓园区数据采集管理平台。）

三是建设草莓品质品牌数字管理系统。在示范园区温室大棚内部安装智能巡检机器人，通过运用人工智能识别传感器和人工智能算法，对草莓生长果形、裂果、成熟度等表型信息进行动态采集。结合各类传感器采集的资源数据，利用人工智能技术构建专业的本地化草莓大数据模型，形成标准化草莓人工智能品质控制模型。通过构建统一的“长丰草莓”溯源标识，接入溯源的扫码系统，使经销商和消费者在购买农产品时可以了解该农产品的质量等级，进一步提升长丰草莓国家地理标志农产品的品牌影响力。

（长丰县运用人工智能识别传感器和算法，动态采集草莓生长表型信息，已形成标准化草莓人工智能品控模型。构建统一的“长丰草莓”溯源标识，提升了品牌影响力。图为草莓标准化种植模型。）

（三）取得成效

通过数字赋能、科技加持，推进草莓产业数字化转型升级，数字草莓经济新动能加速汇聚，“长丰草莓”的品牌价值已达 118.7 亿元、产值达 110.7 亿元，成功突破“双百亿”大关。一是草莓绿色发展水平大幅提高。基于水肥药智能管控系统与病虫害智能识别系统，种植园得以实现精准化施肥、针对性给药，在整个生产过程中平均节肥 30%、节药 45%。二是草莓产业降本增效显著增强。借助数字化手段将草莓平均产量提高 15%，并在成本控制中每亩节约农资、人力等综合费用约 800 元，亩均增产增收 3600 元，使其整体产值增长 15.2%。三是草莓线上销售发展迅速。依托数字化技术，草莓农产品质量安全追溯覆盖率达到 99% 以上，长丰草莓电商销售占比从过去的 10.1% 增长到 19.2%，草莓线上年销售量超 7 万吨，有力提升了长丰草莓品牌影响力和美誉度。如今，长丰不仅打造了占地 2300 亩的长丰草莓高新技术示范园，集成草莓新品种 18 个、新技术 21 项，更依托合肥智慧农业谷，构建以“数字草莓”大数据中心为核心，集产业布局、物联网监测、病虫害识别、肥水管控、安全溯源、网络销售“六位一体”全产业链数字化建设体系，“长丰草莓”已经成为全县乡村振兴的支柱产业。

第三节　数字乡村智慧管理平台拓宽信息资源共享渠道

信息基础设施建设作为实现乡村振兴战略的重要前提，也是全面推动社会发展的重要环节。本节重点介绍了数字乡村智慧管理平台概念的提出背景、建设目标，探讨了数字乡村智慧管理平台对于实现城乡信息资源共享的意义。并通过两个具体案例进行了总结与展望。

一、数字乡村智慧管理平台概念提出的背景

民族要复兴，乡村必振兴。数字乡村是伴随网络化、信息化和数字化在农业农村经济社会发展中的应用，以及农民现代信息技能的提高而内生的农业农村现代化发展和转型进程，既是乡村振兴的战略方向，也是建设数字中国的重要内容。习近平总书记指出，“乡村振兴作

为实现中华民族伟大复兴的一项重大任务”，中华民族必须要“走中国特色社会主义乡村振兴道路”，必须要“举全党全社会之力推动乡村振兴”。乡村振兴这一概念应运而生。

随着乡村振兴战略这一理念的提出，中央网信办、农业农村部、国家发展改革委、工业和信息化部、国家乡村振兴局联合颁布了不同的政策，有效推进了乡村振兴工作的实施。2018 年，中央一号文件在中央层面首次提出了“数字乡村”的概念，这意味着我国数字乡村建设进入到一个新阶段。这一阶段的重点工作包括农村信息化基础设施建设发展战略、网络扶贫的广泛推进，其具体内容为加快农村基础设施建设工程，夯实乡村信息化基础，深化信息化服务职能。2019 年 5 月，中共中央办公厅、国务院办公厅发布的《数字乡村发展战略纲要》系统性地提出了数字乡村建设的各个要素，进一步推进乡村振兴战略。2020 年 5 月，广东省委办公厅和广东省政府办公厅印发《广东省贯彻落实〈数字乡村发展战略纲要〉的实施意见》，提出到 2025 年，20 户以上自然村光网实现深度覆盖，5G 网络实现农村重点区域普遍覆盖，乡村产业数字信息化得到应用，城乡数字鸿沟明显缩小。同年，中国数字乡村建设加快推进，发布《数字农业农村发展规划（2019—2025 年）》《2020 年数字乡村发展工作要点》，浙江、河北、江苏、山东、湖南、广东等 22 个省份相继出台数字乡村发展政策文件，政策体系更加完善，统筹协调、整体推进的工作格局初步形成。中央网信办会同农业农村部等七部门联合印发《关于开展国家数字乡村试点工作的通知》，确定 117 个县（市、区）为国家数字乡村试点地区。2021 年 1 月，党的十九届五中全会审议通过的《中共中央关于制定国民经济和社会发展第十四个五年规划和 2035 年远景目标的建议》，对新发展阶段优先发展农业农村、全面推进乡村振兴作出总体部署，明确指出健全服务农民生产生活综合平台是当前实现乡村振兴战略的重要手段之一[①]。2022年2月，中共中央、国务院关于做好2022年全面推进乡村振兴重点工作做出指示，表明加快推动数字乡村标准化建设，研究制定发展评价指标体系，持续开展数字乡村试点，进一步加强农村信息基础设施建设。

数字乡村管理平台作为连接农村发展和城市发展的重要媒介，是早日实现乡村振兴的重要渠道。搭建数字乡村管理平台，既是融合县乡村三级治理体系，以数字化社会治理为基础，打造村级门户并实现万村互联，也能够通过信息化积极发挥党建引领作用，聚合政务、电商、农业、金融、民生便民等数字服务有效下沉农村，推动互联网+社区向农村快速延伸，推行线上+线下融合的现代治理模式，畅通社情民意，推进共建共治共享，培育增强农村群众互联网能力，拓宽农民增收渠道，推动农业农村现代化进程，助力乡村振兴。乡村振兴打造数字社会治理体系，充分结合中国基层党政工作现实，将工作指挥、任务管理、政务服务、民意调查、舆情监控、绩效考核有效融合，形成集数据管理、业务办理、决策分析为一体的数字乡村应用中枢系统，构建乡村数字信息资源共享体系，实现业务统一、流程统一、数据统一、管理统一，实现跨层级、跨乡镇、跨系统、跨部门、跨业务的协同管理和服务，推动形成县、乡、村三级治理体系数字融合新局面，快速提高乡村社会综合治理精细化、现代化水平。同时乡村数字管理平台重点是通过乡村振兴这一总体目标，紧紧围绕产业振兴、人才振兴、文化振兴、生态振兴、组织振兴五大目标，创建政府引领、市场化运营、社会参与、多元主体互动的运作模式，为每个县域做好数字乡村顶层设计，整合全国优势资源，赋能乡村发展[②]。

---

① 李木子、吴宁：《基于新发展理念的水资源配置问题》，载《中国科技信息》，2022年第2期。

② 沈费伟：《数字乡村的内生发展模式：实践逻辑、运作机理与优化策略》，载《电子政务》，2021年第10期。

[延伸阅读]

智慧管理平台助力乡村振兴

1. 网格化精细管理，实现乡村综合治理

乡村智慧管理平台通过“乡村网格化、管理信息化、流程扁平化”的手段，实现社会情况的全掌握、事件的全解决和服务的全方位，为百姓提供精准化、实时化的良好服务。

2. “互联网 + 服务办事”模式

依托政府公共服务信息系统，建立互联网便民服务中心，开展各类居民事项的网上办理，实现网上办、马上办、指尖办，实现服务提供的“最后一公里”。

3. 畅通渠道，收集民意

通过数字乡村智慧管理平台的建立，收集民情民意，公开党务、村务、财务，实现透明化管理，建立政府与乡村居民的最后一公里联系，畅通政府和居民的沟通渠道。

4. 构建坚实乡村综合治理维稳网络

构建乡村应急指挥体系，通过信息平台实时配合，实现业务协同联动，事件处理规范化、常态化，将各种不稳定因素化解在源头，保证乡村居民时刻处在稳健、安全的网络环境中。

5. 构建基层数据库，提高治理效率

将基层各项数据进行统一采集汇总，形成乡村基础数据库，为党建、民政、土地流转、产业发展提供有力的数据支撑。

6. 加快农村产业发展

通过数字化产业管理，提升土地经营流转管理，可融入农村电商平台模块，从而加快农村电商、乡村休闲旅游示范体系建设，促进乡村经济发展。

（资料来源：《“智慧平台”助力乡村振兴》，人民网人民科技官方账号。）

二、数字乡村智慧管理平台的建设目标

中共中央、国务院印发的《乡村振兴战略规划（2018—2022年）》确定了数字乡村建设的目标和任务，要加强农村信息化建设，将数字技术与乡村发展深度融合，持续提升乡村的整体实力，建设数字乡村，促进并实现农业农村的现代化发展。依托乡村智慧管理平台建设，组织村务管理、产业服务进村到户，推动村务管理、产业查询、劳务就业、市场销售等便民服务落地，打造智慧乡村“一站式”服务功能，打通为农服务“最后一公里”，进一步推动乡村现代化、智慧化发展。总而言之，乡村智慧管理平台建设也应朝着加强农村信息化建设、提升乡村治理能力、统筹发展数字乡村与智慧城市和推动互联网与特色农业深度融合的目标靠近。

转变信息传递结构，跨越城乡数字鸿沟。国务院印发的《“十四五”推进农业农村现代化规划》提出应推进乡村管理服务数字化。随着“数字乡村”建设全面推进，我国发达地区不断完善农村智能化硬件基础设施和软件基础设施，而农村地区利用智能化技术的软性治理能力却未能得到提升，导致“政府在实践过程中对于数字乡村智能技术传播应用过度注重与相对应的制度机制创新不足”的矛盾出现，使得农村地区存在相关数据更新不够及时、数字化设备利用率不高的问题，致使群众的信息需求不能够及时解决，出现治理主体治理能力的提升速度跟不上现代化治理技术的更新迭代速度。如通过“一图感知五四”

数字化平台实现网上数据全部正常流转、信息全方位发布、操作全部留下痕迹，有效促进乡村治理数字化建设，实现数字化转型。然而由于不同年龄群体信息素养的差异，在某种程度上导致了数字鸿沟的产生，使得出现信息两极分化。并且由于村民中有大部分人信息获取能力较差，不能够及时、有效地获取和利用政府提供的信息，使得信息不能够发挥其应有的价值，尤其是老年人，由于其不能很好地使用智能设备，使得其依托电子产品进行信息发布的乡村治理数字化平台容易产生“挤出效应”,大量农村老年人成为“数字遗民”[①]。针对这一问题，乡村智慧管理平台应通过乡村信息管理、交流互动和电子商务三种功能来跨越乡村地区的数字鸿沟，也需改变信息传递结构，为乡村村民提供获取信息和参与基层治理的渠道。同时，努力建设乡村智慧农业电子商务平台，为连接乡村地区和城市地区提供渠道，并促进当地资源的资本化和可持续性发展。在平台上的农业产品或手工艺产品交易中，帮助乡村村民学习如何选择或创造有价值的产品以应对且满足市场的需求，利用新的互联网技术促使这些资源资本化，促进城市的资金流动，促进乡村地区的就业和收入增长[②]。

完善乡村数据库建设，推动乡村党务信息化发展。国务院印发的《“十四五”推进农业农村现代化规划》提出加快数字乡村建设，应加强乡村信息基础设施建设。乡村智慧管理平台建设应完善乡村大数据资源汇集，构建乡村基础人口、组织、企业数据库，物联网设备，实现村务工作线上化。同时，依托一体化在线政务服务平台，应打通各部门信息孤岛、促进信息流转，推动部门间资源共享和业务协同，通过对接县域政务平台，实现数据在线、政务留痕，实现政务公示等硬性纲领，加快推广“最多跑一次”“不见面审批”等改革模式，推动政

① 付翠莲、张慧:《“理念－制度－技术”视角下乡村治理数字化转型的逻辑与机制——以德清县“一图感知五四”数字化平台为例》，载《公共治理研究》，2022 年第 3 期。

② 李明泰:《智慧乡村弥合数字鸿沟：平台效应与运行机制研究》，载《农村经济与科技》，2021 年第 19 期。

务服务网上办、马上办、少跑快办，提高群众办事便捷程度[①]。同时，应建设完善农村基层党建信息平台，优化升级全国党员干部现代远程教育，推广网络党课教育，进而推动党务、村务、财务网上公开，畅通社情民意。

推动互联网与特色农业深度融合，促进智慧乡村繁荣发展。国务院印发的《“十四五”推进农业农村现代化规划》，提出推进农业农村现代化，必须立足农业产业特性。随着农业信息资源的整合和大数据、人工智能、区块链和遥感技术等数字化新型技术的使用，数字产业模式将数据作为一种新的生产力要素，对农业生产、管理、销售全过程进行赋能重塑，由此开发乡村经济的新产业、新业态、新模式。其一，数字产业模式有助于构建乡村新产业。通过将现代数字技术赋能现代农业生产，从而构建以健康、绿色、便捷为核心市场需求的产业体系。其二，数字产业模式有助于塑造乡村新业态。这是将信息技术与实体经济相融合而形成的个性化、便捷化、智能化的乡村产业经营形态和类型。实践中，数字产业模式通过对村庄的产业规划、建设、运营提出数字化的转型要求，数字产业新业态对总体社会经济水平提高效益显著。其三，数字产业模式有助于打造乡村新模式。数字产业模式通过强调借助直播、抖音等多种线上新兴渠道与线下基础设施相结合，致力优化村庄数字资源配置，拓展经济发展方式，形成了诸如“农业生产 + 电商”“农业基地 + 盒马”“乡村生态 + 平台”等类型的发展模式，从而促进经济发展向高质量迈进。

实现社会包容性，打造乡村振兴平台应用。国务院印发的《“十四五”推进农业农村现代化规划》中提到应树立人民至上理念，在经济上维护农民利益，在政治上保障农民权利，激发农民积极性、主动性、创造性，不断满足农民对美好生活的向往。乡村智慧管理平台也应朝着

---

① 戈晶晶、丁文锋:《数字治理是数字乡村建设的“牛鼻子”》，载《中国信息界》，2020 年第 4 期。

国家目标前进。从数字鸿沟到社会包容，乡村智慧管理平台主要通过信息交流、参与到基层自治、收入增加三种类型弥合信息化社会导致的数字鸿沟，以此增强乡村村民在社会中包容性的增加。在信息交流方面，情感分享和日常交流不局限于距离，乡村村民可以参与虚拟活动，扩大社会交际圈，帮助缓解农民工的孤立感和异化感。在收入方面，乡村村民可以获得电商平台的农业产品和手工艺产品出售的收益，电商渠道为小区域的村庄打开了全国乃至全世界的市场。在信息流通方面，信息障碍被打破，政府、基层领导和乡村村民之间的信息流动变得透明，乡村村民有权参与村庄的管理和意见表达，增强了乡村村民对基层村组织的信任，有利于保护乡村村民权利，激发乡村村民对乡村管理的积极性，促进政治包容。乡村智慧管理平台帮助乡村村民参与村庄基层自治、扩大交际圈和收入增长，顺利地从政治、经济、情感上实现社会包容性。同时，围绕农业高质量发展、农民共同富裕的目标，建设数字应用多张图、肥药定额标准测算、肥药施用强度监测、数字基建管理、项目资金、应用中心等应用或模块，运用低收入农户、农资产品经营主体等大数据分析，加快形成一批成熟的未来乡村场景应用，进一步达到数字赋能乡村振兴，有效促进城乡融合发展。

三、数字乡村智慧管理平台建设的实践应用

随着乡村振兴战略的提出，其智慧管理平台也得到了充分的应用，不仅在功能上实现创新发展，同时也为当地的产业发展带来创收。本部分主要以互联网信息共享模式和村镇特色产业模式为案例分析，介绍了 58 同城以及广西壮族自治区横州市在打造数字乡村智慧管理平台、推进数字乡村发展的具体做法。

案例一：58 同城——致力于建设信息扶贫服务中心助力决胜脱贫攻坚

（一）背景介绍

2005 年 12 月 12 日，58 同城正式成立于北京，其主要业务是利用信息分类，再结合用户群体的定位信息，为用户提供信息服务，帮助人们解决生活和工作所遇到的难题。截止到目前，58 同城在全国共拥有 27 家直销分公司。58 同城作为中国互联网生活服务的重要平台，长期致力于公益和扶贫，将企业社会责任置于利润考量之上，结合企业所能和贫困地区所需，发挥 58 优势，创新推出“信息扶贫”新模式，激发乡村振兴发展新动能，决胜脱贫攻坚蓄力乡村振兴，开创数字乡村建设新局面，实现人民共同富裕目标。

（二）主要做法

2017 年，58 同城启动了新的战略项目——58 同镇，旨在打造一个连接全国 4 万多个乡镇的信息服务平台，通过农村信息化建设服务全国乡镇生活，全面解决乡镇信息闭塞问题，缩小城乡数字鸿沟，不断加强农村社会发展，激活农村经济活力。

58 同城利用其 15 年的生活服务累积优势，结合 58 同镇将 58 业务延伸至乡村，以“本地、免费、真实、高效”为宗旨为百姓提供生活服务信息，涵盖当地就业招聘、房地产、汽车、商户推广、找人、交友聊天、土特产等 13 个品类，为老百姓解决生活的小事大情。随着 58 同镇地方信息化发展经验和两年脱贫攻坚的研究，58 同城创造性地打造了一种新模式——“信息扶贫”,并打造出“123”扶贫工作体系,即“一个中心、两张网络、三项任务”，致力于集中资源，发挥优势，激活乡村经济新活力，为乡村振兴贡献自己的力量。

“一个中心”，即在贫困县成立信息扶贫服务中心，搭建为百姓服务的线下载体，着力解决农产品销售、求职等问题；“两张网络”，即推动线上信息网络与线下服务网点的有机结合，为贫困群众提供更全面、便捷、高效的本地信息服务；“三个任务”，一是培养一批“信息扶贫带头人”，二是积极开展农民手机应用、农村电商技能培训，三是开展农产品产销信息对接、在线招聘等活动，为扶贫属性的农产品销售提供信息发布渠道，促进买卖双方有效对接，解决了农村信息闭塞等问题，加快了乡村高效快速发展。

（58 同镇项目新模式——“信息扶贫”，并打造出“123”扶贫工作体系，即“一个中心、两张网络、三项任务”，致力于集中资源，发挥优势。图为颍上县信息扶贫服务中心。）

（三）取得成效

2019 年，58 同城率先提出了信息扶贫的概念，帮助 832 个国家级扶贫开发工作重点县建设将近 2600 个信息站点；直至 2020 年，58 同城的信息扶贫工作已覆盖全国 13 个省（自治区、直辖市），惠及 27.5 万贫困人口，为贫困群众提供 1158 万次就业机会，促成农产品交易 26 万次，累计金额 7000 多万元。同时，58 同城通过全国 10 大信息扶贫服务中心，累计发布 100 多万条生活服务信息，其中，求职招聘信息超 15 万条、寻人寻物信息 1000 多条、土特产销售信息 1.2 万条，帮助贫困地区超过 3 万人解决工作问题，助力贫困地区农产品销售超过 80 万斤、销售额超过 1000 万元。为进一步加强数字乡村建设，顺利开展信息扶贫服务中心向数字乡村试点基地的转型工作，58 同镇利用信息服务平台，累计开展 200 多场公益帮扶活动和 100 多场手机应用培训活动，其中农民手机应用培训工作已覆盖全国 10 个省（自治区、直辖市）近百个乡镇，培训覆盖人群超过 2 万人次，近 4 万贫困群众从中受益，有效为推动建设网络扶贫信息服务体系，增强贫困地区利用互联网发展的内生动力作出重要贡献。同时，58 同城依托 58 农服“益村”平台和“58 直购”小程序，整合农村电商平台资源，搭建以老百姓需求为导向的“益村”数字乡村综合服务平台，打破乡村信息壁垒，推动脱贫地区农特产品商品化，使亿万农民充分享受互联网红利，吸引超 2.5 万家商家长期入驻，完成数千笔农产品网上订单和难以计数的线下订单。2020 年评选出的 58 同城信息扶贫十大案例也为推动网络扶贫向数字乡村转型的有效衔接提供了宝贵经验。

表 5-1　58 同城信息扶贫十大案例

序号	类型	案例名称
1	扶贫助残	送设备送培训班，手把手教会残疾人直播带货
2	扶贫助农	举办马蹄采挖节，为重阳马蹄树品牌
3	扶贫助农	线上线下齐发力，助农销梨解难题
4	求职招聘	稳岗就业招聘会，圆梦千人助脱贫
5	直播带货	当直播遇上双十一，3000 多件扶贫商品被秒杀
6	直播带货	站长带货助脱贫，销售百万助攻坚
7	信息人才培养	培育信息人才，消除数字鸿沟
8	寻人寻物	40 分钟巡回走失老人，虚拟社区失物招领

续表

序号	类型	案例名称
9	汛情慰问	武警抗洪抢险保平安，服务中心筹集物资送真情
10	尊老敬孝	群众之中选榜样，寻找“孝顺媳妇”

案例二：广西壮族自治区横州市——构建“数字茉莉”大平台，打造产业经济新引擎

（一）背景介绍

横县于2021年7月29日正式揭牌成立横州市，是世界茉莉花都、中国茉莉之乡，茉莉花产业为主导优势产业，拥有40多年发展史，目前种植面积超过12万亩，花农33万余人，茉莉花和茉莉花茶产量均占全国总产量80%以上，占世界总产量60%以上。以茉莉花为主导产业的横州市现代农业产业园在2019年通过国家现代农业产业园验收。近年来，横州市重点推进茉莉花全产业链信息化建设，打造“数字茉莉”大数据平台，以数字赋能助力乡村振兴、带动农业增效农民增收。

（世界茉莉花都、中国茉莉之乡——横州市，以茉莉花为主导产业重点推进茉莉花全产业链信息化建设，打造“数字茉莉”大数据平台。图为横州市茉莉花国家现代农业产业园。）

（二）主要做法

一是打造数字茉莉大棚，以物联网技术实现源头把控，升级供给侧安全体系。开展横州市现代农业产业园茉莉花生产数字化试点建设，自主投资 370 万元，建设了 20 亩的数字茉莉大棚，在种植环节利用物联网和大数据技术进行智能光照、温湿控制、自动灌溉、自动施肥，通过智慧种植实现单产提高、降低成本和质量安全。

二是打造“数字茉莉”交易平台，以数据智能实现智慧市场，升级全过程监管体系。与银行合作建设“数字茉莉”电子交易平台，通过配套电子秤、大数据分析实现实时到账、记录交易、信用贷款和发布交易指导价，实现交易环节更公正、更便捷、可溯源、可监督。

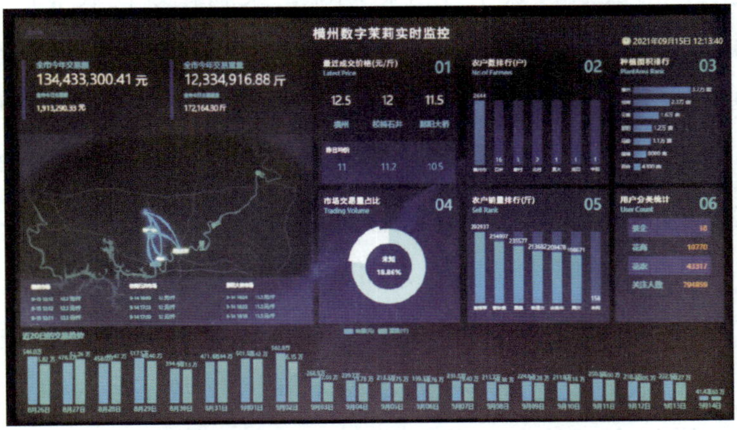

（广西壮族自治区横州市构建“数字茉莉”大平台主要依托打造数字茉莉大棚、“数字茉莉”交易平台、延伸“数字茉莉”供需系统的研发、建设大数据平台。图为横州市数字茉莉大数据平台。）

三是延伸“数字茉莉”供需系统的研发，以工业智能提升附加值，升级全产业加工体系。本地龙头企业通过“数字茉莉”平台发布供应信息，花农接单按品质要求种植管理采摘，逐步实现订单种植。通过大数据分析帮助企业精准预测市场、计算产能、成本和利润空间等，实现产品差异定价，以市场倒逼企业延伸产业链。横州市龙头企业逐步开发出茉莉精油、茉莉康养、茉莉文创、茉莉香米等高附加值产品。

四是推进大数据平台建设，以平台搭建加快产业融合，升级现代化服务体系。强化科技创新，组建茉莉花产业研究院，打造茉莉花专家智库，提升整体行业核心竞争力。强化电商物流支撑，以创建全国电子商务进农村示范县为契机，构建智能物流体系，降低物流成本，增强农产品上行力度。

（三）取得成效

通过数字化赋能，横州市茉莉花种植、生产、销售全产业链实现高质量发展，形成农村数字经济新动能，茉莉花现代农业产业高歌猛进。2020 年，横州市茉莉花（茶）产业综合年产值突破 125 亿元大关，综合品牌价值达到 206.85 亿元，是广西最具价值的农产品品牌。科技项目获得国家知识产权局受理相关发明专利 13 项、授权实用新型专利 5 项。2021 年 3 月，《中欧地理标志协定》正式生效，横州市茉莉花茶获欧盟官方认证，国际市场影响力和竞争力进一步提升；2021 年 11 月，横州市构建“数字茉莉”大平台，打造产业经济新引擎，其作为优秀案例，被中央网信办、农业农村部等 7 部委联合印发的《数字乡村建设指南 1.0》收入其中，横州市“数字茉莉”平台的开发建设是横州市全面贯彻新发展理念，运用“互联网 +”手段推动横州市茉莉花产业结构性改革、促进茉莉花产业转型升级的重要抓手，有效推动了区、市、县三级数字乡村建设工作机制的进行，加速了横州传统产业发展实现数字化转型的步伐。通过加快打造“茉莉花 +”花茶、盆栽、食品、旅游、用品、餐饮、药用、体育、康养“1+9”产业集群，全力构建世界茉莉花产业中心现代产业体系，进一步为弥合城乡“数字鸿沟”，促进城乡融合发展，实现乡村振兴注入新动力、提供新路径。

第六章
开展数字乡村信息基础设施建设效果评价

加快乡村信息基础设施建设是我国数字乡村发展战略中的重点任务，目前，我国乡村信息基础设施建设已取得较为突出的成果，但其发展尚处于不断探索实践的过程中，乡村治理、农业生产、社会服务等各方面仍面临着诸多挑战，因此，我国亟须构建一套指向明确、科学合理的数字乡村信息基础设施建设效果评价指标体系，以准确衡量数字乡村信息基础设施建设的主要进展和发展水平。对数字乡村信息基础设施建设效果进行评价，不仅能及时把握信息基础设施建设过程中出现的问题，对其存在的问题进行分析总结，还能根据评价结果有针对性地提出相应的优化措施，进而为促进我国乡村信息基础设施建设与管理决策提供理论和实践支撑。中央网信办有关负责人就如何抓好《数字乡村发展战略纲要》的贯彻落实问题也明确指出，要开展数字乡村信息基础设施建设发展情况监测评估工作，做好跟踪调研。可见对数字乡村信息基础设施建设效果进行综合评价是数字乡村战略实施过程中的重要环节，它是对数字经济时代下乡村信息基础设施建设与管理成果进行量化计算、科学评测的方法体系，对整个数字乡村规划的实施起到量化、评估和引导的作用。

(《数字乡村发展评价指南》团体标准研讨会在京举行。图为《数字乡村发展评价指南》研讨会现场。)

开展数字乡村信息基础设施建设效果评价是一项复杂的系统工作，本章将简要说明评价数字乡村信息基础设施建设效果的目的、原则和意义，重点研究如何构建一套科学的数字乡村信息基础设施建设效果评价指标体系，最后探索合理的数字乡村信息基础设施建设效果评价方案，为全国进行数字乡村信息基础设施建设程度和效益评估提供统一参考，助力实现到21世纪中叶全面建成数字乡村的战略目标。

第一节　数字乡村信息基础设施建设效果评价的基本前提

准确界定数字乡村信息基础设施建设的评价目标、遵循科学规范的评价原则，并明确评价工作的意义是开展数字乡村信息基础设施建设效果评价工作的基本前提和首要任务，对梳理乡村信息基础设施评价工作的侧重点，贯彻落实相关后续工作以及提升数字乡村建设水平具有重要的指导意义。本节通过对数字乡村信息基础设施建设效果评价的目标、指导原则和意义进行概括性阐述，为后续数字乡村信息基础设施建设的评价体系构建以及评价方案的探索提供引导性和控制性的参考依据。

一、目标界定

加强信息基础设施建设是实现数字赋能乡村振兴的基本前提，数字乡村信息基础设施建设与发展涉及的要素十分广泛，深入推进数字乡村信息基础设施建设，不仅需要落实乡村振兴相关政策的执行，还迫切需要对信息基础设施的建设进程做出准确的判断，对建设成果进行量化评价。如何构建一套指向明确、科学规范的评价体系，确保评价工作的顺利开展，除了采用标准、统一的量化过程外，这其中最为关键的就是要准确界定数字乡村信息基础设施建设效果的评价目标，指引评价工作的顺利开展。

（一）厘清数字乡村信息基础设施建设标准

厘清数字乡村信息基础设施建设标准是进行乡村信息基础设施建设效果评价的目标之一。乡村信息基础设施的建设内容包含网络基础设施、信息服务基础设施，以及金融、交通等传统基础设施数字化升级，其建设内容的广泛性导致其建设过程涉及的标准也多种多样，例如，关键信息基础设施安全控制标准、信息系统安全标准、技术保障相关标准等，而积极推动各项标准的建设与完善有助于支撑乡村产业创新发展、改进信息基础设施管理、推进信息资源的共建共享。然而，在数字乡村战略实施初期，我国现有乡村信息基础设施建设标准还不完善，标准缺失、不统一等原因致使信息基础设施建设需求无法满足，建设效果也得不到真实准确的反映。因此，为进一步完善并厘清数字乡村信息基础设施建设的相关标准，有必要对乡村信息基础设施建设效果进行评价。利用评价结果可揭示乡村信息基础设施的特征和本质，反映出各项标准的不足，帮助有关主体（主要包括政府职能部门、企业、科研单位等）尽快探索、制定和完善适合乡村信息基础设施建设的标准体系，使乡村信息基础设施标准化体系有所突破，进而协调推进数字乡村信息基础设施建设。

［延伸阅读］

山东省数字乡村标准化建设的重点任务

一、建立健全数字乡村标准体系

结合发展现状和标准化需求，聚焦优势及重点领域，围绕关键要素，构建数字乡村标准体系，强化标准工作顶层设计，明确标准研制重点方向。

二、探索开展基础通用标准研制

围绕建设实际和试点地区优秀实践，结合数字乡村的系统性特征，探索各项基础通用标准研制，解决数字乡村基础共性关键问题。

三、提升技术应用与平台标准化水平

开展技术应用类标准研制，提升数字乡村智能化水平和环境感知能力；规范公共支撑类平台建设，提升数字乡村业务协同和互联互通水平。

四、推进基础设施标准化建设

开展通信网络基础设施、乡村时空基础设施、乡村算力基础设施等标准研制；推进智能电网等融合基础设施标准研制。

五、提升数据要素标准化水平

加快数据字典、数据分类编码等标准研制；开展元数据管理、数据安全管控、数据有效治理与利用等标准研制。

六、增强治理与服务标准化能力

加快乡村数字治理、乡村信息惠民服务、乡村生态宜居、乡村网络文化四项标准研制，不断提升乡村数字化治理能力。

七、促进乡村产业与经济标准化发展

加强智慧农业、乡村新业态、农业科技创新、农产品流通营销、农村普惠金融五项标准研制，促进乡村产业与经济标准化发展。

（资料来源：《关于加快推进山东省数字乡村标准化建设的指导意见》，鲁网官方账号。）

（二）检验数字乡村信息基础设施建设成果

对数字乡村信息基础设施建设效果进行评价的最根本目标就是检验其建设成果。围绕信息基础设施的整体规划、目标制定和建设实施等，研究建立完善规范的乡村信息基础设施建设效果评估体系，依托专业机构，定期开展跟踪分析并发布评估信息，不仅有助于建设方动态掌握乡村信息基础设施具体建设项目情况，避免重复建设造成的经济损失；同时也可帮助政府职能部门掌握乡村信息基础设施实际建设水平和成果，明确建设重点，破除建设难点。评估结果客观反映了整个系统工程中各个步骤最终实施的效果和进程，是检验信息基础设施组织领导、规划体系及配套政策、组织协调的具体体现，亦是数字乡村信息基础设施建设的行动指南，评估结果作为衡量和考察信息基础设施建设成果的重要依据，可为后续的数字乡村信息基础设施建设发展提供科学、合理的决策指导。

（三）反馈数字乡村信息基础设施建设问题

目前，我国乡村信息基础设施建设尚处于早期探索阶段，广大农村地区自然条件差异大、发展水平不一、优势特点各不相同等原因致使整体发展水平不高，在政策供给、人才需求、建设水平等方面也仍然存在短板。而中共中央 国务院印发的《乡村振兴战略规划（2018—2022年）》中也明确指出要补齐农村基础设施建设的短板，着力解决好农村基础设施建设不平衡不充分的矛盾。因此，亟须构建一套可行的评价体系对建设和发展过程存在的问题进行反馈，以促进数字乡村健康、持续发展。探索建立遵循数字乡村发展趋势及变化规律的信息基础设施评价体系，可综合评价数字乡村信息基础设施建设与发展水平，并通过评价指标的辨识、可控、可测，及时反馈建设发展中的薄弱环节和不协调的地方，及时把握信息基础设施建设过程中出现的问题，并对规划建设中存在的问题进行分析总结，从而有针对性地提出相应的优化措施。这一过程有助于科学考核信息基础设施建设业绩，改善居民的生活质量，并为优化乡村经济运行系统提供引导性的理论和实践支撑。

（四）完善数字乡村信息基础设施建设的保障体系

数字乡村信息基础设施的建设发展是一个系统的、长期的过程，需要外部的多方保障才能顺利推进，因此，为了保证乡村信息基础设施的有效建设与可持续发展，有必要通过综合评价来完善数字乡村信息基础设施建设的保障体系，如图 6-1 所示。一是政策保障，政府可以根据评价结果对法律法规进行完善，对法制环境进行优化，形成法规明确、政府协调有序、企业高效规范的产业格局，同时加强标准的建设，促进资源共享。二是组织保障，评价结果能够间接反映出信息基础设施建设过程中领导职能、规划体系、体制创新、目标考核的不足之处，开展建设效果评估工作能够督促有关各方加强组织保障，引领数字乡村信息基础设施建设的发展方向。三是资金保障，信息基础设施建设是一项长期的系统性工程，需要相关各方在政府主导下，持续有力的投入，通过评估能够把握建设中的重点项目，从而将有限的资金向重点项目聚焦。四是技术保障，信息基础设施建设需要以技术保障为前提，评价结果能够反映技术的薄弱环节，从科技创新、试点示范、标准建设和安全技术创新等方面进行完善，形成智力保障。五是信息安全保障，在数字经济时代下，信息基础设施建设效果评价应持续重点关注信息安全问题，健全信息安全保障。从以上 5 个层面对信息基础设施建设评价结果进行分析、研究可以完善相关的保障措施，为乡村信息基础设施的顺利建设发展提供保障。

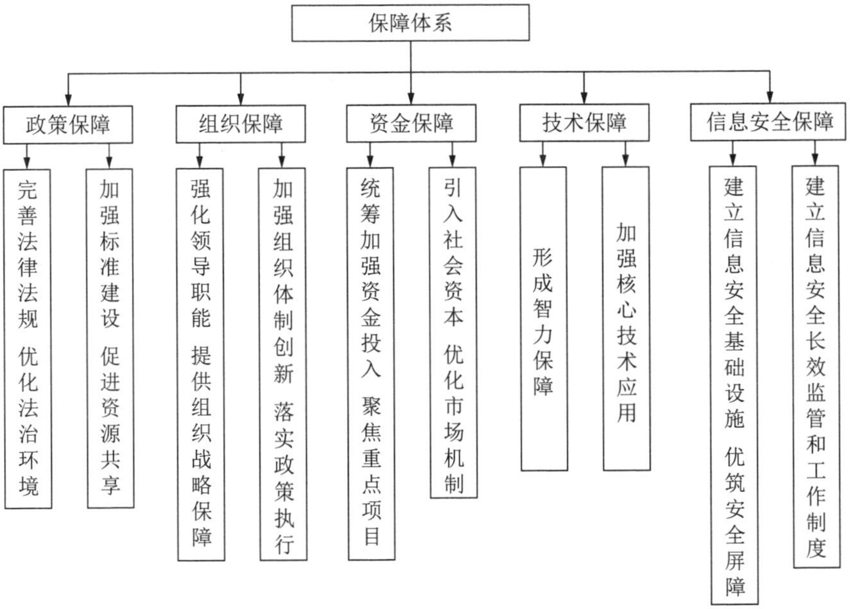

图 6-1　数字乡村信息基础设施建设的保障体系

二、指导原则

我国有关部门和专家学者已经对数字乡村发展水平评价做了大量有益的研究，不仅提出了系统的评价方法，还不断完善了评价指标体系，建立了若干数字乡村发展水平的评价范式[①]。其中，一些方法既能反映乡村的职能和信息基础设施的发展水平，又能综合衡量乡村经济、社会、环境的综合效益，具有一定的科学性和较强的可操作性。但需要注意的是，随着时间的推移，乡村经济系统对于信息基础设施的要求在不断发生变化，因此乡村信息基础设施建设与管理评价的指标内容，应是结合当地实际和时代发展的步伐而不断发展变化的，不应墨守成规，一成不变。为了保证评价工作能够结合当地特色，并紧跟乡村发展步伐，在评价过程中需要遵循以下 6 个原则：

（一）科学性原则

评价体系设计及评价过程是否具有科学依据，直接关系到评价工作的质量和能否准确反映乡村数字化的实际发展水平，因此，要使整个指标体系及评价结果准确可靠，在评价过程中首先应遵循科学性原则。一方面，指标的选取与科学设计应参考国内相关学者关于乡村振兴、数字乡村、农业信息化、“三农”问题、新型基础设施建设等采用的评价指标体系，结合《中国数字乡村发展报告（2020 年）》《中共中央 国务院关于做好 2022 年全面推进乡村振兴重点工作的意见》等报告的主要内容，并以《数字乡村发展战略纲要》《数字农业农村发展规划（2019—2025 年）》等政策文件为指导，突出在乡村振兴战略背景下的农村信息基础设施建设发展的情况。另一方面，评价过程要从全局视角出发，将评价体系的指标与所评对象的内容保持一致，科学反映各时期建设

① 吴园：《数字乡村发展评价指标体系构建研究》，载《江西农业学报》，2022 年第 1 期。

成果的鲜明特点，使评价结果尽量做到真实可靠、科学合理。

（二）系统性原则

乡村信息基础设施建设效果评价需要遵循系统性原则，唯有构建系统的、完整的、多维度的指标体系，才能对数字乡村信息基础设施的建设水平进行有效测度和评价。乡村信息基础设施的建设发展是一个动态过程，各个指标的评价也不易在短期内获得较真实、接近原貌的数据，在遵循系统性原则进行评价指标选择时，应把乡村的基本信息化水平、智能应用水平、信息资源、生态环境、创新水平等视为一个整体的大系统。做到重点突出，比例适当，指标群逐级分解，形成全面系统、逻辑一致、层次分明的指标体系，使评价工作能够根据信息基础设施发展所处的不同阶段对不同指标在合适的时候予以优化和调整，最后能够基于一个信息技术、环境、资源、人相互协调的整体大系统考核信息基础设施的建设状况。

（三）全面性原则

数字乡村是一个系统庞大的体系，信息基础设施作为其中的重点内容，其建设过程涵盖的范围也十分广泛，各组成要素之间又相互作用、紧密依存，因此，要进行科学准确的测度研究，指标体系的设计应覆盖全面，要将所有需要考察的内容都包含在指标体系之内，不能遗漏重要指标。此外，评价体系的构建既要体现乡村信息基础设施的发展现状，包括数字化基础设施建设、数字化农业、数字化治理、数字化公共服务等全方位的应用，又要反映数字乡村发展成效的重要内容，如农业增产、农民富裕和农村繁荣等。同时评价指标的选取要从不同角度切入，结合当地实际情况，使各个指标之间形成有机、有序的联系，最终构建一个层次结构清晰、内容涵盖全面的完整有机体系，全面客观地反映评价对象特征和基本情况。

（四）客观性原则

进行数字乡村信息基础设施建设效果评价的目的，就是要客观地评价信息基础设施建设每一阶段的实施效果，进一步来说，就是要客观评价整个系统工程中各个步骤最终实施的效果。信息基础设施建设效果评价过程实质上是评价主体对客观价值进行测量、改进的过程，这种测量既可以是主观测量，也可以是客观测量，但由于数字乡村信息基础设施建设过程涉及的内容是复杂多样的，主观测量往往无法体现其真实性，在评价过程中带入主观色彩会导致评价结果和事实有所偏颇，因此，在选取数字乡村信息基础设施建设效果评价指标时要遵循客观性原则，尽量做到以客观事实为依据，不能带有个人主观色彩。此外，由于一些特殊指标只能根据评价者的个人经验或主观感知进行定性的评判，因此可以选取一些带有主观感知的具有模糊性特点的评价指标，从而使之更加符合评价对象的实际发展现状。

（五）动态性原则

由于不同地区的数字乡村信息基础设施建设能力、管理水平、发展状况等存在着一定差异，加之信息基础设施的综合功能和水平也会随着信息技术的日臻完善而不断丰富和提高，评价体系的构建极有可能存在与数字乡村信息基础设施建设发展不匹配的情况。为此，在进行信息基础设施建设效果评价时应遵循动态性原则，即评价体系要准确、易于理解，能够适应信息技术发展的动态变化，预测未来的发展变化趋势，且不影响评价的结果，在实际评价过程中能够根据组织内部结构、行业部门系统特点以及外部环境的具体情况进行具体分析，相关部门也能及时合理地调整、补充和完善指标，力争使构建的指标体系能够切实反映出被测评对象的真实水平和实际发展状况。

（六）可操作性原则

评价体系理论性强、可操作性差是当前部分评价体系存在的最大问题，为使得数字乡村信息基础设施建设效果评价兼具指导性和操作性，就要求其在完善理论部分支撑的同时，充分掌握信息基础设施建设的实际情况，并能与未来的发展目标和管理模式有效衔接。可操作性原则要求评价指标体系的数据获取、处理过程具有可操作性。即数据易量化、易获取，在数据处理时能够进行定量的测量和计算，且数据来源要明确真实，尽量通过国家或地方统计年鉴、统计公报或国家权威机构发布的官方公告获取指标数据信息，以便更好地开展地区间横向和纵向比较。可操作性也是进行后续评价工作的前提，能够降低人为因素造成的测度结果偏差，使测度结果可靠有效，建设成果全面落地，并为乡村信息基础设施建设工作提供科学和有效指引。

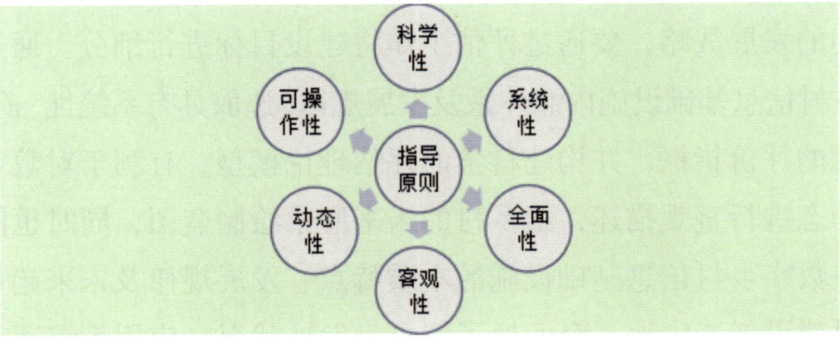

图 6-2　数字乡村信息基础设施建设效果评价的指导原则

三、重要意义

2022 年 1 月，中共中央、国务院关于做好 2022 年全面推进乡村振兴重点工作的意见中指出要大力推进数字乡村建设，研究制定发展评价指标体系，持续开展数字乡村试点。可见，综合评价数字乡村信息基础设施建设效果是乡村数字化实施过程中的重要环节，对数字乡村信息基础设施建设工作具有重要意义。一方面，评价工作可及时纠正参与主体在信息基础设施建设与发展目标认知上的差异，科学量化效能目标，使建设目标更加具体；另一方面，评价是检验建设成果的一道重要工序，对乡村振兴背景下的乡村信息基础设施建设效果起到量化和科学评测的作用，不仅能提升信息化建设水平，还能指导乡村振兴战略的实施。

（一）有利于数字乡村信息基础设施建设目标具体化

乡村是具有自然、社会、经济特征的地域综合体，兼具生产、生活、生态、文化等多重功能，而我国各地区之间的乡村信息基础设施建设在经济实力、社会资源、技术水平、基础设施建设水平、服务管理能力等方面存在较大差异，因此，针对不同发展水平的乡村，不能采用一刀切的发展战略，要通过评估工作将建设目标进行细分。通过系统阐述乡村信息基础设施内涵体系及发展规律，选取具有系统性、前瞻性、操作性的评价指标，并构建科学的评估理论模型，有利于对数字乡村建设动态进行直观描述，给乡村的未来愿景绘制蓝图，同时也能够充分反映数字乡村信息基础设施的本质特点、发展规律及未来趋势，让各乡村建设者清晰地、全面地了解自身发展状况、应用系统运行效果及存在的问题，进一步明确乡村未来发展方向，将党中央和国务院乡村振兴战略的目标具体化，为持续优化、构建最佳发展路径提供决策参考。

（二）有利于对数字乡村信息基础设施建设效果实施监测和纠偏

数字乡村信息基础设施是一个复杂的巨大系统，其建设发展过程包括多个环节，其中科学评价在整个过程中发挥着重要的监测和纠偏作用，是推进数字乡村信息基础设施建设行动的重要抓手。乡村信息基础设施建设虽然取得了一定的效果，但与乡村社会的真实需求联系不够紧密，在资源共享、数据获取等方面还存在一定的障碍，与发达国家或地区相比，政策供给、人才培养和技术创新等也存在较大差距。因此，查找和纠正建设过程中出现的问题和短板是对乡村信息基础设施建设效果开展评估工作的重要意义。结合数字乡村信息基础设施建设特征和实际需求，对不同乡村地区进行监测、评价和对比，有利于总结建设进程中的实践经验，动态掌握数字乡村信息基础设施建设的具体情况。最终便于精准施策，加快缩小我国各地区之间的数字乡村信息基础设施建设差距，提升广大农民的获得感和满意度，发挥信息化在推进乡村治理体系和治理能力现代化中的基础支撑作用，为推动乡村振兴和高质量发展提供强大支撑。保障数字乡村信息基础设施建设沿着正确的轨道前进。

（三）有利于提升数字乡村信息基础设施建设水平

评估工作不仅涉及信息基础设施的建设模式、机制等宏观管理的考核，同时也涉及建设质量等微观方面的把控，开展评价有利于规范各方的权力和责任，调整建设模式和机制，并及时总结建设过程中的成功经验，指导下一步工作，能够显著提升数字乡村信息基础设施建设水平。在省级层面对建设成果进行横向比较，可系统地梳理各省的发展优势和薄弱环节，明确建设工作重点、难点和努力方向，为因地制宜、分类指导推进各地乡村振兴进程提供量化管理依据。在乡镇层面，评价工作则有助于政府部门掌握数字乡村信息基础设施的实际建设和发展水平，对建设过程进行全程的质量管理，明确建设中的重点项目，且能有效避免数字乡村信息基础设施建设沦为政绩工程。开展乡村信息基础设施建设效果评价的最终意义是为了促进数字乡村建设水平的提升，最终全面普及、不断深化信息技术应用，缩小城乡数字鸿沟，打破地域和经济发展水平之间的差异，让乡镇人口可以无差别地获取信息，真正体验到信息化带来的生活质量的提高。

（四）有利于指导乡村振兴战略规划的实施

乡村振兴战略规划是推动乡村信息基础设施建设效果评价开展的决策先导，为评价工作的顺利开展提供了重要的战略性、基础性和先导性作用，反之，评价结果也在一定程度上反馈了乡村振兴战略的短板和不足，从而更好地指导战略规划的实施。评价工作通过考察政府、市场和环境等各方面对乡村信息基础设施建设的外部支撑保障能力，科学度量乡村振兴建设的进展和水平，对乡村信息基础设施进行统筹规划、合理布局，有利于减少建设用地、优化资源配置，积极支撑我国“环境友好型”和“资源节约型”社会建设；有利于促进乡村资源共建共享、深入推进新型基础设施建设，构建健康和谐的信息基础设施建设和管理环境；有利于细化和部署实施乡村振兴战略的时间表和路线图，为扎实推进乡村建设行动，进一步提升乡村宜居宜业水平提供有效指导，最终助力乡村振兴战略规划的实施。

（阜阳市颍东区新乌江镇召开会议，专题推进2021年度实施乡村振兴战略实绩考核工作。图为新乌江镇实施乡村振兴战略实绩考核工作推进会现场。）

第二节　构建数字乡村信息基础设施建设效果评价指标

当前，新一代信息技术创新空前活跃，不断催生出新产品、新模式和新业态，推动全球经济格局和产业形态深度变革。数字乡村是伴随网络化、信息化和数字化在农业农村经济社会发展中的应用，以及农民现代信息技能的提高而内生的农业农村现代化发展和转型进程，既是乡村振兴的战略方向，也是建设数字中国的重要内容。我国正处在“两个一百年”奋斗目标的历史交汇期，同时也是信息化与农业农村现代化的历史交汇期。近年来国家相关部门高度重视数字乡村建设，采取了一系列举措。2018年中央一号文件首次提出“实施数字乡村战略”；2019年5月，中共中央办公厅、国务院办公厅印发了《数字乡村发展战略纲要》，主要部署了加快乡村信息基础设施建设、发展农村数字经济等十项重点任务；2021年9月，中央网信办、农业农村部、国家乡村振兴局等七部门印发了《数字乡村建设指南1.0》，提出了数字乡村建设的总体参考架构；2022年1月，中央网信办、农业农村部联合联8个部门印发了《数字乡村发展行动计划（2022—2025年）》，部署了数字基础设施升级行动等8个方面的重点行动。与此同时，中央和地方各级人民政府在实践中也掀起了数字乡村建设的热潮，取得了诸多可喜的成就和宝贵的经验，但同时也暴露出一系列的问题，最为突出的是，在数字乡村建设的过程中，缺乏一整套指向明确、科学合理的数字乡村信息基础设施建设效果评价指标体系与之配套来发挥导向作用。

因此，本节通过对数字乡村信息基础设施建设效果评价指标体系的构建思路、主要内容和合理性求证进行详细阐述，使构建的数字乡村信息基础设施建设效果评价指标体系能够切实地反映出被测评对象的真实水平和实际发展状况。

一、评价指标体系的构建思路

建设数字乡村，是催生乡村发展内生动力、推进乡村治理转型、提升乡村生活服务水平的现实需求，也是实施乡村振兴的战略需求，对筑牢数字中国根基、拓宽农民增收渠道、保障改善农村民生、促进城乡融合发展意义重大。数字乡村建设的核心在于利用数字技术全面赋能乡村振兴，而信息基础设施是数字乡村发展的大动脉，是数字乡村建设的数字底座，建设内容包括网络基础设施、信息服务基础设施，以及水利、气象、电力、交通、农业生产和物流等传统基础设施数字化升级。通过对数字乡村信息基础设施建设效果进行评价，一方面是对数字乡村发展现状、乡村振兴水平和实施效果的基本判断，另一方面也是衡量数字乡村建设质量的重要方式。

鉴于此，不难发现数字乡村信息基础设施建设是一个综合、多层次、全方位的目标，涉及数字乡村方方面面的变化。换言之，其建设效果受到各种主客观因素的影响，不同的人拥有不同的评价标准，若仅从单一指标出发来评价数字乡村信息基础设施建设是不合理、不客观的。现阶段重点是遵循数字乡村信息基础设施建设框架体系的总体思路与目标，健全数字乡村信息基础设施建设必须达到的标准，对数字乡村信息基础设施建设的内容、应用场景、信息用户进行综合考察。

在具体设置每个功能模块及其具体指标内容时，由于一些指标本身不具备可测性，人们可以将这些指标分解成若干个子指标，从而形成结构合理的梯阶结构。指标的第一层目标层指标，为综合评价指标；第二层因素层指标，为分类评价指标；第三层子指标层指标，为单项评价指标。一般而言，单项评价指标具有结构单一、简明可辨、容易测量等特征，以方便人们清晰直观地对数字乡村信息基础设施建设效果做出评价。

因此，本书在明确数字乡村信息基础设施建设效果的评价目标和评价原则的基础之上，通过借鉴我国专家学者已有的研究成果和全国各地数字乡村取得的建设成果，结合数字乡村战略的各阶段目标，并充分考虑到我国各地乡村地区目前存在的区域发展不平衡、资源配置不均衡等一系列问题，层层分解关键成功要素，从网络设施水平、信息服务设施水平、基础设施数字化转型、关键信息基础设施安全保障四个维度构建了数字乡村信息基础设施建设效果评价指标体系[①]。

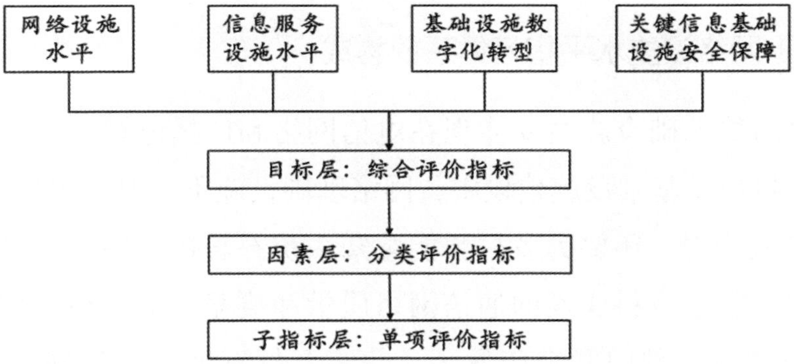

图 6-3　评价指标的四个维度

[①] 注：本书所提供的指标体系仅可作为参考，具体指标体系的应用与实施各地仍应按照自身治理情况予以灵活地增减指标，不强求“一刀切”和“齐步走”，从而达到更好的评估作用。

二、评价指标体系的主要内容

纵观我国数字乡村信息基础设施建设现状以及国家相关政策对数字乡村信息基础设施建设的要求，针对数字乡村信息基础设施建设效果评价存在的目标多元性、评估标准的难确定性、认知效应的偏差性等特点，从宏观和整体上构建一套全面、系统、科学的数字乡村信息基础设施建设效果评价指标体系意义重大。为了能够准确评估数字乡村信息基础设施建设效果，通过大量调研关于数字乡村建设评价指标体系的相关文献，充分考虑各地乡村发展情况的差异，结合中共中央办公厅、国务院办公厅《数字乡村发展战略纲要》要求、《江苏省数字乡村建设指南（试行）》中的数字乡村参考评估指标体系以及全国数字乡村试点工作的先进经验，经过整合，将数字乡村信息基础设施建设效果评价指标体系划分为4大分类评价指标。相应的分类评价指标项下面划分出更加具体详细的单项评价指标，其中网络设施水平包括3个单项指标项，信息服务设施水平包括4个单项指标项，基础设施数字化转型包括6个单项指标项，关键信息基础设施安全保障包括3个单项指标项，详见表6-1。

（一）网络设施水平指标体系的构成

乡村网络基础设施主要体现在电信网络和广播电视网络等方面。在数字乡村信息基础设施建设中，网络基础设施不仅要为农村居民提供网络接入能力，还要为乡村智能感知系统部署提供网络连接基础，极大反映了数字乡村建设的通信网络质量和覆盖水平。2022年1月，中央网信办等十部门联合印发了《数字乡村发展行动计划（2022—2025年）》，其中围绕电信普遍服务、农村宽带网络质量、广播电视业务网络等方面推进乡村网络基础设施优化升级，着力打通乡村网络基础设施建设“最后一公里”，从而大幅提升乡村网络基础设施水平。因此，衡量网络基础设施水平的指标有农村宽带网络建设、农村移动网络建设、农村广电网络建设。

表 6-1 数字乡村信息基础设施建设效果评价指标体系

综合评价指标	分类评价指标	单项评价指标	指标说明
数字乡村信息基础设施建设效果	网络设施水平	农村宽带网络建设	提升光纤到户接入能力达到 1000M，规模部署基于 IPv6 的下一代互联网
		农村移动网络建设	深化 4G/5G 网络建设，实现农村地区 5G 网络普遍覆盖
		农村广电网络建设	推进广电有线网络 IP 化、智慧化、融合化升级改造，建成新一代农村数字化广播电视网络
	信息服务设施水平	村级政务服务代办站（点）建设	构建一体化、本土化的政务服务平台，提供一站式办理的政务体系
		农村电商服务站建设	升级改造乡镇电子商务服务站和村级电子商务服务点
		益农信息社建设	建设有场所、有人员、有设备、有宽带、有网页和有持续运营能力的“六有”益农信息社
		村级供销合作社建设	打造周边农民群众生产、生活、生态的综合性服务中心
	基础设施数字化转型	农村智慧水利设施建设	实现涉水信息动态监测和感知，提升信息共享开放水平
		农村智慧气象设施建设	综合运用新型信息技术手段和数据平台，建成相较完善的新型智慧气象服务和预警体系，实现智慧化农村气象管理应用场景
		农村智慧电力设施建设	电力实现灵活调配，对用电量进行及时的预警，保证农村生活、生产各类用电需求
		农村智慧交通设施建设	提供农村地区的高精度地图，加强新技术应用和信息公开
		农村智慧农业设施建设	综合运用信息技术及自动化设施和监控设备，搭建管理信息系统，提高农业生产经营数字化、自动化、网络化水平，强化信息采集、监测和分析应用，打造智慧农业新业态
		农村智慧物流设施建设	搭建县（区）、乡（镇）、村三级物流网络体系，建设农产品冷链物流、农产品仓储保鲜冷链设施，完成县（区）、乡（镇）、村物流服务站点信息化建设和农村物流信息终端部署
	关键信息基础设施安全保障	识别认定	强化跨领域网络安全信息共享和工作协同，提升网络安全风险识别能力
		安全防护	推动推动重要系统与网络安全设施同步化进程，建立网络安全责任追究机制，规划数字乡村容灾备份体系，构筑数据安全防护体系，提升关键信息基础设施安全防护水平
		应急防控	建立健全应急防控机制，提升网络安全应急指挥能力

农村宽带网络建设是指开展光网乡村建设，各基础电信运营企业、铁塔公司加快开展农村地区接入网扩容工作，持续提升光纤到户接入能力达到1000M，加快IPv6网络建设和应用。积极推动管道、杆路、机房、通信设备电力供应等设施的共建共享，避免重复建设。

农村移动网络建设是指深化4G/5G网络建设，各基础电信运营企业、广电企业、铁塔公司持续优化农村地区4G网络部署，启动农村700M 5G网络建设，实现农村地区5G网络普遍覆盖，落实铁塔、局房、管线、基站设备的共建共享，进一步提升移动网络资源使用效率。

农村广电网络建设是指推进农村数字化广播电视网络建设，广电企业充分利用已有资源，适应媒体融合、移动优先的发展要求，推进广电有线网络IP化、智慧化、融合化升级改造，结合广电5G网络、卫星直播、无线微波等技术，提高农村广播电视的覆盖，建设新一代广播电视网络。

（截至2022年7月底，全国已建设开通5G基站超196.8万个。图为5G基站建设现场。）

（二）信息服务设施水平指标体系的构成

信息服务基础设施是指利用信息技术为农村居民提供政务、生产、生活等领域信息服务的站点和设施，主要包括村级政务服务代办站（点）、农村电商服务站、益农信息社、村级供销合作社这四个评估指标。

村级政务服务代办站（点）建设是指运用互联网、大数据、云计算等技术手段，在村级层面构建一体化、本土化的政务服务平台，提供一站式办理的政务体系。通过扩大涉农政务服务事项在网上办理的比例，部署乡村基层政务服务中心、站点等方式，推动“互联网 + 政务服务”向乡村延伸，实现涉农政务服务“网上办”“马上办”“一网通办”，打通农村政务服务“最后一公里”。

农村电商服务站建设是指市、县（区）、乡（镇）、村各级层面结合邮政、供销以及各类社会资源已有电子商务服务站点，升级改造乡村级电子商务服务站点，包含乡镇电子商务服务站和村级电子商务服务点，为农村居民提供网络代买、代卖、充值缴费、生活服务等便民服务，汇集辖区内服务网点、交易、物流、溯源、产品、培训等数据并与本地电子商务公共服务中心对接。

（农村电商服务站要从“一村多站”转向“一站多业”。图为胡同村电子商务服务站。）

益农信息社建设是指市、县（区）、乡（镇）、村各级层面推动“互联网 + 社区”向农村延伸。依据国家和省信息进村入户工程建设要求，持续增强益农信息社运营服务能力，因地制宜在益农信息社部署智能终端设备，推广应用益农信息服务平台，加快打造“网上益农信息社”，组织信息员开展公益、便民、电子商务和培训体验等信息服务，提高村级综合服务信息化水平。

村级供销合作社建设是指村级层面重点围绕为农服务、农产品流通、产业融合三大体系开展经营服务，积极探索经营性服务与公益性服务相结合，将村级供销合作社打造成为服务周边农民群众生产、生活的综合性服务中心，切实解决为农服务“最后一公里”问题，实现基层经营服务网络、村两委发展壮大集体经济及村民实现增产增收三方共赢。

（三）基础设施数字化转型指标体系的构成

基础设施建设是人们生产经营活动与日常生活的基础，对农村居民而言，良好的基础设施与他们的收入水平与生活水平紧紧关联。2019 年 5 月中共中央办公厅、国务院办公厅发布的《数字乡村发展战略纲要》中指出，要加快乡村基础设施数字化转型。其中传统基础设施主要包括水利、气象、电力、交通、农业生产和物流等基础设施，数字乡村建设通过引入互联网、大数据、人工智能、云计算等新一代信息技术，旨在对传统基础设施进行数字化、智能化改造升级，为农业生产经营和农村居民生活提供更为便利的条件。因此，衡量基础设施数字化转型的指标有农村智慧水利设施建设、农村智慧气象设施建设、农村智慧电力设施建设、农村智慧交通设施建设、农村智慧农业设施建设和农村智慧物流设施建设。

农村智慧水利设施建设是指省、市、县（区）各级水利管理部门应推进农村水利关键要素或全要素动态感知体系建设，实现大中型灌区和农村生态河道的动态监测与自主感知，推进水利信息在各级农业部门间开放共享，并向社会公开，提高水利设施的管理效率和社会服务水平，进一步改善农业生产条件，提升农村生态环境。

农村智慧气象设施建设是指省、市、县（区）各级气象部门深入应用新一代信息技术，打造具备自我感知、判断、分析、选择、行动、创新和自适应能力的智慧气象系统。主要围绕以下四方面来开展，一是搭建精细化、无缝隙的“智慧气象”预报业务一体化平台，面向以农民合作社、家庭农场等为代表的新型农业经营主体，实现气象信息智慧化推送、直通式服务、普惠式传播。二是建设本地化气象信息共享平台和App，实现气象监测和预报预警产品等综合信息开放共享。三是加强农村气象灾害风险管理，针对突发性短时强降水、雷电、冰雹、大风等农村强对流天气，建立精细到乡镇的监测预报预警产品体系和中小河流洪水、山洪、地质灾害气象风险预警产品体系。四是依托省、市、县（区）各级农业气象试验站，针对特色农产品，发展智慧农业气象监测预测技术，形成“气象+特色作物”农业气象服务新模式，为高品质农业发展提供气象科技支撑，以期更精确、更智能地服务于农业生产和农村居民生活。

农村智慧电力设施建设是指省（自治区、直辖市）、市、县（区）各级电力部门应加大农村电网的建设力度，推进多种可再生能源上网，全面巩固农村电力保障水平。探索建设乡村电力信息远程传输系统和配电智能化系统，配备监控终端，利用数字化技术实现远程智能抄表、负荷监测、电力质量监控等功能，做到用电量及时预警、电力灵活调配，从而保障农业生产、农产品加工、乡村旅游、农民消费升级的用电需求。

农村智慧交通设施建设是指省（自治区、直辖市）、市、县（区）各级道路管理部门应推进农村交通基础设施的数字化，统筹建设面向农村居民的公共出行服务平台，构建农村公路管理系统，加快农村公路电子地图建设，把农村公路路网管理统一纳入省（自治区、直辖区）、市一体化路网管理体系中，并把路网运行信息向全社会实时公开。

农村智慧农业设施建设是指省（自治区、直辖市）、市、县（区）各级农业农村部门应推动新一代信息技术在农业生产过程中的深度融合应用。省级层面构建全省（自治区、直辖区）智慧农业管理信息系统，建成覆盖农业生产各环节的监管数字化体系，形成数据完整、功能完善、标准统一的农业信息化“一张网”，提升农业农政数字化水平。市、县（区）层面建立健全空、天、地一体化数据资源采集体系和监测体系，在农业生产场景中综合利用 GIS、卫星遥感、无人机等技术手段，拓宽信息自动化、智能化数据采集渠道，形成农业监测网络，并通过对各类信息实时采集，实现农业建设与保护全程数字化动态监测和监管，以精细化、智能化、集约化、科学化促进传统农业的管理效率和生产效率的提升。

农村智慧物流设施建设是指健全县（区）、乡（镇）、村三级物流网络体系，建设县级农村物流中心、乡镇农村物流服务站和村级农村物流服务点，推进县（区）、乡（镇）、村物流服务站点信息化建设和农村物流信息终端部署，并与省、市级物流管理体系形成数据共享，提升农村物流服务时效，降低物流成本。同时开展农产品冷链物流设施建设，支持家庭农场、农民合作社等新型农业经营主体建设一批立足田间地头、设施功能完善、经济效益良好、紧密衔接市场的农产品仓储保鲜冷链设施，引导生鲜电商、邮政、快递企业建设前置仓、分拨仓，配备冷藏和低温配送设备。

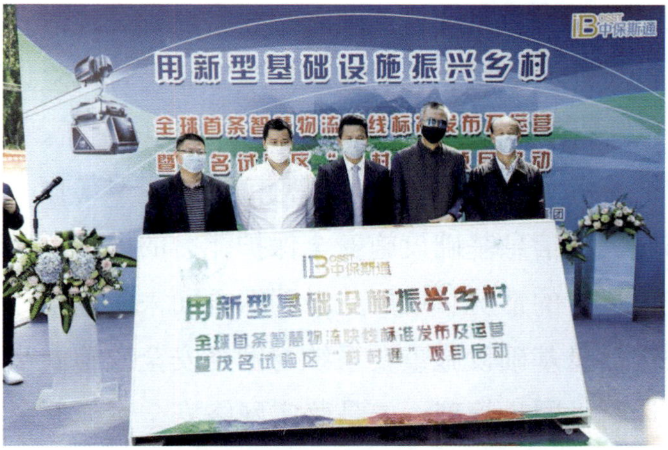

（全球首条智慧物流快线在广东省化州市正式运营，激活县域1小时物流圈。图为全球首条智慧物流快线标准发布及运营暨茂名试验区“村村通”项目启动现场。）

（四）关键信息基础设施安全保障指标体系的构成

关键信息基础设施一般是由一群相互关联、相互影响的复杂网络和信息系统构成，包括核心系统、支撑系统和辅助系统等。任何一个系统遭到攻击和破坏都有可能对整个信息基础设施造成危害和中断。关键信息基础设施作为经济社会运行的神经中枢，其安全稳定运行关系着国家安全、经济繁荣以及人民福祉，其在数字乡村信息基础设施建设过程中的重要性不言而喻。因此，衡量关键信息基础设施安全保障的指标有识别认定、安全防护、应急防控。

识别认定是指对数字乡村关键信息基础设施保护范围识别及风险识别能力的评价。省（自治区、直辖市）、市、县（区）各级公安部门、通信部门应紧紧围绕数字乡村关键信息基础设施建设，强化跨领域网络安全信息共享和工作协同，提升网络安全威胁发现、攻击溯源能力。此外，关键信息基础设施的网络运营者应梳理关键业务链，建立关键业务链相关的网络、系统和其他资产清单，包括核心业务系统以及相关联的辅助系统和支撑系统等，同时对数字乡村关键信息基础设施承载关键业务的资产、威胁、脆弱性这三个方面进行风险识别，从而对系统存在的风险以及风险的变化情况有一个准确的判断。

安全防护是指对省（自治区、直辖市）、市、县（区）各级公安部门、通信部门关键信息基础设施安全保护能力的评价，反映关键信息基础设施安全运行的情况。主要从以下四方面来实施：一是推动数字乡村建设关键信息基础设施重要系统与网络安全设施同步设计、同步建设、同步运行、同步管理。二是落实网络安全责任制，明确网络运营机构主体责任，督促网络运营者依法开展网络定级备案、安全建设整改、等级测评和自查等工作。三是规划数字乡村容灾备份体系，推行联合灾备和异地灾备，以保证关键信息基础设施因网络攻击、自然灾害、故障等原因，业务受到影响或者停止运行时，确保备份系统能够替代主系统运行，保证其业务正常运行、数据不会丢失。四是构筑数据安全防护体系，建立数据安全管理机制，实施数据资源分类管理，围绕数据采集、传输、存储、处理、交换、销毁等环节，防止信息泄露、损毁、丢失，确保收集、产生的数据和个人信息安全。

（《关键信息基础设施安全保护条例》被纳入2020年立法规划，从多方面提升通信、能源、交通、金融等行业主管部门和关键信息基础设施运营单位的安全保护能力。图为关键信息基础设施安全包含的内容。）

应急防控是指对关键信息基础设施保护过程中的事件应急预案、应急演练和应急处置情况的评价。市、县（区）层面应积极建设本级应急管理服务平台及指挥中心，并与省级平台互联互通，实现信息交互及硬件共享。同时建立工作规范标准，依托应急服务平台开展值班值守、灾害救助、信息发布、调查评估、指挥演练、应急资源管理和应急风险管控等日常应急管理工作。在应急预案阶段，应当根据发生的网络安全事件所属的等级，制定与事件等级相匹配的处置措施；在应急演练阶段，应联合通过实践发现应急预案中存在的问题与不足，及时进行改进，增强预案的合理性和可操作性，提升应对能力和操作能力，有效减少网络安全事件发生后造成的损失；在应急处置阶段，事件发生所在的单位应快速启动应急预案，实施处置并报送信息，按照网络安全事件的级别作出相应级别的应急响应。

三、评价指标体系的合理性求证

数字乡村信息基础设施建设效果评价是指由专门的机构和人员依据大量的客观事实和数据，按照专门的规范、程序，遵循统一的标准和特定的指标体系，运用科学合理的方法，对数字乡村信息基础设施建设效果做出客观、公正和准确的评判。在数字乡村信息基础设施建设效果评价指标体系构建完成以后，下一步应根据指标的具体情况对指标进行检查和修正。因此，为了更好地体现数字乡村信息基础设施建设效果评价指标体系的完备性、科学性和可行性，通过计算指标体系的效度与信度对指标体系进行合理性求证。

（一）评价指标体系效度的检测

评价指标效度是指评价指标在多大程度上描述了评价对象的特征范畴并反映了评价目的，即评价指标反映评价对象客观要素的准确性程度。在数字乡村信息基础设施建设效果评价中，若确立的指标体系不能反映或不能完全反映数字乡村信息基础设施建设效果这一评价对象的特性要求，那么该指标体系就无法具备较高的效度，即评价指标与评价对象之间的拟合程度较低，不能够达到测量的精度和要求。数字乡村信息基础设施建设效果评价指标体系构建是一个庞大的系统工程，制约因素多而复杂，如果在设计指标体系的过程中，企图以一种模式去套用所有情境，或者只关注数字乡村信息基础设施建设某一方面的思路，这样不能够体现数字乡村信息基础设施建设效果评价指标体系实施的效果和评估结构的科学性和有效性，在实践上都是行不通的。

因此，在评定评价指标体系效度时，可以邀请该领域的一些专家学者对指标体系进行评判，并确定指标与所需测量的内容范畴之间关系的密切程度，从而保证构建出来的数字乡村信息基础设施建设效果评价指标体系具有较强的系统性和整体性。效度检验主要有三种方法：内容效度、准则效度和结构效度，通常采用“内容效度比”来检测评价指标效度。其计算公式为：

$$CVR = \frac{ne - N/2}{N/2}$$

式中：N 为评价主体的总人数；ne 为总的评价主体中认为某项指标与测量对象范畴具有很好一致性的评价人数。这一公式表明，当认为指标体系适当的评价人数不足评价主体总人数的一半时，CVR 为负值；当所有评价人员一致认为指标体系内容不恰当时，CVR=-1；当认为指标体系适当的评价人数与不适当的人数持平时，CVR=0；当所有评价人员一致认为指标体系内容适当时，CVR=1。对于本文所提出的指标体系，本书采用德尔菲法收集了 12 位数字乡村信息基础设施领域专家学者们的意见和建议，通过计算每一指标与数字乡村信息基础设施建设效果这一评价对象之间关系的密切程度，即内容效度比 CVR，将专家学者们的意见统一起来，得到了各个指标的内容效度比值，结果显示约有 80% 的指标的效度比值在 0.6 以上。可见，所构建的数字乡村信息基础设施建设效果评价指标体系具有良好的效度，说明各类量表结构与预先设计的结构相符，大部分指标很好地反映了测量对象的特征范畴。

（二）评价指标体系信度的检测

评价指标信度是指指标数值在观测中测量结果的准确性、可靠性以及一致性。数字乡村信息基础设施建设效果评价指标体系不是一些评估要素的简单堆积和组合，而是依据科学合理的原则所建立起来的。高信度的指标体系应具备指标之间独立、指标内部结构良好、指标关系一致等特征。因此，在对数字乡村信息基础设施建设效果评价指标体系检测的过程中，可以通过克朗巴赫内部一致性系数来观测评价指标体系的信度。克朗巴赫 r_α 系数的计算公式为：

$$r_\alpha=\frac{k}{k-1}\left|1-\frac{\sum s_i^2}{s^2}\right|$$

式中：k 为指标体系中所包含的指标个数，即当指标体系包含若干个子指标层时，k 为子指标层所包含的单项评价指标的个数；s_i 为各项指标的标准差，s_i^2 是第 i 个指标的方差，s^2 为总分的方差。通常克朗巴赫 r_α 系数的值在 0 和 1 之间，r_α 系数小于 0.6 表示内部一致性信度不足，0.7~0.8 时表示具有良好的信度，0.8~1 时说明信度非常好。为了检验由 4 个维度、16 个指标构成的数字乡村信息基础设施建设效果评价指标体系是否可信且有效，通过如下步骤对整体信度进行检验，一是对子指标层所包含的 16 个单项评价指标的整体信度进行检验，结果显示克朗巴赫 r_α 系数为 0.863，说明所构建的数字乡村信息基础设施建设效果评价指标体系的整体信度可靠。二是对因素层所涉及的 4 个维度分别进行克朗巴赫 r_α 系数测量，结果显示测量值在 0.762~0.958 之间，这说明网络设施水平、信息服务设施水平、基础设施数字化转型及关键信息基础设施安全保障 4 个维度均具有较高的可信度。三是对 4 个维度的组合信度进行检验，结果显示 4 个维度的测量值均大于 0.8，这说明各个维度与其对应的单项评价指标之间具有较高的内部一致性。

第三节　探索数字乡村信息基础设施建设效果评价方案

为了实现对数字乡村信息基础设施建设效果的评价，不仅要明确评价的目标、原则、意义，制定科学合理的评价指标体系，更需从全局视角出发，结合实际需要研究制定具有指导价值和可行性的评价方案。本节通过对评价方式、评价内容、评价流程、评价反馈和实施保障等进行系统分析，探索数字乡村信息基础设施建设效果的评价方案。

一、评价方式

采取定性与定量评价相结合的方式，结合数字乡村信息基础设施建设的时代背景、政策要求和标准体系，构建起评价主体多元化、评价目标多维化、评价功能全方位的数字乡村信息基础设施建设效果评价模式。

（一）明确多元评价主体

（1）部门测评。由中央网信办、农业农村部、国家发展改革委、工业和信息化部、科技部、国家广电总局、国家乡村振兴局等有关单位组织专家采取不打招呼、随机抽样的方式，根据数字乡村信息基础设施建设效果评价指标对各地进行评价打分。

（2）第三方测评。聘请第三方评价机构根据数字乡村信息基础设施建设效果评价指标对各地的实际建设情况进行评价打分。对于网络设施和硬件质量的评价需要由专业检测机构按照设备类型分型号提供第三方检测报告。

（3）地区自评。各地区结合数字乡村信息基础设施建设情况提交阶段性建设报告文件，并提供相关认证证书、验收报告和自我声明文件。对特定建设周期内本地区的数字乡村信息基础设施建设情况进行系统梳理和客观总结。

（二）界定评价范围

（1）乡镇层面。对现有行政区划内的乡镇街道分别开展评价，梳理呈现数字乡村信息基础设施建设阶段性成果和有利于数字乡村信息基础设施建设的因素和条件。

（2）市县层面。各市县分别就本地区的数字乡村信息基础设施建设情况进行总结和梳理，由相关部门和第三方结构开展评价，力求研判各市县在数字乡村信息基础设施建设上的特性短板和共性问题。

（3）省级层面。对各省（自治区、直辖市）的数字乡村信息基础设施建设进行整体评分，突出创先争优、对标先进思路，通过评价和横向比较打造国内标杆案例，对数字乡村信息基础设施建设效果全面摸底。

（三）厘清评价时间

评价期原则上以每年 1 月 1 日至 12 月 31 日为一个建设效果评价周期，在此时间范围内进行数据采集和指标量化，在当前每一个评价周期内完成对上一个建设周期的效果评价工作。

二、评价内容

（一）评价依据

以习近平新时代中国特色社会主义思想为指导，深入贯彻党的十九届历次全会精神，全面落实党中央、国务院《数字乡村发展战略纲要》以及中央网信办、农业农村部、国家发展改革委等十部门《数字乡村发展行动计划（2022—2025年）》的决策部署，以国家战略需求为导向，以数字乡村信息基础设施提质增效为目标，科学构建数字乡村信息基础设施建设效果评价指标体系和评价机制，全面反映各地数字乡村信息基础设施建设的工作成效，通过以评促改、以评促优，加快缩小我国各地区之间的数字乡村信息基础设施建设差距，提升广大农民的获得感和满意度，发挥信息化在推进乡村治理体系和治理能力现代化中的基础支撑作用，为推动乡村振兴和高质量发展提供强大支撑。

数字乡村是建设数字中国的核心内容，也是乡村振兴的战略方向的重要体现。在数字乡村建设的进程中，信息基础设施建设是最核心、最关键的环节之一，在弥合数字鸿沟、繁荣乡村网络文化和推动乡村治理数字化转型中起到了保障性作用。依据国家已发布的数字乡村发展建设相关文件，并综合考虑硬件设施、网络质量、信息终端和安全性能等多方因素，主要从网络设施水平、信息服务设施水平、基础设施数字化转型、关键信息基础设施安全保障等四个维度构建评价指标体系，并开展数字乡村信息基础设施建设效果评价。（评价指标与细则详见本章第二节）。

（二）数据来源

数据来源的真实性和数据质量的可靠性是保障评价结果科学性与

有效性的重要前提。在进行数字乡村信息基础设施建设效果评价的过程中，必须要充分考虑各个评价指标所对应的数据从何而来、以什么样的方式呈现、如何才能确保各类评价数据的可获得性等一系列问题。在充分考察数字乡村信息基础设施建设效果评价指标体系的基础上，结合数字乡村信息基础设施建设特征和实际需要，可以将数字乡村信息基础设施建设效果评价的数据来源分为以下几个方面：

（1）公开数据。主要通过各级政府网站和地方年鉴等多方渠道收集各地区已公开的有关数字乡村信息基础设施建设的统计数据、发布的政策制度类文件和建设新闻报道等。

（2）数据公报。依据国家统计局和各级政府的数字乡村信息基础设施建设数据公报获取部分基础数据，为数字乡村信息基础设施建设效果评价提供原始的基础数据支撑。

（3）相关业务数据。在特定评价周期内，收集涉及数字乡村信息基础设施建设的全量工单统计数据、部门网上填报数据、年度建设报告等，以真实业务数据丰富数字乡村信息基础设施建设效果评价的数据来源。

（4）网络调查数据。结合数字乡村信息基础设施建设效果评价指标体系设计调查问卷，通过网络调查的方法实现主观性较强的评价的量化处理。按 10% 的比例，在各个数字乡村建设地区抽取符合样本条件的农村居民作为调查对象，分别使用填报网上问卷和发放纸质调查问卷的方式，获取该地区居民对于数字乡村信息基础设施建设情况的直观感受和评分等级。

（5）实地调研数据。组织各级乡村振兴部门、工业和信息化部门和发展改革委员会等政府工作人员，会同硬件设施、网络质量、信息终端和网络安全等领域的专家开展实地调研，选取部分调研问卷中反映的建设问题进行考察验证。在此基础上对数字乡村信息基础设施建设指标进行打分量化。

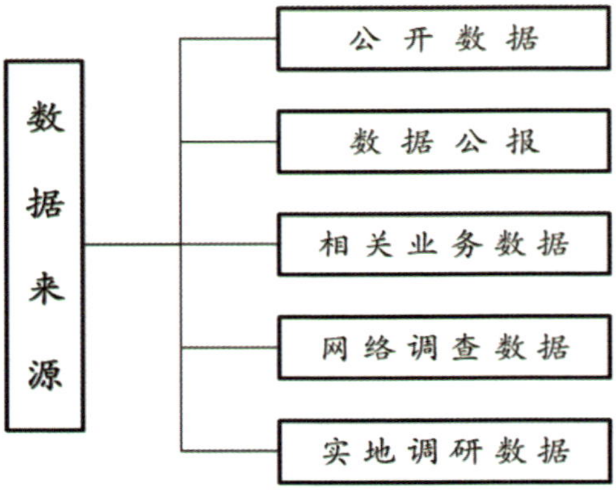

图 6-4　数字乡村信息基础设施评价的数据来源

（三）评分量化方式

1. 权重分配

主要利用线性加权法和层次分析法确定数字乡村信息基础设施建设各个评价指标的权重值。通过各个评价指标的层次化划分，并结合德尔菲法获得专家打分数据，分层逐步比较指标之间的关联关系，实现对半定性、半定量评价指标的定量化权重分配。这种方式能够解决较为复杂且模糊的问题，并作出重要程度的排序，对于数字乡村这一背景下的信息基础设施建设效果评价指标权重量化具有较强的适用性和可操作性。

2. 评价分值计算

采用理想解法计算数字乡村信息基础设施建设效果得分。计算各个地区数字乡村信息基础设施建设情况到正理想集和负理想集的距离。其中，乡镇以最优乡镇为前沿，结合评价对象在各个评价指标上的得分情况和权重分配结果，建立权重规范化矩阵，分别计算每个被评价对象到正负理想解的距离，通过欧式距离来判断具体的距离值。形成不同地区之间数字乡村信息基础设施建设效果的分值总表和排列顺序。

三、评价流程

数字乡村信息基础设施建设效果评价是一项具有较强技术性和严谨性的工作，需要有合理规范的评价流程为指导。制定数字乡村信息基础设施建设效果评价流程不仅能够保障评价工作的可操作性和工作效率，同时又能在一定程度上减少评价人员在操作层面上的主观随意性，提升评价结果的科学性、准确性和有效性。在开展数字乡村信息基础设施建设效果评价的过程中，需要做好哪些准备工作？应该从哪些方面开展评价？遵循哪些顺序和工作规范？这是组织者必须要思考和回答的重要问题。在分析借鉴和归纳总结已有评价程序的基础上，结合数字乡村信息基础设施建设效果评价的实际情况和现实需要，本书提出了数字乡村信息基础设施建设效果评价流程如下：

（一）明确评价目标

数字乡村信息基础设施建设效果涉及硬件设施、网络质量、信息终端和安全性能等多方面的质量。在开展具体评价时，工作重点可能会因评价对象和目标不同而有所侧重。因此，在数字乡村信息基础设施建设效果之前就应该结合具体的评价对象而确定主要评价目标。

（二）分析论证评价对象

在明确评价目标和评价对象之后，需要根据实际情况全面分析论证数字乡村信息基础设施建设效果评价的必要性和可行性，在考察评价对象的要素与特征的基础上，建立科学合理、系统全面的评价指标体系。紧紧围绕评价目标分析研究评价对象的数据资料搜集途径，研究确定各个评价指标的数据来源和量化方式。

（三）制定评价方式

数字乡村信息基础设施建设效果评价方式的确定主要包括评价方式分析和评价方式选择两部分。首先要根据评价目标与对象全面分析论证开展数字乡村信息基础设施建设效果评价的可行性方式，并对每种评价方式的优劣势进行对比，从中选择出最具经济性、便捷性和可行性的评价方式。

（四）采集评价数据

在确定了评价指标和评价方式之后，需要结合具体的评价对象去广泛搜集资料和采集评价数据，通过网络调查、实地调研和专家打分等多种渠道将被评价对象在各个评价指标上的具体表现情况进行量化。在选择专家进行指标评价时，需要尽量囊括数字乡村信息基础设施建设、信息终端和网络设施安全等多领域的专家。在通过专家打分方式采集评价数据时，以专家小组的形式开展评价活动。

（五）评价结果分析

采集获得数字乡村信息基础设施建设效果评价指标数据为评价结果的计算和排序提供了重要的数据准备，但此时得到的评价结果还只是一个初步结果，有待进一步考察。需要对评价结果综合进行定性解释和量化分析，充分挖掘隐藏在评价结果背后的深层次机制和要素的关联关系。从而为客观把握数字乡村信息基础设施建设效果，深度解读其内在原因奠定坚实基础。

（六）评价结果的再评价

开展评价结果的再评价工作，不仅是对结果的深层次分析与解读，更是对评价过程的全面回顾与审查。由于数字乡村信息基础设施建设效果的评价涉及诸多要素与评价指标，不仅同时含有定量和定性的数据，而且评价过程中涉及的专家较多，给评价工作的准确性提出了更高要求。对于可能存在的评价错误或误差，需要及时通过再评价进行梳理审查，消除由于工作疏忽导致的评价误差，从而保证评价结果更好地应用于指导数字乡村信息基础设施建设的实践中。

（七）形成评价报告

经过以上评价程序可以得到较为准确的评价结果，为了更加简洁、清晰、规范地呈现评价结果所反映的数字乡村信息基础设施建设情况，需要结合具体评价对象和评价结果形成评价报告。报告内容主要介绍被评价对象基本情况以及评价目的、主要评价内容、开展评价活动的过程、方法和关键结论等。

数字乡村信息基础设施建设效果评价的实施过程中，要根据人力、物力、财力等客观条件，以及被评价对象的实际特点合理使用各种资源，统筹协调各方面要素以保证评价活动可以按照既定的目标和进度安排，有条不紊保质保量地进行。

以上关于数字乡村信息基础设施建设效果评价的流程介绍了开展评价的详细程序和具体规范，具有系统化和条理化的显著特征。由于数字乡村信息基础设施建设效果评价是一项系统工程，在开展评价工作的实践中，既要严格遵循该流程各环节的要求以保证规范性，又要根据被评价对象的实际情况保持相对的灵活性。

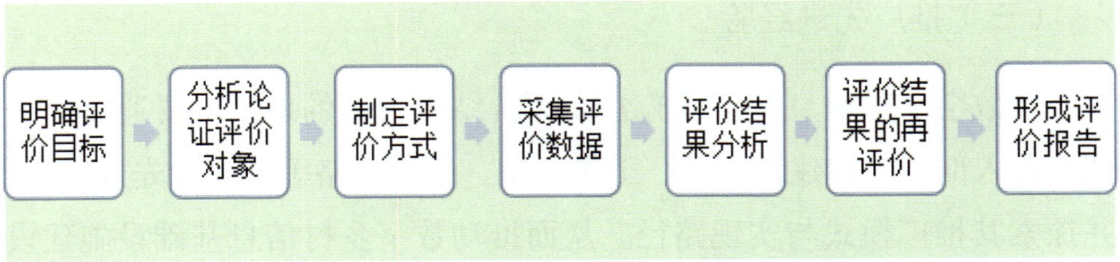

图 6-5　数字乡村信息基础设施建设效果评价流程

四、评价结果应用

如何将评价结果应用于具体实践中，反馈建设过程中的薄弱环节，推动数字乡村建设提质增效，助力乡村振兴可持续发展是开展数字乡村信息基础设施建设效果评价的核心和出发点。因此，深入思考从哪些方面来深度挖掘评价结果的实践价值显得非常必要。

（一）发现突出问题

各地区在开展数字乡村信息基础设施建设效果评价的过程中，要对标评价指标体系和本地区的实际评价结果，发现建设中存在的短板，反思其背后的深层次问题，为下一步及时调整信息基础设施建设工作方案，完善体制机制，形成发展合力打下坚实基础。从而推动本地区数字乡村信息基础设施建设的全面、均衡、可持续发展。

（二）比较建设差异

利用本章提出的评价方案与评价流程，可以实现各地区数字乡村信息基础设施建设情况的量化分析和综合排序，通过横向比较不同地区的数字乡村信息基础设施建设情况及其差异，一方面可以发现同一地区各个评价对象所存在的共性问题，揭示数字乡村信息基础设施建设的难点与堵点，另一方面又可以总结归纳各地区在资金投入、工作效率、建设标准上的区别与相关关系。

（三）推广先进经验

对数字乡村信息基础设施建设评价结果较好的地区，要通过充分调查深入剖析其在建设思路、工作机制、组织策略等方面的先进经验，并探索其推广模式与实现路径。从而推动数字乡村信息基础设施建设在更大范围内实现提质增效，形成良好的辐射带动和示范引领效应。

（四）挖掘创新成果

实现数字乡村和乡村振兴离不开创新驱动和开放引领，而数字乡村信息基础设施建设过程中的体制机制创新和方法创新更是不可或缺。通过开展数字乡村信息基础设施建设效果评价可以结合评价结果有效挖掘不同地区在建设过程中形成的创新成果和创新模式，能够为后续实现创新赋能乡村振兴提供丰富的参照依据和实践指导。

（五）总结典型案例

分别在省级层面、市县层面和乡镇层面开展数字乡村信息基础设施建设评价，可以总结梳理实践中涌现出的典型案例，构建数字乡村信息基础设施建设案例库，建设地区数字乡村信息基础设施建设案例共享中心。各级乡村振兴部门将会同相关单位，进一步研究制定数字乡村信息基础设施建设典型案例所在地区在政府采购和经费支持等方面的鼓励政策，促进典型案例的宣传推广。

（六）提出改革建议

针对评价过程中发现的突出问题和总结的先进经验，省级乡村振兴部门要积极推动地区数字乡村信息基础设施纳入发展总体规划，引导各地区创先争优，改进工作作风，完善工作机制，提升建设效率。各级相关主管部门要建立协调机制，做好各地区数字乡村信息基础设施日常管理，定期开展交流、通报数字乡村信息基础设施建设进展情况，推动各建设地区和责任单位出实招、见实效，提高人民群众对数字乡村信息基础设施的感知度、获得感。对建设成效突出的地区，优先推荐其申报地区数字乡村信息基础设施建设督查激励，通过建设资金补助予以支持。对于评价考核结果较差的地区，视其地区经济水平和实际建设情况予以公开通报、核减相关经费等相应的处理。同时，将数字乡村信息基础设施建设评价考核结果作为政府绩效评价的重要依据。

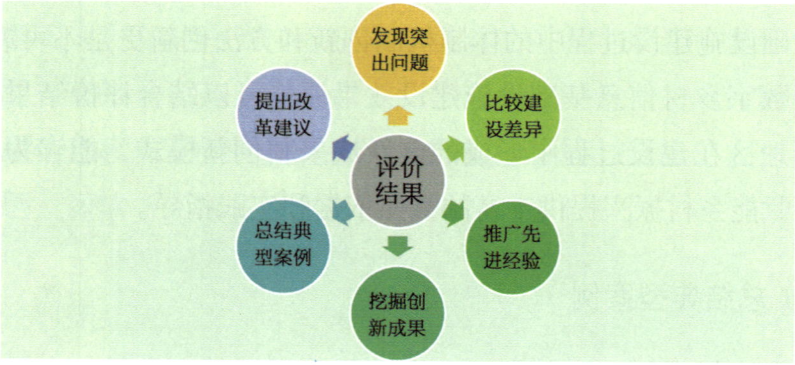

图 6-6　评价结果的应用

五、建设效果实施保障

（一）加强组织领导

各级乡村振兴部门要牵头组织本地区数字乡村信息基础设施建设效果评价工作，中央网信办、农业农村部、国家发展改革委、工业和信息化部、科技部、住房和城乡建设部、商务部、市场监管总局、国家广电总局等相关部门需密切配合，按照评价工作方案的具体要求，推进落实评价指标体系研判、评价问题梳理和评价数据的采集等工作，确保所得到的评价结果能够真实客观地反映出各地区数字乡村信息基础设施建设效果水平。

（二）深化统筹协调

各有关部门要高度重视，统筹协调，精心组织，加强对本地区数字乡村信息基础设施建设效果评价工作的指导和督促，对所属地区报送的评价指标数据和自评报告严把审核关，系统整理汇总相关报送材料，确保数字乡村信息基础设施建设效果评价工作顺利开展。各市县和乡镇要加强工作调度，强化工作联动，组织相关领域全面做好数字乡村信息基础设施建设效果评价的各项准备工作。

（三）强化责任落实

各参评地区要充分发挥主体责任，对本地区数字乡村信息基础设施建设情况和效果进行梳理总结评价，按照自评报告提纲的要求，及时填报相关信息，形成数字乡村信息基础设施建设效果评价自评报告，并将相关资料报送主管部门汇总。参评地区要严格认真准备相关材料，以高度的责任心和使命感确保各评价指标数据真实可靠。主管部门要采取随机抽查的方式核实各地区报送的相关数据，对抽查中发现的问题要及时提出整改措施。

（四）抓好评价结果应用

以数字乡村信息基础设施建设效果评价结果应用为切入点，努力发现各地区数字乡村信息基础设施建设中的短板和共性问题，系统梳理典型案例，及时总结和推广先进经验和做法，持续深化改革和制度集成创新，推动数字乡村信息基础设施建设效果持续优化，助力乡村振兴高质量发展。

[典型案例]

常州市五一村："网上村庄"为乡村发展添"智"提"质"

五一村是常州市经开区首个"数字乡村"示范项目——"数字五一"，被村民亲切地称为"网上村庄"，它通过构建信息"一张网"、绘制治理"一张图"、打通"一站式"村务办理通道，将全村大小事及乡村生活场景16大功能模块，为乡村发展添"智"提"质"。

为贯彻落实《自然资源部办公厅关于加强村庄规划促进乡村振兴的通知》文件精神，加强村庄的规划管理，优化国土空间和提升国土空间规划治理能力，2021年，横山桥镇人民政府深入调研、组织编制了五一村村庄规划，该规划包含网络设施（电信网络）、信息服务设施（电信基站、变电站）、基础设施数字化转型（陆地水域空间管理）、关键信息基础设施等信息基础设施建设内容，并于当年9月28日顺利通过专家评审。

自该规划实施以来，数字化的触角延伸至五一村各个角落，五一村充分调动村民参与数字经济发展的主动性与积极性，并依托物联网、大数据、5G等技术，加快乡村信息基础设施升级换代，为其他"数字乡村"发展提供可复制、可推广的经验做法。

（资料来源：《常州经开区："网上村庄"为乡村发展添"智"提"质"》，中国江苏网。）

| 参考文献 |

1. 刘艳红、黄雪涛、石博涵 :《中国“新基建”: 概念、现状与问题》, 载《北京工业大学学报（社会科学版）》, 2020 年第 6 期。

2. 方兴东、陈帅 :《中国互联网 25 年》, 载《现代传播（中国传媒大学学报）》, 2019 年第 4 期。

3. 郭朝先、王嘉琪、刘浩荣 :《“新基建”赋能中国经济高质量发展的路径研究》,载《北京工业大学学报（社会科学版）》,2020 年第 6 期。

4. 王志军、余新宇、齐梦梦 :《“互联网 +”背景下我国农村教育信息化发展着力点分析》, 载《中国电化教育》, 2021 年第 10 期。

5. 郭朝先、刘艳红 :《中国信息基础设施建设 :成就、差距与对策》, 载《企业经济》, 2020 年第 9 期。

6. 董志勇、李大铭、李成明 :《数字乡村建设赋能乡村振兴 : 关键问题与优化路径》, 载《行政管理改革》, 2022 年第 6 期。

7. 崔宁波 :《智慧农业赋能乡村振兴的意义、挑战与实现路径》, 载《人民论坛》2022 年第 5 期。

8. 李周、温铁军、魏后凯、杜志雄、李成贵、金文成 :《加快推进农业农村现代化：“三农”专家深度解读中共中央一号文件精神》，载《中国农村经济》，2021 年第 4 期。

9. 朱雷洲、黄亚平、陈涛、王智勇：《国土空间规划背景下新型基础设施规划思路探讨》，载《规划师》，2021 第 1 期。

10. 郭美荣、李瑾、马晨：《数字乡村背景下农村基本公共服务发展现状与提升策略》，载《中国软科学》，2021 年第 7 期。

11. 米嘉伟、屈小娥：《数字经济发展如何影响城乡收入差距》，载《现代经济探讨》，2022 第 6 期。

12. 张蕴萍、栾菁：《数字经济赋能乡村振兴：理论机制、制约因素与推进路径》，载《改革》，2022 第 5 期。

13. 庄存波、刘检华、熊辉、丁晓宇、刘少丽、瓮刚：《产品数字孪生体的内涵、体系结构及其发展趋势》，载《计算机集成制造系统》，2017 年第 4 期。

14. 朱红根、陈晖：《中国数字乡村发展的水平测度、时空演变及推进路径》，载《农业经济问题》，2022 年第 8 期。

15. 鲁刚强、向模军：《物联网技术在智慧农业中应用研究》，载《核农学报》，2022 年第 6 期。

16. 陆丽娜、尹丽红、于啸、尹居峰、尚士杰：《基于区块链的农业科学数据管理场景模型构建研究》，载《情报科学》，2022 年第 6 期。

17. 陈寒冰：《数字经济时代算力网络建构的国际比较与镜鉴》，载《新疆社会科学》，2021 年第 5 期。

18. 何璇：《文旅融合与乡村振兴衔接问题研究》，载《中国行政管理》，2021 第 5 期。

19. 毛薇、王贤：《数字乡村建设背景下的农村信息服务模式及策略研究》，载《情报科学》，2019 年第 11 期。

20. 刘天元、田北海：《治理现代化视角下数字乡村建设的现实困境及优化路径》，载《江汉论坛》，2022 第 3 期。

21. 谢文帅、宋冬林、毕怡菲：《中国数字乡村建设：内在机理、衔接机制与实践路径》，载《苏州大学学报（哲学社会科学版）》，2022 第 2 期。

22. 沈费伟：《数字乡村的内生发展模式：实践逻辑、运作机理与优化策略》，载《电子政务》，2021 第 10 期。

23. 何阳、汤志伟：《互联网驱动的“三治合一”乡村治理体系网络化建设》，载《中国行政管理》，2019 第 11 期。

24. 李健：《数字技术赋能乡村振兴的内在机理与政策创新》，载《经济体制改革》，2022 第 3 期。

25. 员立亭、杨黎、贠剑虹：《乡村振兴背景下新型职业农民农业信息服务使用意愿实证研究》，载《图书馆工作与研究》，2021 第 12 期。

26. 完世伟、汤凯：《数字经济促进乡村产业振兴的机制与路径研究》，载《中州学刊》，2022 第 3 期。

27. 罗千峰、张利庠：《农产品冷链物流高质量发展的理论阐释与实现路径》，载《中国流通经济》，2021 年第 11 期。

28. 胡明、邵学峰：《新型信息基础设施建设对中国经济转型的影响——基于动态递推 CGE 模型的分析》，载《经济问题》，2022 年第 10 期。

29. 李灯华、许世卫：《农业农村新型基础设施建设现状研究及展望》，载《中国科技论坛》，2022 年第 2 期。

30. 吴思栩、孙斌栋：《信息化助推乡村振兴：机制、条件与对策》，载《南京社会科学》，2021 年第 9 期。

后 记

伴随新一代数字技术的迅猛发展和创新应用，数字技术应用潜能全面迸发，不断催生新产品、新模式及新业态，推动全球经济格局和产业形态深度变革。在数字技术驱动治理变革的浪潮下，数字技术作为农业农村现代化发展的助推器，正从全方位为农业农村带来颠覆性变革，推动乡村治理、经济、生态等诸多领域数字化转型。“乡村兴则国家兴”。数字乡村建设是实施乡村振兴战略的内在要求、是实现农业农村现代化的有力抓手、是建设数字中国的重要内容、是推进乡村治理体系和治理能力现代化的重要举措。自 2018 年以来，中央接连出台重磅文件，推动数字技术与信息基础设施建设的深度融合。2019 年 5 月，中共中央办公厅、国务院办公厅发布的《数字乡村发展战略纲要》明确提出加快乡村信息基础设施建设重点任务。2022 年 1 月，中央网信办、农业农村部联合八部门发布的《数字乡村发展行动计划（2022—2025 年）》明确指出要推进乡村信息基础设施优化升级和乡村传统基础设施数字化改造升级。信息基础设施作为数字乡村建设的数字底座，是数字乡村发展根基所在。以 5G、物联网、大数据、人工智能为代表的新一代数字技术为推进数字乡村信息基础设施建设增添了强大科技动能，为乡村经济可持续发展带来了“乘数效应”。推进数字乡村信息基础设施建设要按照“产业兴旺、生态宜居、乡风文明、治理有效、生活富裕”的总体要求，要坚持“统一规划、统筹部署”“科学发展、先易后难”“共建共享、注重实效”“需求导向、深化应用”的原则，以信息化、数字化、网络化为重要载体，旨在以数字化建设为“金钥匙”，加快补齐农业农村信息基础设施短板，提升乡村信息基础设施水平，弥合城乡数字鸿沟，实现乡村产业数字化、治理数据化、服务信息化以及生活智慧化。本书主要探讨在全面建设社会主义现代化国家新征程、向第二个百年奋斗目标进军的新形势下，如何运用数字技术全面推进数字乡村信息基础设施建设，提升信息化对乡村振兴的驱动引领作用，提升乡村数字化治理体系和治理能力现代化，为促进农业全面升级、农村全面进步、农民全面发展提供有益参考。

本书由邹凯、毛太田、张艳丰、洪闯编写。张中青扬、王诗玉、高凯、刘于蓝、郭一航、罗文鑫、黄子洵、杨淼城、陈欣欣、吴鑫、卢梦哲、管慧、杨思敏、郭尚窈、马家伟、汤淦、刘亚丽、王羽西参与了部分章节的资料收集和整理等工作。

由于研究水平和研究能力有限，本书难免存在疏漏和不足，敬请各位专家、同仁及广大读者批评指正。

作 者

2022 年 7 月

图书在版编目（CIP）数据

推进数字乡村信息基础设施建设 / 邹凯，毛太田著
. -- 湘潭 : 湘潭大学出版社，2022.9
ISBN 978-7-5687-0876-0

Ⅰ. ①推… Ⅱ. ①邹… ②毛… Ⅲ. ①乡村—信息产业—基础设施建设—研究—中国 Ⅳ. ①F492.3

中国版本图书馆 CIP 数据核字（2022）第 170779 号

推进数字乡村信息基础设施建设

TUIJIN SHUZI XIANGCUN XINXI JICHU SHESHI JIANSHE

邹凯 毛太田 著

责任编辑：丁立松
封面设计：李　平
出版发行：湘潭大学出版社
社　　址：湖南省湘潭大学工程训练大楼
电　　话：0731-58298960 0731-58298966（传真）
邮　　编：411105
网　　址：http://press.xtu.edu.cn/
印　　刷：长沙鸿发印务实业有限公司
经　　销：湖南省新华书店
开　　本：710 mm×1000mm 1/16
印　　张：16.75
字　　数：250 千字
版　　次：2022 年 9 月第 1 版
印　　次：2022 年 9 月第 1 次印刷
书　　号：ISBN 978-7-5687-0876-0
定　　价：88.00 元